道家智謀

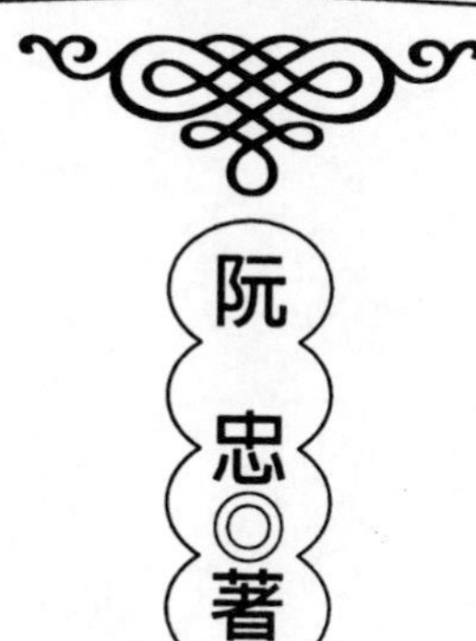
阮忠◎著

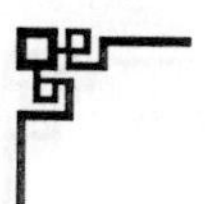

「中國智謀叢書」總序

人類文明的發軔，意味著人類智謀的萌生。智謀象徵著文明，也在不斷地推動著文明的進步和發展。在這漸進的過程中，人類智謀有形或無形地生成，也在自覺或不自覺地被運作。

歲月之逝如流，歷史悄然無聲地浸潤著現實，未來無窮的時空還沒有得到探究，人們的身後已經是悠悠的歷史長河。滄海桑田，世事變遷，智謀興廢，都是社會文明前行時造就的永恆現象。古往今來，在中國的土地上，由不同時代的人們代代相續上演的故事，在某種程度上可以說是智謀的生成史、運作史。

英雄創造時勢和時勢創造英雄不可分離，不爭的事實是「江山如此多嬌，引無數英雄競折腰」。而在英雄之前或者英雄之後，智者總爲生活而騰躍，無論他們是否爲社會所重。

並非智者無敵，常有人的良計不被用，上策不能行。這或者是因爲自己無能力付諸實施，又不爲他人所識，不以其計爲良計，不以其策爲上策；或者是不占天時，不處地利，又沒有人和。這樣說不是要否定智謀，而是要說智謀的有用與無用不完全取決於智謀自身。應

該看到，人無智謀則無能力，古人所尙的立德、立功、立言的「三不朽」便成虛話，社會也將停滯或者倒退。

一個人難以做到「三不朽」，人們往往只說是其才力所致，其實還應看其有無智謀，何況智謀有深有淺，有大有小，有遠有近。

人的進取和社會的前行是不可逆轉的，主張逆轉的人未嘗不是懷著一種治理社會的智謀，但他們通常背離了社會的運行規律，不合於時而不能用於世；而有智謀的人，誰不想有用於世，用自己的智謀創造一種新的生活呢？不同的是，有人用智謀爲己，有人用智謀爲人。

生活的多彩和不同時代、不同社會環境對人性情的塑造以及人們所面臨的不同機遇，使天下人的智謀各不相同。不過，人的共性和社會的共性導致人們的智謀也有共性。正因爲如此，人們常說「前事不忘，後事之師」，總要化前人、他人的智謀爲自己的智謀，取人之所長，補己之所短。

智謀一旦爲人所用，其能量是巨大的。

南朝梁代的劉勰曾經說戰國時期的策謀之士，縱橫參謀，析長論短，「一人之辯，重於九鼎之寶；三寸之舌，強於百萬之師」。而策謀之士的個人價值往往也賴此得到實現，故有「朝爲布衣，夕爲卿相」之說。

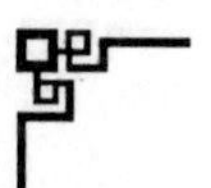

戰國時代是產生策謀的時代，西漢劉向在編訂《戰國策》時，認定《戰國策》是一部「策謀」一書。其實，戰國不過是承續了春秋，共同形成一個智謀的時代。這個時代被人們視為思想的時代，這個時代所出現的思想巨人深深地影響了中華民族的文化和人的品性。這些思想巨人的思想不斷地為後人闡釋解說，但很少有人能夠超越。這些思想巨人的思想在當時是以智謀的面目出現的。東漢班固通觀這一時代的各種思想流派時，把馳騁於世、彼此不相服的思想流派區分為十家，即儒、墨、道、法、陰陽、名、縱橫、農、雜、小說家。在他看來，小說家之外的九家興起於王道衰微、諸侯力征之時，他們「各引一端，崇其所善，以此馳說，取合諸侯，其言雖殊，辟猶水火，相滅亦相生也」。他不以兵家入諸子，實際上兵家不可輕忽。同時，各國諸侯雖在名義上不入哪一家，但他們喜好智謀比哪一家都顯得更為迫切，道理很簡單，因為諸子從理論入手，欲以理論指導實踐，而諸侯國君則是把理論與實踐融合在一起，既以自我的實踐總結出理論，又引他人的理論指導自我的實踐，以圖富國強兵，雄霸天下。

這不是偶然的現象。

春秋戰國時代，天子式微，諸侯爭強，軍事衝突頻仍。在這很特殊的社會形勢之下，官學下移，「士」作為一個階層興起。雖說士階層社會極其複雜，俠士刺客都入士之林，但在這個階層中，更多的是智謀之士。兵家、縱橫家不待言說，當時的四大顯學儒、墨、道、

法，哪一家不是苦心竭慮於智謀，只不過是所操之術相異罷了。儒家的仁義道德、墨家的兼愛非攻、道家的清靜自然、法家的嚴刑峻法，固然是「其言雖殊，辟猶水火」，但哪一家不是在為社會的一統與安寧祥和出謀劃策？這個時代，人們思想空前活躍，所謂的「百家爭鳴」正賴各家彼此不能相服而垂名史冊。這使得春秋戰國時期的智謀繽紛多彩，在中國歷史上極具有代表性和深遠的魅力。

並非是為說智謀就把那一時期的思想家們都歸於智謀之士。客觀地說，被後世奉為儒學祖師的孔子、孟子，道學祖師的老子、莊子等等，有誰當時就被視為思想大家？孔孟汲汲游說諸侯，宣傳的是自我的思想主張，不是在做空頭的思想家而是想做切實的政治家；老莊不屑於游說諸侯，在僻處自說，其理論的玄虛高遠究其實質，少有不是政治論的。所以他們首先要做的是實在的政治家，無奈沒有做成才沉靜下來做思想家，難怪孔子五十六歲時還離開魯國，坐牛車奔波於坎坷之途，在諸侯之間游說了十四年才返回故里；難怪孟子有蒼天不欲平治天下的牢騷，說他是發牢騷，是因為他下一句話是：蒼天如果要平治天下，當今之世，除了我孟子還有誰有平治天下的能耐呢？

在這個智謀時代，每個人都想以自己的才識出謀劃策而能為人所用，這是可以理解的。由於思想的差異，這個時代的智謀可以被分為不同的層面：切於實用的智謀和不切實用的智謀，如法家、兵家、縱橫家屬於前者，儒家、墨家、道家屬於後者。「切實用」是一個尺

規，關鍵在於合不合時宜，西漢的司馬遷曾經爲孟子立傳，他自己本是個儒家思想很重的人，也禁不住批評孟子「迂遠而闊於事情」。但不能用於當時的智謀不一定不能用於後世，孔孟的儒術後來都成爲重要的治國方略就是明證。漢高祖劉邦本不好儒術，說是在馬上打的天下，要《詩》、《書》幹什麼？儒生陸賈便對他說，如果秦始皇平定天下以後，行仁義，法先聖，哪有您的天下呢？說得劉邦怦然心動，面有慚色。唐太宗李世民奉佛、奉道，始終不忘奉儒，認爲民爲水，君爲舟，水可載舟亦可覆舟，以仁義安民必不可少。道家的智謀也成爲後世清客隱士的修身養性之術。自然也有不用於當世也不用於後世的，智謀會新生也會消亡，不足爲奇。

智謀是人所爲，對社會的奉獻最終歸宿還是人自身。所以思想大家、智謀之士往往從人自身出發謀劃社會生活的各個層面，其中很重要的一部分是對人處世之道的謀劃。他們把自我對人生的深刻體驗總結出來，教人應該怎樣做，不應該怎樣做。即使是老莊，看似要超塵脫俗，其實骨子裏依然保持著世俗精神。有意思的是，做人之道被思想大家、智謀之士們不約而同地上升爲政治之道，齊景公向孔子請教怎樣治理國家，孔子說「君君，臣臣，父父，子子」，齊景公心領神會。爲政治的智謀自然也就是爲人的智謀。這樣說不是把治國的智謀等同於處世的智謀，二者或異途，或同趨，或交融，表現形式也是因時因事而異的。

世事不同，智謀必異，用於古者不一定能用於今，也不必求它一定用於今。作爲文化遺

產，棄其糟粕、取其精華仍然是必要的。同時，用於古而不能用於今的智謀也有可能啓發人的靈感慧心，觸動人對現實生活的思考，激發新智謀的產生。舉一可以反三，善讀且善悟，入乎其內而出乎其外，便可化腐朽爲神奇，使今人的智謀勃發，利國利民。

這裏，還應該說的是：

本叢書選擇春秋戰國這個歷史橫斷面上的諸多智謀爲對象展現中國智謀，不意味著把這一時期的智謀等同於整個中國智謀，而是因爲這一時期智謀的多樣性及其對中華民族的影響具有典型意義，後世的許多智謀是這一時期智謀的引申和發展。應該看到的是，春秋戰國時期思想流派林立，這裏既有所遵從又不拘泥於闡釋所有流派，我們只是對儒、墨、道、法、兵、縱橫、諸侯等七家進行疏理和論述，各自成書，力求盡可能全面、客觀地展現他們的智謀或智謀精神，揭示諸家智謀的文化意蘊及其現實意義，使它們易於爲讀者所接受。

現在這套「中國智謀叢書」終於完成了，工作雖然是艱苦的，但在完成之際，回首以往，艱苦的歲月已經淡化，心中只有工作結束之後的陣陣愉悅。

願這些愉悅能夠透過「中國智謀叢書」的語言形式傳達給讀者，讓讀者在閱讀過程中與我們分享。

阮忠

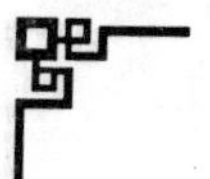

目錄

【修身篇】

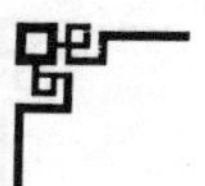

【處世篇】

【用世篇】

◎走近道家

道家，一個深具魅力的話題。

談文化、論思潮，悠悠三千年，說儒，說佛，少不得也要說道。無儒、無佛，就沒有中國文化，沒有中國思潮，同樣地，沒有道，也沒有中國文化、中國思潮。所以有人說儒、佛、道既三足鼎立，又互爲輔佐。

春秋戰國，天子式微，諸侯紛爭，文武之道，各騁其雄。孟子說的「爭地以戰，殺人盈野；爭城以戰，殺人盈城」，雖然充滿了社會劇烈變革的歷史悲壯，但社會文化的空前融合、百家爭鳴的思潮湧現，形成眩目的景觀。三教九流，各懷智謀，以不同的思想方法和途徑求用於世。於是社會思潮中，有了儒、墨、道、法四大顯學。儒家的仁禮、墨家的兼愛、道家的自然、法家的峻法，各執一端，在追尋社會一統上可以說是殊途同歸。誰都認爲自己把握了眞理，誰都認爲自己的學說最適合改造現實社會。毫無疑問，諸家學說彼此矛盾就意味著不能夠同時爲社會接納，但不妨礙諸家學說並存共興。

說道家，幾千年文化源遠流長，好玄虛者，以其爲玄遠超邁之學，似可及而實不能及，

於是道家之學成了清談之資；好世俗者，以其爲務實平易之學，似不可及而常及，於是道家之學又是致用之本。

道家思想在流衍中對人們產生的浸骨浹髓的影響使後人對它景仰有加，但說起它來時時感到既親切又隔膜。道家是什麼？關鍵在道家人物、道家思想，人們不太說道家的人物是謀略家，因爲他們在社會生活中奉行的清心寡欲、自然無爲太消極，既然如此人不必投身於社會，返樸歸眞就是最好的歸宿，無所謂爲社會出謀劃策了。殊不知，這就是一種謀略。

道家學派有道家學派的智謀，治國安邦是如此，否則就不會在春秋戰國時代馳其說而成爲顯學。

道家學派有道家學派的智謀，爲人處世是如此，否則就不會在春秋戰國之後深入人心。

讓我們從這裡走近道家。

道家人物名錄

道家學派是一個群體。

翻開春秋戰國道家學派名錄，可以看到這樣一些名字：老子、關尹、列子、楊朱、莊

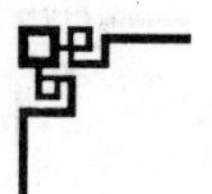

子。戰國以後的道家之學本源於此。

這些人物構成道家學派的聲勢，尤其是被人們視爲領袖的老子和莊子，道家學派得以確立，道家智謀得以傳衍。

道家學派的鼻祖——老子

說道家，必說老子。

老子並不是有意識地創立一個道家學派，他所處的春秋時期各諸侯國爲富國強權，紛紛借重長於思想、謀劃的人，仿佛從他們身上看到了自己國家的前程，這客觀上推動了社會文化的全面繁榮。文化的繁榮更多地表現爲思想的空前活躍，在這個人人都可以成爲思想家的時代，許多人湧上社會舞臺，奔波於諸侯國之間，宣揚自己的主張，尋求在政治上的發展。

老子就是在這樣的文化環境中出現的，他似乎無心於社會政治，任雲捲雲舒、花開花落，但他的一整套理論是適應春秋社會的需求和個人的人生理想的。他對「道」的執著及其理論的爲人所愛，使他在道家成爲學派以後，被公認爲道家學派的鼻祖，受到極大的推崇。並且當道教從道家中衍生出來，煉丹吃藥意在成仙的道教徒們也尊老子爲始祖；李唐王朝的皇帝們因奉道認老子爲宗，於是唐高宗追封他爲「太上玄元皇帝」，唐玄宗追尊他爲「大聖祖玄元皇帝」、「大聖祖高上大道金闕玄元天皇大帝」，死後的老子眞是榮耀得很。

西漢著名的史學家和文學家司馬遷是爲老子立傳的第一人，他在《史記．老子列傳》記載了三個老子，一爲李耳，二爲老萊子，三爲周太史儋，但司馬遷傾向於李耳，傳統也認爲唯有李耳是老子。

李耳，字聃，人稱老聃，是春秋時楚國苦縣（今河南鹿邑東）厲鄉曲仁里人。相傳他在東周王朝做過管理圖書的官吏，爲官期間孔子還來拜見過他，向他請教禮的問題。老子告訴他：「你提到的那個人早就死了，他說過的一些話倒是還在流傳。君子生逢可以施展才華的時代，就應該爲社會盡心盡力；如果生不逢時，那就附合時俗，隨波逐流。不過，一個有才能的人，應該像一個好商人深藏若虛；一個有德行的人，表面上應呆頭呆腦。我看你這個人，面有驕色而又欲望過盛，這些對自己是沒有什麼好處的。你捨棄驕色，根除欲望，生活就過得很滋潤了。」

老子的話有兩層很重要的意思，一是達則兼濟，窮則獨善。這話聽起來並不陌生，記得孟子曾經說過，古代的人得志就向百姓施捨恩惠，不得志就修身潔行。就此他總結道：「窮則獨善其身，達則兼善天下。」後來這成爲儒家學派經典的處世哲學。老子雖然沒有把話說到這一步，但孟子這一思想是本源於老子的。二是人有才不要露才，有德不要顯德，深藏無欲則易於處世，它後來是道家學派的基本理論之一。

老子的話說得簡單，孔子卻被深深地打動了。不過他沒有弄明白這個老子，回去以後對

弟子們說：「我知道鳥會飛，可以用箭去射鳥；我知道魚能游，可以用絲線捕魚；我知道野獸會跑，可以用網去套野獸，但我不知道乘風駕雲在天空飛翔的龍，今天我去見了老子，這老子就像那天上的龍啊！」

說老子是龍，是他思想的神奇莫測。

老子教導孔子去驕無欲，實際上自己深懷欲望，所以對混亂的社會現實很不滿意。在他看來，社會充滿了邪惡，人們追求知識，哪裡知道人的憂患生於求知；人們追求善良，哪裡知道善良與罪惡沒有什麼區別。人們不懂得這個道理，像每天都有盛大宴席、每天都是遊春賞景一樣的快樂生活。唯有他自己面臨這種生活心裡很平淡。他不能像衆人一樣生活，很疲倦，也很孤獨，於是感歎道：爲什麼別人那麼富有，而我卻什麼東西也沒有；爲什麼別人那麼清醒，那麼有本事，而我是那麼愚蠢，那麼無能。

老子這樣評述自己，並不是眞的標榜別人是怎樣行，鄙薄自己是怎樣不行，而是正話反說，暗寓別人的昏庸和自己的不合流俗，有常人所沒有的學識和節操。老子對世俗追求金錢財物、美女歌舞很不以爲然，世俗的快樂不就是聲色犬馬之樂嗎？這沒有什麼值得追求的，遠不及他的甘於淡泊，無可無不可。

老子雖說是在朝廷做著史官，實際上不太在意自己的官職，而是借做官隱於市朝，修身養性，對於名利毫無興趣。他在東周朝廷裡做了很長時間的官，對時勢的關注使他看到諸侯

爲了土地、權力的廝殺頻繁不絕，東周王朝的天子地位漸漸被架空，有天子之名而無天子之實。他這個不安於名利的人也不能忍受王朝的衰落，決計離開東周王朝。一天，他悄然離職，西出函谷關，負責把守函谷關的關令尹喜見了老子，十分高興，一番熱情的接待之後，知道老子辭了官要去做隱士。尹喜是個很聰明的人，頓時起了心事：不把老子滿腹學問掏出來不是很可惜嗎？於是對老子說：「您老人家要遠離塵世，隱於山林，我不好說什麼。但無論如何，您老人家得給我們寫一本書，把您老人家的知識傳給後人。」老子本來沒有寫書的打算，做官則做官，隱居則隱居，有什麼好說的呢？他推辭了很久，最後見尹喜滿臉眞誠，又拗不過他一個勁地懇求，暫時留下來，認眞地考慮應該寫些什麼。

老子沈思了多天，平生對於社會和人生的種種思考都浮現在腦海裡，圍繞著「道」與「德」的問題，精思竭慮，著成《道》和《德》八十一章。論道說德，建立了道家學派的基本理論。

老子的書寫成以後，出了函谷關，不知道流落到何方，死在哪一年。

這位偉大的思想家淡泊生活，想像得到晚景是非常淒涼的。

老子的著作後人奉爲經典，稱爲《道經》和《德經》，合稱《道德經》，又因他被人尊爲老子，這部書也就有了《老子》一名。

老莊之間的關尹、列子、楊朱

老子學說的流播傳說認為得力於關尹，也就是函谷關的關令尹喜。他和老子同時，慧眼識老子，當老子要離函谷關遠行的時候，強留老子著書立說，方有道家學派之本。然而，關於關尹的身世人們知道得很少，只知道他生活在春秋後期，年齡小於老子。關尹要老子著書不知道出於什麼動機，司馬遷在《老子傳》中，只記載了他對老子說的一句話：「子將隱矣，強為我著書。」《莊子．天下》篇提到了他，很有意思的是，把他和老子相提並論，說他們領悟了古人傳下來的「道」，以「道」為思想本源，以淡然與自然相處為共同的生活情趣，他們以柔弱謙下為外表，以空虛不排斥萬物為實質，建立了以「道」為本的常無常有的學說。並且稱他們為「博大眞人」。這表明關尹和老子雖然沒有師承關係，但以「道」相通，而且他說的不存一己之見來看外部世界，外部世界林林總總的事物就自然顯露；行為如流水，安靜如明鏡，反應如迴響，恍惚如虛無，沈寂如清虛；混同則和諧，索取則有失以及不處人先、常在人後的思想和老子的觀念是很相近的。這說明關尹和老子的內在聯繫。東漢班固在《漢書．藝文志》的「道家類」提到過關尹，說老子離開函谷關時，關尹放棄關令官職，隨老子而去，還作過《關尹子》九篇。遺憾的是關尹的著作散佚不傳。

列子名禦寇，最早提到他的是《莊子》。或稱之為列子，或稱之為子列子。《莊子．達生》

中列子曾向關尹請教過至人在水下潛行而不窒息、蹈火不熱，行於萬物之上而不恐懼的問題，於是有人說列子是關尹的學生。從《莊子》中可以知道，列子家裡很窮，常是面有饑色，有時弄得連飯都吃不上。傳說他曾請神巫季咸為老師壺子看相，本來使他心醉的季咸在壺子面前黔驢技窮，使列子深為壺子高妙的學問所感動，才眞正知道自己的淺薄，從那以後，回到家中，三年不出門，修養心性。他為妻子燒飯，餵豬就像侍候人一樣，從前喜歡華美雕琢的性格逐漸回復到樸素純眞，神情木然地生活在世上，終身都不改變。不僅如此，《莊子》還說列子修煉得能夠駕風而行，莊子不太看得起他，說是列子駕風而行，往往是十五天就返回來。而且，重無所待的莊子覺得列子駕風終究是有所待，沒有進入人生最佳的逍遙境界。這有一些其實是莊子的想像之詞，他借了列子的名義在宣揚自己的思想理論。由於列子的著作不傳，現在的人們已經不可能知道列子的眞正面貌了。在歷史典籍的零星記載中，人們說列子「貴虛」，即重虛無；又說列子「貴正」，即清廉自守。同時，儘管《莊子》中的列子多是莊子思想的傳聲筒，不可盡信，但多少可以間接感受到他重虛無、自然的思想傾向。列子的影響比關尹的影響要大得多，《莊子》裡反反覆覆說到列子，魏晉時人託列子之名寫了《列子》一書，許多人崇拜他，甚至把他仙化，使列子在道家學派和道教裡都占有重要的一席。

楊朱，又名陽子居。或稱楊子、陽子。關於他在道家學派中的地位有兩種意見。一說他是道家的始祖，老子和莊子繼承並發展了他的思想；一說他是老子的弟子，莊子的前驅。二者各有道理，一般認爲，他是老子的弟子。對此，《莊子》中也有記載。說是陽子居曾經向老子請教敏捷幹練、透徹明達、學道不倦的人是不是可以和明哲的君王相比。並問老子明哲的君王治理國家是怎麼回事。又曾說，陽子居南行去沛縣，和西遊於秦的老子在梁——河南開封相見。老子見了陽子居，仰天長歎道：「開始我認爲你可以教誨，現在看來不行啊！」說話間，滿臉惆悵感傷的神情。陽子居默默不語，陪老子一起到了旅店，服侍老子梳洗完了以後，跪在老子面前，請教自己有什麼過錯。老子說：「你目不視人的傲慢神態，有誰願意和你交往相處呢？最潔白的東西好像有什麼污點，最具有道德的人好像總是做得不夠的樣子。」陽子居聽完，羞愧地說：「敬遵先生的教導。」從此他改變自己傲情視物的生活態度，與人們平等和睦相處。楊朱善辯，對列子不滿的莊子對楊朱也有些不滿。他曾說楊朱和墨翟一樣，遊心於堅白同異之間，凡事都好爭一個明白，搞得天下的是非沸沸揚揚，以致莊子恨恨地說要把楊朱的口封起來，乾脆不讓他講話了。這並不是楊朱思想的主導方面。楊朱的著作今也不傳，《列子》中的「楊朱篇」多說楊朱事，但是後人僞託，算不得數。在零星的記載中，可以知道楊朱「貴己」，追求「全性保眞，不以物累形」。也就是說，他生活最基本的出發點和終極目的，是保全自我的生命和性情，絕對地摒棄妨生害性的外部事物。正因爲如此，孟子曾經十分尖銳地批評他「爲我」，說他拔一毛而利天下也不爲。這與儒家學派重視的兼濟天下、獻身於社會的思想主旨是大相逕庭的。同時，楊朱重順應自然，相傳他的弟弟楊布曾穿了一件白衣外出，回來時因天下雨換了一件黑衣。看門狗不識，一頓狂吠，楊布生氣地要抽打狗子。楊朱說，你怎麼能夠這樣呢？如果狗子出門時是黑色，回來時是白色，你不也感到很奇怪。這其實是形象地解說社會不斷在變化，人要能夠自然而然地順應變化。對社會的治理，應該像小牧童放羊一樣，肩扛羊鞭，羊往東則東，羊往西則西。說到底，也是順應自然之道。楊朱對後世的影響不及列子，而在當時的社會影響則超過了列子。孟子曾經說，聖王沒有出現，諸侯恣意縱橫，楊朱、墨翟的言論充斥天下。天下的人不歸於楊朱之學就歸於墨翟之學，弄得孔子的學說不能張揚於社會。所以憤起痛斥楊朱、墨翟，以捍衛孔子的學說，落了一個「好辯」的名聲。

從關尹到楊朱，可以看到道家學派的演進軌跡：與老子同趣且懷有同樣思想主張的關尹影響了列子，楊朱則學於老子，構成道家學派人物之間的相互聯繫。不過關尹、列子、楊朱都沒有以他們的理論和行爲實踐使老子開創的道家學派得以確立，直到莊子的出現，道家學派才眞正有了顯學的地位。另一方面，由於關尹、列子、楊朱都沒有著作傳世，使人們對他們的零星認識很有局限。

人們論說道家人物，首先是老子，其次是莊子。

道家學派的確立者——莊子

莊子，姓莊名周，蒙人，也就是現在的河南商丘人。人們根據司馬遷說的莊子和戰國時的梁惠王、齊宣王同時，推斷他大約生於西元前三六九年，死於西元前二八六年。莊子曾經在蒙地做過管理漆園的官吏，沒有幹多久就棄官隱居了。從此，他住在一個狹窄偏僻的小巷子裡，依靠編織草鞋維持生活，生活常常無以爲繼，把自己搞得面黃肌瘦。

莊子眞的是很窮，他去拜訪梁惠王的時候，穿的是打了補丁的衣裳，梁惠王帶著嘲笑的口吻說：「先生怎麼這樣窮呢？」本不好咬文嚼字的莊子這時候在文字上做起文章來。他說：「一個人有道德不能施行才是窮，我的衣裳破爛，不過是生活貧困罷了。」莊子並不介意貧寒的生活，一方面是醉心於學問，研究、宣傳自己從老子那裡繼承和發展了的道家理論。另一方面則是要全身避禍，以便能夠享有天年。原因說來很簡單，要入仕途、做高官、享厚祿，都有妨人生的自由和快樂，甚至是突降災禍，到那時候，人悔恨交集也是無濟於事的。

相傳楚王（《史記》說是楚威王）聽說了莊子的學識和才能，派大夫攜帶重金去聘請他，表示要把國家託付給他管理。當時，莊子正在濮水邊釣魚，他聽完楚大夫的絮絮叨叨，頭也不回地冷冷問道：「我聽說楚國有一隻神龜，死了三千年。楚王用竹箱把它的骨頭裝起來，

用絲巾蓋好收藏在廟堂裡時時供奉。你說這隻神龜是願意活著、在泥水裡拖著尾巴呢？還是願意死去以後受人這樣尊敬呢？」楚大夫說：「好死不如賴活，那當然願意活著，死後受人尊敬有什麼意思呢？」於是，莊子說：「你走吧，我就在泥水裡拖著尾巴。」

後來楚王仍不甘心，再次派使者請莊子出山治理國家，莊子笑著說：「千金是重利，卿相是尊位。你難道沒有見到用來祭祀的牛嗎？把牠餵養幾年，養得肥肥壯壯的，然後給牠穿上綾羅綢緞，牽到太廟裡去，宰殺祭祖。到那時候，這頭牛即使是想做一頭孤零零的小牛，過比當初還要差的生活，可能嗎？你還是走吧，千金我也不要，卿相我也不做。」

莊子形象而含蓄地說到楚國做國相就會像那隻神龜、像那頭做祭品的牛，死後被人尊貴或者是生前被人尊貴都會早早地丟了性命，不能夠延年益壽，那麼還是不去做國相的好。生命比貪圖享受而死或者是死後徒具虛名重要得多。所以他看不起身外的物質利益。有一個人從宋王那裡得到了十輛車子的賞賜，喜形於色地去見莊子，莊子漫不經心地給他講了一則「千金之珠」的寓言。他說：黃河邊上有一戶人家，父子二人相依為命。有一天，兒子從黃河裡撈起一顆價值千金的珍珠，興沖沖地回來見父親。父親著急地說，這珍珠是九重深淵裡驪龍脖子上掛著的，你能夠得到它，一定是趁驪龍睡著了，如果驪龍醒來，會把你吃得連粉末都不剩，趕緊把它砸碎。然後莊子說：現在的宋國比九重深淵還要深，現在的宋王比驪龍還要兇猛，你能得到十輛車子的賞賜，一定是宋王一時糊塗了。等宋王清醒過來，你會連小命

都沒有。莊子把人生的意外之財視爲對人生命的極大威脅，用這種思想指導自己的人生行爲，清心寡欲。同時，他對溜鬚拍馬而得到豐厚賞賜的曹商之流也十分鄙薄，說遊說擁有上萬輛兵車的秦王而得到上百輛車子的賞賜的曹商，是因爲做了給秦王舐痔瘡這一類卑劣下賤的工作。自然地，莊子也看不起做官的人，他的朋友惠施在魏國擔任國相的時候，一次莊子去看望他。有人傳言，莊子到魏國是要取代惠施國相的地位，弄得惠施有些惶惶然，唯恐莊子到了魏國。後來，莊子見到惠施，輕蔑地把他的相位比擬爲一隻腐爛的老鼠，把自己比擬爲高潔的鳳凰鳥，說是有誰要你惠施那隻腐爛的老鼠呢？

莊子一生清貧，晚年的生活很不幸，先是妻子死去，他本懷悲傷，轉念一想，人的生生死死猶如春夏秋冬四時的自然運行一樣，生無所喜，死無所悲，於是從悲傷中解脫了。後來，至交和論敵惠施死去，無所謂生死而好辯的莊子頓感天地空曠，從此沒有了論辯的對手，莫名的哀痛縈繞心頭。不過，這並沒有改變莊子一任自然、灑脫幽默的性格，他臨死的時候，傷心的弟子們圍聚在他的身邊，七嘴八舌地說老師一生清淡，死後弟子們一定舉辦隆重的葬禮。莊子卻說：「我死以後，將以天地爲棺槨，以日月爲連璧，以星辰爲珠璣，以天地間的萬物爲別人贈送的殉葬品。有這些東西就已經很完備了，還要其他東西爲我殉葬幹嘛呢？」莊子誇誇其談，實際上說的是我死以後，你們就把我拋屍野外算了，哪裡還要舉行什麼葬禮呢？弟子們心領神會，悲傷地說：「這樣安葬老師，我們擔心你的屍體會被烏鴉、老

鷹吃掉。」莊子笑了，「我的屍體在地面上被烏鴉、老鷹吃掉，埋在地下會被螻蟻吃掉。你們奪過烏鴉、老鷹的食物而給螻蟻，這不是太偏心了嗎？」

莊子的著作今傳有《莊子》，初爲五十二篇，現傳魏晉郭象（西元二五三—三一二年）注本爲三十三篇，分爲內篇、外篇和雜篇三個部分。它們的著作權問題歷來就存在分歧，或認爲內篇是莊子自著，外篇與雜篇是莊子弟子所著；或認爲外篇、雜篇是莊子自著，內篇則是莊子弟子所著。然而，這已不能分辨，通常作總體觀，以《莊子》爲莊子學派的著作。

道家之「道」

說道家，不能不說道家之「道」。

道家既以「道」名，必然是奉道、守道，以「道」爲學派的基本精神。實際上也是這樣，本以「道」爲自然哲學核心的道家，從這裡走向社會和人生的時候，也以「道」爲社會和人生的基本精神。

「道」是道家學派的出發點，也是道家思想的最終歸宿。

「道」是道家智謀的精髓所在，是打開道家智謀的鑰匙。

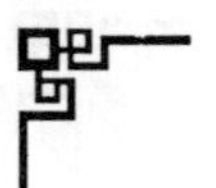

「道」是什麼

道家的「道」是什麼？

「道」的本義是道路，是羊腸小道、康莊大道。人們常在「道」上走，人常變而「道」不常變，久而久之，漸漸從中引伸出事物的法則，運動的規律。但這並不是道家之道。

道家之「道」是自然哲學，卻又超越了自然，蘊涵了社會和人生的道理。

老子最早把「道」引入思想領域，以「道」爲自我思想的核心，從這裡生發出林林總總的社會和人生理論。莊子在這一點上步了老子的後塵，忠實地以「道」爲思想之本，有滋有味地講述世界原本是怎樣的世界，社會應當是怎樣的社會以及人生是怎樣的人生。他們樂「道」，少不了要向人們解釋這「道」是什麼，讓人們也像他們一樣也以「道」爲本。

也許他們就不應該解釋，只管論「道」好了，把「道」說得天花亂墜，把「道」說得糊裡糊塗，讓人們朦朦朧朧地感知，你覺得這個「道」是什麼那就是什麼。不是說一千個讀者就有一千個哈姆雷特嗎？就讓一千個讀者也有一千個「道」，那又何妨？可老子、莊子禁不住要說「道」，這是學術良心，是他們佈道的需要。沒有想到的是，一說起來把他們自己也說糊塗了。

老子說，「道」，你想看它是看不見的，你想耳聞卻無聲無息，用手摸吧，什麼都摸不

到。不是人的無能，而是「道」太神秘。神秘的「道」畢竟存在，只是無法來形容它，老子說「道」的上面不很明亮，下面不很陰暗，「道」處在這樣的位置，終究不是「道」本身。說到「道」的本身，老子說，「道」沒有形體，姑且叫它「恍惚」吧。「道」是「恍惚」，無頭無尾，無始無終，可「恍惚」是什麼，沒有形象，仍然難以讓人明白。

老子又說了，「道」是「恍惚」，它可是有形體的呀！不光是有形體，而且其中還有實物，有精氣，具體而眞實。這不是我老子一個人說的，從古到今，說的人多呢，有了它，人們才能夠認識天地萬物。

老子論「道」，忽左忽右，他自己倡導「道」，竟然弄不清楚這個「道」。如果弄得清楚的話，老子何至於說得這樣含混。而且他又說，「道可道，非常道」，能夠言說的「道」，就不是永恒不變的道。那麼他的「道」該是永恒的。他常稱「道」爲「道」，有時顯得有點迷糊地說，道永遠是無名的，我也不知道它究竟應該叫什麼名字。如果硬是要給它取一個名字的話，那就勉強地叫它爲「大」吧。天下大的事物正多，這一叫又把人叫糊塗了。

莊子也說「道」，把「道」同樣說得叫人難以捉摸：「道」是眞實可信的，沒有作爲也沒有形體，可以心傳而不能口授，可以心得而不能用眼睛看到，先天地而存在，不高、不深、不久、不老，超越現實的時間和空間，獲得永恒。這「道」究竟是什麼呢？泰清問無窮：「你知道『道』是什麼嗎？」無窮說：「我不知道。」泰清又問無爲，無爲說：「我知道。道

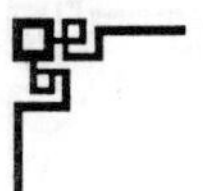

可以尊貴、可以卑賤、可以聚合、可以分散。」他本來就沒有說清楚，又遇上泰清是好事之徒，泰清去請教無始：無窮說的不知道「道」和無爲說的知道「道」誰是誰非呢？無始說：「問道的人並沒有眞正聽說過『道』，說知道『道』的人並不知道『道』。因爲『道』不能夠聽說，聽說的『道』不是『道』；『道』也不能夠目睹，目睹的『道』不是『道』；『道』也不能談論，談論的『道』不是『道』。『道』是無形無名的。要論無窮與無爲的是非，無爲淺薄，無窮才是眞正的懂得『道』。」

這「道」不能聽說、不能目睹、不能言談，就只能靠想知道它的人去仔細地領悟琢磨，去想像，你說它是什麼，它就是什麼；你說它什麼都不是，它也就什麼都不是，「道」的形態，完全可以說是一個永遠猜不透的謎。

老子、莊子想說清楚「道」的形態，無論如何也說不清楚，他們以「道」在那特殊的文化開放時代開闢了一個嶄新的思想領域，卻在描述「道」的形態上給自己命了一道解不開的題。所幸「道」是自由的，無拘無束，所謂無爲無形就是它的最高表現形態。而道在無爲無形中化生天地萬物的觀念成爲他們理論的基石，生發開去，形成了影響中國幾千年文化的道家學派。

道可道，非常道

《道德經》開章明義：「道可道，非常道」。

「道」不可言說，可以言說的「道」就不是永恒不變的「道」。

「道」原來是這樣的神秘。

不是偶然，老子和莊子奉「道」爲思想的精華，「道」的不可言說，是因爲思想精華不能言說。莊子就明確地說：社會上的人重視書，書是語言構成的，而語言所貴的是意，但意不是語言可以表達的。

齊桓公在大堂上讀書，輪扁在堂下做著車輪。

輪扁做著做著，看到齊桓公專注讀書的神情，不禁把手上做車輪的工具放下，上堂道：「請問，您讀的是誰的書？」

齊桓公說：「聖人的書呀！」

輪扁又問：「聖人還活著嗎？」

齊桓公答道：「已經死了。」

輪扁說：「既然這樣，那您所讀的是聖人的糟粕。」

齊桓公一聽，很有些生氣，怒形於色地說：「寡人讀書，你一個做車輪的工匠怎麼能夠

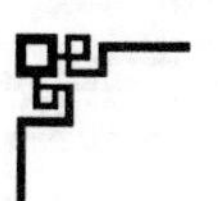

議論呢？你說得出理由也就算了，如果你說不出理由，我要把你處死！」

輪扁說：「就以我做車輪打比方。我做車輪，慢了鬆動就不堅固，快了緊湊就安不進去。不快不慢，得心應手，其中的技巧我並不能夠用語言表達出來，以致於不能口授給我的兒子，我的兒子也不能通過語言來繼承。所以，我現在七十歲了還在做車輪。古人不能傳授的思想精華隨著古人之死已經不存在了，那麼，您所讀的是不是古人的糟粕呢？」

一席話把齊桓公說得啞口無言。

有人說，莊子的這則寓言教育人們不要光顧了讀死書，還要善於讀活書，讀天下的無字之書。但莊子更想說的是道不可言傳，可以言傳的不是思想的精華，道家之「道」是思想的精華，也是不可言傳的。

莊子的思想沒有停留在這裡，他固然是說了意不可言傳，但在實際上，他也是在以言傳意，曾說，言者在意，得意應該忘言。當說到這一點的時候，他給後人留下了一個很有意味的成語：得魚忘荃，漁人捕了魚以後就應該把捕魚的網忘掉。言以傳意，領悟的人得了意之後，就應該把語言忘掉。這樣說，意還是可以用語言傳達的。但他在這則寓言中所說的意不可言傳，是老子「道可道，非常道」在感悟方法上的引伸，從而希望人去領悟「道」。如果道不需要人們這樣去領悟的話，人人都很容易就掌握了，那麼就會很自然地出現這樣的情形：

得道而忠君者，會把道獻給君主。

得道而孝親者，會把道獻給父母。
得道而友善者，會把道告訴兄弟。
得道而慈愛者，會把道傳給子孫。

遺憾的是，道不易得，不能夠口傳身授。

「道」既然只能夠靠人的領悟，那會有誰可以把「道」說得清楚呢？所以，老子說不清楚，莊子也說不清楚。況且老子同時說了一句：「名可名，非常名」，「道」不也就是一種「名」嗎？可以說得出的名不是永恒的名，那麼，「道」之說就應該變動不居了。

儘管如此，「道」的精神則相對明朗，老、莊津津樂道得更多的是「道」的精神。

道法自然，道即自然

「道」是什麼？老子和莊子沒有能夠表述清楚，但他們自認爲能夠說清楚的是「道」的生成。老子不是把「道」叫做「大」嗎？於是，他作了一番推演：大則運行而去，運行而去就遼遠無窮，遼遠無窮就返回本源。這樣說來，「道」眞的是很大很大。這樣大的「道」在天地之間運動，那麼，天與地不都是很大嗎？而人在天地間與「道」相處，與天地共存，人也就是很大的了。然而，四者不是並立的，老子把它們作了一個排列：人以地爲法則，地以天爲法則，天以「道」爲法則，「道」以自然即自我的本性爲法則。要論天、地、人與「道」

的大小，歸根結柢是「道」最大。

人生於天地之間，天是自然，地是自然，人因天地之生而生，人也該是自然。但它們都不及「道」的自然。老子這樣說，自有道理。縱觀古往今來，天地四方，天從哪裡來，地從哪裡來，人從哪裡來？

世人說，是盤古開天地。最開始的時候，天地相連，渾然一體，就像一個雞蛋。盤古在裡面漸漸長大。過了一萬八千年，盤古用力氣把天地分開，清氣上浮成了天，濁氣下沈成了地。盤古在天地之間一天長一丈，把天撐得一天高一丈，地拄得一天厚一丈，這樣又過了一萬八千年，所以，天變得很高很高，地變得很厚很厚。盤古臨死的時候，造福於天地，把四肢五體變成了四極五嶽，雙眼變成了太陽和月亮，聲音、氣息變成了風雲雷電，血液變成了江河，皮毛變成了草木等等。於是可以說，開闢了天地的盤古也創造了萬物。

老子說，你們錯了，「道」生天地萬物，他又有理論：「道生一，一生二，二生三，三生萬物。萬物負陰而抱陽，沖氣以爲和。」這話看起來很簡單，其實很玄乎。說白了是「道」產生原始混沌之氣或者說「道」產生它自己——因爲他常把「道」直接稱爲「一」，混沌之氣或者「道」產生陰陽，陰陽交合產生新的事物，而這新的事物產生萬物。話說回來，萬物裡面蘊涵著陰陽二氣，陰陽二氣在不知不覺中相互融合，得到統一。也許老子自己也覺得這樣說太玄了，於是，他很通俗地把化生萬物的「道」稱爲母，把「道」及其化生的萬物稱爲母

與子。這一下子使他玄妙的理論與人們的思想距離縮短了許多，人誰無母，母生子而有母子，「道」生萬物猶如母生子。他是這樣說的：天下萬物都有一個開始，這開始就是天下之「母」，是萬物的根；掌握了這個根本，就能夠認識萬物，認識了萬物還要回復、堅守根本，人生就沒有什麼危險、沒有什麼過失了。

莊子在「道」生萬物的理論上追隨老子，老子不是說「道法自然」、「道」生萬物、「道」永恒不老嗎？莊子則說「道」在天地產生之前就自本自根，神秘難測地自己產生了自己。隨之，它產生了天地、產生了鬼神、天帝。在這一點上，他比只說過神得「道」則靈的老子走得更遠，不僅認爲「道」產生了一個以天地爲主體的物質世界，而且認爲「道」產生了一個由鬼神、天帝構成的非物質世界。在他的描述下，「道」的永恒狀態是在太極之上不爲高，在六合之下不爲深，先天地生而不爲久，長於遠古而不爲老。「道」眞是神奇。

道家的「道」的偉力超越了無垠的時間和廣袤的空間，產生了萬物，凌駕於萬物之上，又蘊涵在萬物之中。這說不清的「道」究竟是什麼？在老子和莊子的心目中，作爲先念存在的「道」總離不開自然，它生成於自然中，也就是自然。說天地生於「道」、萬物生於「道」，也可以說天地生於自然、萬物生於自然。老莊想用「道」來解釋自然，殊不知宇宙間自然的無窮奧秘至今都難以破譯，他們以邏輯推導稱「道」爲天地萬物的起源，而把自己的社會、人生理論都建立在「道」之上，形成自己的理論體系。

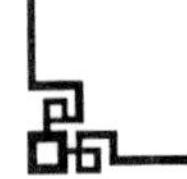

道——無所不在

老子、莊子神奇的「道」在哪裡？

曾經有一個名叫東郭子的人問莊子：「先生，您所說的道在什麼地方？」

莊子回答：「無所不在。」

東郭子對這個回答不太滿意，說道：「先生說得太抽象了，能不能指明一個具體的地方，也讓人好琢磨。」

莊子說：「在螻蟻裡面。」

東郭子不解：「怎麼這樣卑下呢？」

莊子說：「在稗草裡面。」

東郭子說：「怎麼更卑下了呢？」

莊子說：「在碎磚瓦片裡。」

東郭子更吃驚了：「怎麼愈來愈卑下呢？」

於是，莊子又說：「在屎尿裡面。」

莊子這樣說，其實是對東郭子不知道「道」是無所不在的鄙薄，「道」並不是只在某一具體事物之中的。但他以這種形式對東郭子的批評，同時告訴了人們怎樣來理解他的「道」

無所不在。這一理論的本源還是在老子那裡，老子勸人們認識「道」生萬物的理論時，要人們在萬物裡守住「道」，就委婉地說明「道」是無所不在的。

萬物裡有「道」實在不是一件小事，它包含了事物本身的運動規律，事物都需要得「道」，老子說，天得道則清明，地得道則寧靜，山谷得道則充盈，萬物得道則生存，諸侯得道就能夠爲天下人擁戴。如果不是這樣的話，天就會昏暗，地就會崩塌，山谷就會枯竭，萬物就不會生長，諸侯就會失去他們的地位。相形之下，得道者與不得道者有天壤之別。莊子說得更不同凡響：

> 豨韋氏得到它，用來整頓天地；伏羲氏得到它，用來調合元氣；北斗星得到它，永遠不會改變方位；日月得到它，永遠運行不息；堪壞（山神）得到它，可以掌管崑崙；馮夷（河神）得到它，就可以遊於大川；肩吾（山神）得到它，可以主持泰山；黃帝得到它，可以登上雲天；顓頊得到它，可以居住玄宮；禺強（北海神，人面鳥形）得到它，可以立於北極；西王母得到它，可以安居少廣山上，沒有人知道他年代的始終；彭祖得到它，可以上及有虞的時代，下及五伯朝代；傅說得到它，可以做武丁的宰相，執掌天下的故事，死後成為天上的星宿，乘駕著東維星和箕尾星，而和眾生並列。
>
> 陳鼓應，《莊子今注今譯》

在這顯然經過虛構誇張的描述中，莊子把自然與人、神話傳說中的人物和歷史上眞實的人物融合在一起，把虛無飄渺的事說得活靈活現，煞有其事，使無所不在的道讓人心醉神迷。然而，道既是自然，那麼所謂的得道其實並不是「得」，而是天地萬物都像「道」那樣，依本性而生，不違逆本性。這就是得道，否則就是失道。像他認爲的天的本性是清明，地的本性是寧靜，違逆了天地的本性，就會出現昏暗、崩塌的景象。

莊子比老子會編故事、講寓言，讓人聽起來津津有味隨他進入玄想，然後再去品味他故事裡的思想，不像老子說話總是很實在，很精煉，一個個字、一個個詞從那滿是智慧的頭腦裡蹦出來，直接觸摸你的思想。所以，老子正兒八經地把道理說得一板一眼，「道」是自然就表述爲自然，而莊子卻在講述伯樂治馬和匠人治木的故事。伯樂善治馬，剪馬毛、削馬蹄、絡馬首、絆馬腿，但違背了馬蹄踐霜雪、毛禦風寒、自由自在地吃草飲水的本性；匠人善治木，使彎曲的中規，筆直的合矩，但違背了木曲者自曲、直者自直的本性。伯樂、匠人自以爲有道，卻傷了物性，使馬與木失其道。

老子、莊子給「道」的定位，生發出了道家的精神。

道家精神

道家尚「道」，「道」的自然品性必定導致了道家精神的自然性。這與儒家學派所重人的社會性背道而馳。

儘管常有人說道家的自然性影響到他們重視和發揮人的個性，然而，他們所重的個性其實消弭在人的自然性之中。

與人具有社會性相類似，每個人都具有自然性，只說是人在社會生活中，看他怎樣把握社會性的一面和自然性的一面。孔孟注重人的社會性，老莊注重人的自然性，他們分別把所重推演到極致，使以後的學人只能夠闡釋他們的學說，而不能夠超越以致取而代之。這是後學的悲哀，也可以說明孔孟儒學和老莊道學在各自領域至高無上的地位，在歷史長河中的光彩以及不同的學術個性。儒家精神是儒家精神，道家精神是道家精神。

這裡關注的是道家精神。

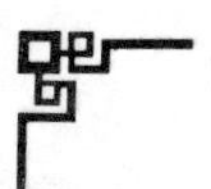

虛靜自然

道家之「道」是宇宙觀，從這裡，老子和莊子爲人們展開了一幅天地萬物生成的畫卷。然而，他們對於「道」的仰慕和崇敬，對於「道」本質的認識和領悟，深刻地影響了他們的社會觀和人生觀。

道法自然，以此審視社會和人生，社會生活與現實人生的眞諦也在於自然。於是，「道」的自然精神成爲他們人生一根不可須臾離捨的主線。

人要自然，前提是心地必須沈靜。心地不沈靜，見別人做高官、享厚祿，恨不能步後塵，平步青雲；見別人掙大錢、享清福，恨不能也有那一天。爲此，使出渾身解數，心力交瘁，就無心性的自然可言。本來，人入了社會，就是群體中的一員，而不是絕對自我化的個人。人們生活的相互差異激發人心的躁動也該是一種自然，但那是世俗的自然，是被社會異化了的自然，與老莊注重的心性回復原色的自然不是一回事。

老子講自然、重自然，因爲他實實在在地看到了社會生活中普遍存在的違逆自然的現象。人求有爲，一旦有爲，就失了自然，或者說違逆了自然。他主張虛靜，也是看到了人心的不靜。他說：穩重是輕浮的根本，虛靜是躁動的主宰。輕浮不能夠失了穩重，躁動不能夠失了主宰。比方說吧，君子出行，始終不離開糧草，有榮華富貴而不沈湎於榮華富貴；擁有

一萬輛兵車的國君，國力強盛，卻常常看輕自己。這都是不失根本。所以人輕浮不得，躁動不得。但什麼是虛靜，老子在表示要追求虛靜的最佳境界的時候，從萬物生長的角度講了「靜」。說是觀察萬物的萌芽、生長、凋零這樣周而復始的過程，發現芸芸萬物，最後都回到了它們的根本上，這就是「靜」。「靜」也就是萬物的自然狀態。老子還不厭其煩地向人解釋，靜是回復本性，回復本性就是自然，說來說去，靜也就是自然。

莊子比老子更多地講虛靜。在莊子的論述中，虛靜不單純是一個心理狀態的問題。他說虛靜是「道」的表現形態，這與老子對「靜」的解說相吻合。虛靜還是自然。有時又說虛靜是人悟「道」的基本前提，並且虛構了孔子向老子討教「至道」的故事。老子說，要討教好說。不過你得先齋戒，疏導你的心靈，洗滌你的精神，去掉你的智慧，保持虛靜的狀態才能夠談「道」。莊子不止一次說到這一點，告誡人們只有虛靜才能夠悟「道」。不過，莊子在本質上還是希望人保持虛靜的心理狀態，而且應該摒棄「四六」：

一是激揚人意志的：高貴、富有、顯赫、威嚴、名譽、利祿。

二是束縛人心靈的：容貌、舉止、姿色、辭理、氣息、情意。

三是拖累人道德的：憎惡、欲望、喜歡、憤怒、悲哀、歡樂。

四是阻礙人悟道的：捨棄、攀附、獲取、給與、智慧、技能。

莊子把所有可能妨礙人保持虛靜心理狀態的情形列舉出來，指示人們應該怎樣去做。如

果人們做到了，那麼，虛靜也就實現了。

老子把虛靜理解爲自然，莊子既把虛靜理解爲自然，又認爲虛靜是通向「道」的必由之路，而他們的歸宿都是自然。自然是什麼呢？莊子在《秋水》裡專門把它和人爲相對而言，讓人們理解他說的自然是什麼。

河伯問北海神：「什麼是自然？什麼是人為？」

北海神說：「牛、馬生來就有四隻腳，這就是自然。用繩子把馬頭絡上，把牛鼻子穿過，就是人為。」

可見自然是事物的原色原貌，人爲是對自然事物的改造，即使是局部的、細微的改造。

老子和莊子很堅決地反對用人爲破壞自然，人與物應該保守自己的自然本性。這對於社會和人生來說，意味著現實社會形態的消解和全面倒退，人返樸歸眞，回到初生嬰兒狀態，純眞自由。社會上不再存在爲權勢、地位、利益產生的勾心鬥角，不再存在爲版圖、百姓發生的流血衝突，也不再有種種法律和道德規範約束人的行爲。人在大自然的環境中，與天地萬物和諧相處，沒有思想，也沒有欲望，順應生活的自然，順應生命的自然。到那時候，社會就會與人生將進入美妙不可言說的境界。老子和莊子希望人們按他們引導的方向前行，社會就歸於太平了。所以，他們堅決反對現實生活中人們具有的聰明才智，認爲人們只有捨棄了智

慧和各種本領，才能夠回復到自然之中。

老莊的虛靜自然是他們人生的指導思想，也是他們政治的指導思想，只是很少有人領會老莊的政治用心，視他們爲向隅談玄，或者是空疏沒有實際作用。名家學派的代表人物惠施就明明白白地批評莊子的學說「大而無用」，所以社會上沒有什麼人嚮往它。而莊子卻說，並非是我的學說「大而無用」，而是你們這些人不善於用大，如果善於用大，你們就會捨棄自己的淺薄之學而取我莊子之道。

無為而無不為

人生一世，光陰倏忽，誰不想有所作爲，爲社會作些貢獻，留下一點痕跡。春秋戰國時期雖然有人宣揚天命，認爲天有意志，人應該依天的意志行事，但更多的人清醒地認識到生命不能夠永恒。有人想成仙，想長生不老，終究沒有人能逃過死亡的關卡。有善於在人生上做文章的人站出來說：人死了可以不朽，建立功業、建立道德、著書立說就是不朽之道，統稱爲「三不朽」。這是說人可以通過名聲傳於後世，不就是雖死猶生嗎?人們終於從這裡得到了可以淡化死亡之悲的安慰，於是紛紛追求功業、追求道德、追求著書立說。在老莊看來，這些不算什麼有爲，眞正有爲的人是無爲，無爲就可以無不爲，可惜沒有幾個人懂得這個道理。

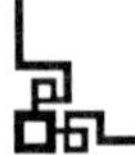

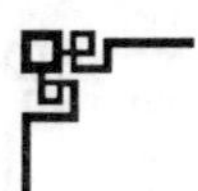

老子說：「爲學日益，爲道日損，損之又損，以至於無爲。無爲而無不爲。」這眞是好事情。爲學一天天增加，爲道便一天天減少，愈減愈少，減到無所作爲了，反而可以無不爲。這不是老子的發明，而是「道」的發明，「道」常常是無所作爲的，但天地萬物，哪一樣不是它造就的呢？社會上的人們並不需要有意識地去做什麼事情，守「道」的法則，「道」無爲，你也無爲，不也就可以無不爲嗎？如果是諸侯守「道」，萬物就會自動地歸附他。用不著像孔子說的用道德治理國家，那麼國君就像北斗星一樣，安居其所，百姓就像群星一樣圍繞著他。也用不著像孟子說的尊敬自己家裡的老人，然後推及到尊敬別人家的老人；愛護自己家的孩子，然後推及到愛護別人家的孩子，那麼天下就會像在手掌上運動一樣。守「道」不需要苦心孤詣地考慮怎樣運用道德規範人的行爲，也不需要用心計考慮人與人之間的關係，簡便易行多了。

老子把「無爲」的作用說得很妙，無爲無欲，老百姓自然就會淳樸富足、端正順服。他這樣說，是基於社會的混亂和人們對於利益的百般追求。人們生活上對物質利益的依賴決定了追求物質利益的必然性，追求者志在必得，能夠用的技巧、手段無不運用，把社會秩序也攪亂了。爲了穩定社會秩序，國家頒布法令，規定人人都得遵紀守法，否則要受到法令的制裁。但是人們還是禁不起利益的誘惑，犯法而求利，國家也就不得安寧。既然是這樣，那還不如要百姓無所作爲，國家也無所作爲，幸福的生活自然而然地降臨了。

老子想得很好，但社會不能逆行，人心也不能倒退。以無爲而無所不爲的方略讓人們回到老祖宗的遠古時代，過茹毛飲血的生活，消解人與人之間的矛盾和鬥爭，毫無疑問是不可能的。人們不可能回到那種生活狀態，也不可能這樣解決矛盾和鬥爭。儘管如此，他理論的影響還是很大，莊子繼之，一仍宣揚無爲而無不爲的治國之道。他比老子更多地談論無爲而無不爲。莊子曾轉述老子爲道日損，無爲則無不爲的話，一而再，再而三地說無爲則無不爲。他不是隨意揣度，而是緊跟老子，縱觀天下古今，從「道」的理論和歷史的發展中，悟出無爲與無不爲的深厚關係，並說古代的人治理天下，沒有什麼欲望人民就很富足，無爲而萬物化生。

莊子很看不起當時爲爭權奪利展開的諸侯戰爭，這些人連同他們所在的國家都是很渺小的，不知道天下之大和生活的眞正意義。他也看不起儒家、墨家這些顯揚於天下的學派，儒墨之徒苦口婆心地教育人們懂得什麼是仁義，怎樣辨別社會上的是與非，實際上是在給人們施行刑罰，把人心搞得更加混亂。還是不要仁義、不要智慧的好，這樣也就不會有戰爭。莊子也像老子一樣，談到小國寡民，國家要小，百姓要少，大家各甘其食，各美其服，各安其居，各樂其俗，雞犬之聲相聞，老死不相往來。但他更希望的是人們無爲，如果人人眞正地無爲，像自然物自由自得地生活，那麼，就可以進入最佳的人生和社會境界。

老莊的無爲而無不爲是人生理論，也是政治理論。無爲固然是無所作爲，包括沒有欲

望，沒有行爲上的追求。它的精神實質是在以無爲求大爲，表面上的消極蘊涵有最大限度的積極。看起來無心於世事的老莊，仍然是有心於世事，只是他們的表達方式不同於其他的學派。

辯證法、齊物論、相對論

老子看問題，喜歡從正反兩方面看，如說禍與福，他有一句名言：「禍兮，福之所倚；福兮，禍之所伏。」禍中有福，福中有禍，禍與福是相互轉化的。得禍不必憂，得福也不必喜。

《淮南子．人間訓》講了一則故事：邊塞上有一戶人家，一天，他家的馬無緣無故跑到邊塞外的胡人領地去了。鄰居都來安慰他，他說：「這難道不是一件好事嗎？有什麼值得傷心的呢？」過了幾個月，這匹馬帶了一匹胡人的駿馬回來。鄰居聽說了，又都來祝賀。他說，也沒有什麼好祝賀的，這未必就不是一件壞事。後來，他的兒子騎馬摔斷了腿，他仍然不著急，當邊塞上發生戰爭，他的兒子因爲斷了腿不能夠上前線，上前線的人送了命，他的兒子得到保全。

這則故事再好不過地解釋了禍與福之間的辯證關係。事物都有矛盾的兩個方面，就像禍與福一樣，相互依存，也相互轉化。這一點他在《道德經》的第二章中就說得很清楚：「有

無相生，難易相成，長短相形，高下相傾，音聲相和，前後相隨。」社會生活中事物的矛盾統一現象遠遠不限於這些，生與死，善與惡，成與敗，如此等等，都是辯證的統一。

同時，老子常常以發展的眼光看待事物，不管他把「道生萬物」說得怎樣玄乎，怎樣神奇，事物總是有萌芽的階段，生成的過程。長得再大的樹，是從一點點樹芽長起的；壘得再高的台，是一筐筐土的堆積；步行千里，始於足下。這給了人們很大的啓示，凡事都有自身的發展規律，要從一點點做起，才能夠抵達成功的彼岸。他的這種思想後來被荀子用來勸人學習，說是「不積跬步，無以致千里；不積細流，無以成江海。」

莊子受老子的影響也講事物的辯證轉化，最生動形象的是「方生方死，方死方生；方可方不可，方不可方可。因是因非，因非因是。」生與死、可與不可、是與非緊緊地纏繞在一起，矛盾的雙方並生，生中有死，死中有生，如此類推。其中還有生與死、可與不可、是與非的相對性，不過，莊子說得更多的是齊物論和相對論。

莊子好說萬物齊同，這不是說萬物的形態是一樣的，而是說萬物本質上的同一。即他在《齊物論》裡告訴人們世間萬物「道通爲一」，包括了人與物。在他心中，「道」化生萬物，萬物都有「道」，萬事萬物之間表象的差異並不能夠掩蓋同一的本質。顯然，他是用自然的目光觀察外部世界和人的自身，既然萬物齊同，世界該是一個混合體：「天地與我並生，而萬物與我爲一」。他給人們講了一個很有趣的夢，人稱「莊周夢蝶」：

有一天夜裡，莊周躺在床上，不知不覺進入夢鄉。他夢到自己變成了一隻漂亮的蝴蝶，翩翩起舞，悠然自得，不知道自己是莊周。忽然，他從夢中醒來，眼前的蝴蝶不見了，躺在床上的還是他。莊周有一點迷糊了，想來想去，是自己做夢變成了蝴蝶呢？還是蝴蝶做夢變成了莊周呢？

蝴蝶與人自然是有區別，他把本不存在的夢中蝴蝶與能夠做夢的自我，或者是與以自我象徵的人混為一談，並非是把蝴蝶擬人化或者是把人擬物化，而是通過這個虛幻的故事告訴人們：人與蝴蝶存在區別，但本源於自然的人與物最終會歸於自然，人與物的界限會消解，他把這稱為「物化」。

莊子還有相對論，像是給人說笑話似的，他說：天下最大的東西是野獸秋天毫毛的末端，泰山最小；生命最長的是一生下來就死去的嬰兒，相傳活了八百歲的彭祖的壽命最短。這真是你不說反倒明白，你愈說人就愈糊塗了。泰山誰不知道它大，秋天野獸換毛，誰不知道那時候它們的毛是最細小的。而人們羨慕彭祖，就是因為他的壽命長，怎麼搞的說他的壽命最短而一生下來就死去的嬰兒的壽命最長呢？其實莊子是在說，秋毫之末小還有比它更小的，泰山大還有比它更大的；彭祖的壽命長還有比它更長的，當然，生下來就死去的嬰兒的壽命短，還有比它更短的。而且，同樣的生存環境給人與物的感受就不一樣，譬如：人睡在潮濕的地方就會患腰痛以致弄得半身不遂，泥鰍會這樣嗎？人爬到高高的樹尖上就感到心驚

肉跳，猿猴會這樣嗎？還有，人們總說毛嬙、麗姬長得美麗絕倫，傾城傾國，但魚見了她們連忙沈到水底，鳥見到她們頓時高飛，麋鹿見到她們撒腿就跑。他（牠）們中誰眞正地知道天下的美是什麼呢？

莊子這樣看天下的事物，把人與物攪合在一起，並不是他的思想不太清晰，而是反反覆覆地說著一個理：事物都是相對的。這裡沒有一個客觀的評價尺度，如果要說有，那就是人自身的感覺。他講了一個故事：一次，陽貨到宋國去，住在一家旅館裡。旅館主人有兩個老婆，一個漂亮，一個醜陋。陽貨沒有料到那個醜陋的受到寵愛，而那個漂亮的受到冷落，迷惑之際去問旅館主人是什麼原因。旅館主人說，那個漂亮的自認爲漂亮，我不認爲漂亮；那個醜陋的自認爲醜陋，我不認爲醜陋。陽貨與旅館主人的老婆有共同的審美標準，旅館主人對於美與醜的判斷，使本來有美醜的標準不復存在，取而代之的是純主觀的認定。

老子的辯證法也好，莊子的齊物論、相對論也好，都是認識自然與社會的方法，體現了他們的宇宙觀和社會觀，成爲道家精神的組成部分。

必要的說明

在道家學派中，老莊一體，這和莊子在學說上以老子爲宗有很大的關係。他們在思想的根本上達到了高度的一致，但並非完全等同。如果是那樣的話，老子和莊子就失去了個性，老子不成其爲老子，莊子也不成其爲莊子。

老子和莊子畢竟有些不同，因此在這裡有必要作一點說明。

格言與寓言

老子和莊子同是楚人，在相同的地域環境中受到了相近的文化薰陶。然而，同中又有不同，老子除了受楚文化的影響，還受魯國理性文化的影響，淡化了楚人的浪漫情思，多了對社會、人生的理性思考；莊子除受楚文化、魯文化的影響之外，還受齊國神仙文化的影響，三者融合。莊子不像老子收斂了楚文化浪漫的一面，而是發展了楚文化與齊神仙文化的玄想奇思，更多了幾分浪漫。這導致兩人奉行的道家思想就有了不同的表達方式。

老子表達思想是很實在的，他思想的豐富、深厚引起後世許多人對他的關注。關注的範

圍遠遠超過把老子視爲道家學派的創始人，而且把老子的思想用於社會生活的方方面面。但老子的《道德經》全書只有五千字，言約義豐。他採用了格言般的語言形式，雖然有些話說得朦朧，像對於「道」的形態的描述，始終只給了人們一個抽象的印象，但大多理論的闡述以簡潔明快見長。他也好用比喻、好用鋪陳，比喻求簡，鋪陳避煩，不作誇飾，少兜圈子，說理便見理，沒有孔子說理的幽默風趣。老子的這種文章風格沒有導致莊子的附合，莊子對於所處社會現實的深刻感受和思考，促成他選擇了不同於老子的表現形式。

司馬遷曾說莊子「於學無所不歸，然其要本歸於老子之言」。他提出的老子與莊子的這種學說關係，深中肯綮，並且注意到了莊子思維的特徵：

其著書十餘萬言，大抵率寓言也。……《畏累虛》、《亢桑子》之屬，皆空語無事實。

寓言是寄寓之言，是虛構人物或者故事情節表達自我的思想觀念。既然是虛構，自然是「空語無事實」。

莊子則把自己思維的表達方式概括爲「三言」：卮言、重言、寓言。《天下》篇中說莊子認爲天下混亂渾濁，不能夠說嚴肅認眞的話，於是「以卮言爲漫衍，以重言爲眞，以寓言爲廣。」

卮言是合於自然的無心之言，是從莊子本心自然而然地流露出來的。莊子讓它在行文中散漫流衍，有很大的隨意性，以便使自己的理論能夠長期流傳。然而，卮言在莊子著述中只占了很少的一部分，主要的還是重言和寓言。

重言是借重先哲時賢的言論，這主要是借重先哲時賢之名，用他們的名義說莊子自己的話。他很會揣摩社會上人們的心理，說過一句很俗的話：父親不為兒子做媒。道理很簡單，父親為兒子說好話，當然不如旁人為他說好話，旁人說的，少了親緣關係的嫌疑，更容易取信於人。所以，莊子借重先哲時賢，想讓人們覺得他的理論更加真實可信。不過，在《莊子》裡，據說占了十分之七的重言實際上處在占十分之九的寓言中，這使得《莊子》是以寓言為思維的主要表達方式，使它是一部寓言書。這與司馬遷的評說相吻合。

清代的劉熙載曾經在《藝概》裡說莊子的文章風格是「寓真於誕，寓實於玄」即在荒誕玄虛中存在思想的真實。這說的是一個問題的兩個方面，一是表象，一是實質。其實質自然是在表現他的宇宙觀、社會觀和人生觀，但由於採用的是寓言的形式，在寓言裡莊子又好求奇索異，使他的寓言在表現形式上就有了奇幻的特徵。他常常以時空的距離形成巨大的反差，在時間上，從傳說中的黃帝、堯、舜時代可以一下子拉到戰國，可以從連一個月或者是一年的生命都沒有的朝菌、蟪蛄剎那間跳到以五百年為春，五百年為秋的神龜冥靈，以八千年為春，八千年為秋的神樹大椿。在空間上，大鵬高飛九萬里，蜩與學鳩飛不過幾丈；秋天

來了，河流的水都匯注黃河，黃河的水面頓時寬闊，也不過是兩岸相對，人看不清牛馬的模樣，而北海僅是朝東邊望去，就看不到盡頭。在急速的跳躍和鮮明的對比中，極長與極短、極大與極小並列共處，就有了奇異的光彩。同時，莊子在寓言中虛構了許多人物，把物擬人化，甚至把抽象的概念也擬人化。於是在他的筆下，出現了一幅奇異的人物畫圖，這些人物或者從正面，或者從反面爲表現莊子的思想服務。莊子在寓言的情節上，也常常是出人意表，假想的、虛擬的人物彼此對話論理，物與物也可以產生思想的交流。更奇妙的是他構想一些人們想像不到的故事，說古論今，言此意彼，各具形態而沒有雷同的嫌疑，再加上他語言表現上的隨意放縱，灑脫自恣，增強了寓言表象的奇幻。儘管說他時時直接說理，然而並沒有給他的文章的總體風格帶來根本的影響。

莊子的這些表現風格是老子筆下所沒有的。

莊子的承續與發展

老子和莊子不同的思想表達方式，只是形式上的不同，他們在好「道」和崇尚自然上的思想一致形成道家學派，從此在歷史長河中成爲社會意識形態的一支，源遠流長。

不過，老子和莊子的思想、人生行爲是有所不同的。

同爲尙「道」，莊子的思想本源於老子，雖然他跳不出老子道法自然、道生天地萬物的思

想框架，但他把「道」的自然力量更爲具體地滲入社會和人生。

固然老子宣揚自然無爲，說無爲而無所不爲，但他描繪的理想社會生活是「小國寡民」，國家雖小，但國家還是要的，百姓的生活是與社會相隔絕的家庭個體化。莊子雖然也說類似的話，但他更主張社會完全回復到原始的渾沌狀態，社會的組織形式應該是無組織的自然形式。不僅是人與人之間，而且是人與物之間都和諧相處。在返樸歸眞上，莊子比老子顯得更加徹底。

這種徹底性還表現在人的處世方法和人性的改造上。

老子和莊子誨導人們應該怎樣生活，不應該怎樣生活，「自然無爲」是一面旗幟。在這面旗幟之下，老子比莊子要現實得多。老子要人超脫於世俗之上，少私寡欲，莊子則以「至人」即具有最高道德的人爲人生理想，要人絕對地順應自然，在無窮無盡的時空，求得乘雲氣、御飛龍式的「逍遙遊」。在這樣的時候，他要求人的自我修煉，是以「心齋」、「坐忘」爲基本方法。而這些修煉方法的最終結果是要人與客觀外界相隔絕，也與客觀自身相隔絕，人成爲只具有自我自由、自然精神的肉體。這幾乎不可能與老子勸人的少私寡欲相提並論。

當然，老子和莊子處在現實社會中，得像其他人一樣渴則欲飲，饑則欲食，不能夠不面對現實。

嚴峻的現實之下，消極的老子有積極的主動。像他說的「大器晚成」：「千里之行，始

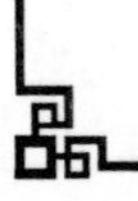

於足下」；「弱之勝強，柔之勝剛」都在不同的程度上激發著人努力奮進。而莊子勸人的知其不可奈何而安之若命，讓人永遠都不要抗爭，只要被動地隨順自然就行了。

這樣的生活態度很大程度上是莊子比老子更看重人的生命。老子說得出「民不畏死，奈何以死懼之」的話，而莊子則時時都告訴人們應該全身避禍，不要對人生命之外的物質利益產生任何的欲求，高官厚祿不能要，意外之財不能要，連人與人的交往時時都要小心謹慎，不要觸怒了別人而使自己遭了殃。可以把死看得很清淡，很無所謂的莊子，對於生命的養護實在是不掉以輕心。

由於莊子把人生的意義定位於保全生命，相對於老子，他有老子那樣對於「道」的執著，卻比老子的思想要顯得狹隘一些。老子的思想可以超越哲學、文化，用於商業、軍事，乃至於各行各業，而莊子的思想卻沒有這樣的偉力。不過，它在消解人的情緒、助人清談上，比老子的思想更有魅力。

人們對於生活的態度可以有種種不同，有一點則常常相同，這就是喜歡別人贊成自己的意見，而不願意別人非議自己，這其實是人的天性。莊子就很清楚地看到這一點，說社會上的人們，見到和自己意見相同的就回應，見到和自己意見不同的就反對；相應地，和自己意見相同的就認爲是對的，意見不同就認爲是錯的。這樣，難免就有偏見。

莊子主張過論辯無是非，在生活中卻有鮮明的是非觀。他站在老子的思想立場上，在很

大程度上以老子的是非爲是非。老子要人們少私寡欲，他也要人們少私寡欲；老子要人們絕聖棄智，他也要人們絕聖棄智。莊子以老子的思想爲基礎發展自己的思想。這就不奇怪魏晉時嵇康寫莊子傳，說莊子「少學老子」。

老子和莊子都批判社會，相對來說，老子的批判比較抽象，比較溫和；而莊子的批判抽象與具體兼而有之，溫和與辛辣也是兼而有之，其中辛辣占的比重更大。譬如他批判諸侯戰爭，認爲從事戰爭的人都是很渺小的。就說蝸牛的觸鬚上有兩個國家，一個國家叫觸氏，一個叫蠻氏。這兩個國家爲爭奪土地發生戰爭，伏屍數萬，追亡逐敗十五天才回來。

他批判儒家學派的虛僞，說有兩個儒生去盜取別人的墳墓。一個大儒生，一個小儒生。大儒生在地面上望風，小儒生進墓道裡去。快天亮的時候，小儒生還沒有得手，大儒生著急地催促：再不動作快點，來了人可就不好辦了。小儒生則在墓道裡對著死人誦詩：綠油油的麥子，長在山坡上。你這個人活著的時候不施捨，死了爲什麼口裡含著珍珠呢？同時用力撬開死人的嘴巴，從裡面取出珍珠。

莊子自認爲得理而不饒人，把別人鄙薄得無地自容。

莊子的尖銳，更顯得對所持主張的執著。

說來說去，老、莊及其由他們確立的道家學派是個永恒的話題，不同時代的人都讀老莊的著作，尤其是魏晉時期的人們，務清談而以《周易》、《老子》、《莊子》爲「三玄」，甚至

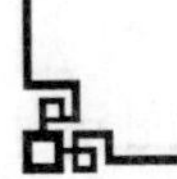

有人說，三天不讀《老子》，舌根就會僵硬。人們談老莊，疏離社會現實，修身養性，爲自己謀求安寧的生活。

老莊爲人出謀劃策，一邊要人絕聖棄智，一邊儼然以智者的身分告誡人們應該怎樣設身處世，避禍全身；告誡統治者應該怎樣治國理民，實現理想的社會。他們表面上不入世，實際上處處都以自我的智謀入世，看人怎麼看，怎麼想。

【生命篇】

生命的起源
生命的痛苦
生命的享受
生命的養護
死亡之說

生命是人的根本，人構成社會、改造自然，依賴生命的存在。由於有了人的誕生，因此才有了國家，有了社會，有了人類的歷史。

儘管人類代代繁衍，生命不斷地得到延續，但個體的生命總是短暫的，所以老子常在說人的生與死，教人珍惜生命；莊子說人不必以有限的生命去追求無窮的知識，勸人養身而不要求知以妨生。

然而，人在社會中，生活本身給了人生命的快樂和痛苦。追求前者和迴避後者理應是人永恒的嚮往，前者的不可盡求和後者的不可全避，使快樂與痛苦並存。這是人生的無奈，於是人們在尋求快樂、擺脫痛苦的時候，總想深刻地認識生命，力圖有更美好的人生之旅。

生命是可以認識的，但在春秋戰國，對生命的認識是很有限度的。認識者有了一種期待，期待中滲透了對生命的玄想。非理性固然不等於理性，非理性卻也是一種認識的方式，同樣可以給人們展示一幅生命的畫卷。

一、生命的起源

人不是突兀而生，即使是突兀而生，能夠創造人的是什麼？

生命的起源是一個謎。

這個謎又是那樣迷人，引發人們對生命的詢問，人從哪裡來。說人是類人猿的進化已經是很晚很晚的事情。早期並沒有地下發掘證實人的生命之本，或許，遠古的人們對類人猿的化石有所發現，但不知道它們曾是人類的祖先。這使他們可以充分地想像人的起源，比從類人猿的化石推斷人類的產生更具有詩意。

神奇遙遠的傳說

人生命起源的遙遠傳說可以上溯到開闢了天地的盤古。

盤古開天地，像他這樣的巨人傳說也是有生有死的。他死的時候，爲天地造福，使天地

因爲人的出現，不僅不再寂寞，而且與萬物相隨，富有勃郁的生機。人們說，人是盤古身上的小蟲變的。既然盤古的血液可以變成江河，精髓可以變成珠玉，揮灑的汗水可以變成雨水，那麼他身上的小蟲怎麼就不能夠變成人呢？人們說，從盤古身上的小蟲到人，是借助了風的力量，風的感化。那麼風是什麼呢？風不過是盤古吐出來的氣。這就更奇了，人全是盤古的偉大創造。

又有人說，盤古創造了人類，人並不是他身上的小蟲子變的，而是盤古夫妻養育的，他們生活在南海，在南海建立了一個盤古國，養育了天下萬物，也養育了人。盤古夫妻死了以後，就安葬在南海，至今南海還有盤古氏的墳墓。

盤古的傳說流布很廣，很早很早以前人們就說，江西、四川、江蘇、湖北都有盤古的廟，祭祀盤古，懷念他創造天地萬物的功績。但盤古自己是從哪裡來的？有人說，盤古是天生的，開始叫渾敦，後來改名盤古，龍的腦袋，人的身子，一天九變，他和現在的人以六十年爲一甲子不同，以一萬八千年爲一甲子。這樣推算起來，他的生日是十月十六日，卻沒有人知道是在哪一年。

女媧造人的傳說同樣神奇。

傳說女媧氏長著蛇的身子、人的腦袋。在遠古天地開闢的時候，天下沒有人，一天七十變的女媧決定用黃土造人。然而，女媧調和泥土造人的工作勞累，效率低下，於是她想了一個辦法，把繩子放在泥土裡一拖一揮灑，讓紛紛落下的泥漿變成了人。於是有人說，人的貧富就是那時候形成的，有錢有勢的人是女媧用黃土捏成的，貧困窮苦的人是女媧用繩子醮黃泥揮灑而成的。

後來，共工和顓頊爭奪天下，共工打了敗仗，心想我不能得天下，也不能讓你得天下。他鼓足力氣一頭撞在支撐天的不周山上，不周山崩塌了，支撐天的四根柱子一下子全斷了，天不能夠覆蓋大地，大地也不能夠遍載萬物。大火漫延，洪水浩蕩，猛獸橫行，民不聊生。造了人的女媧見百姓深陷在災害之中，奮起救助。她煉五色石修補蒼天，斬斷鼇的腳作為柱子，支撐起傾斜的天空，用蘆灰止住了氾濫的洪水，盡滅天下的惡禽猛獸，社會重歸太平。

女媧造人還有另外一種說法，說是天地開闢以後，伏羲、女媧兄妹住在崑崙山，茫茫天下荒無人煙。兄妹二人議為夫妻，又感到是件很羞恥的事情，於是在崑崙山上，燃煙為卜，說是蒼天如果要我們兄妹結為夫妻，煙就完全聚合；如果認為不妥當，煙就四散。煙燃起之後，團團相聚，兩人便結為夫妻，生兒育女，從此，人類漸漸繁衍。

人誕生的傳說不止這些，種種猜想都在不同的程度上保存著傳說產生時代的社會烙印。盤古開天地，死而身化萬物，女媧用黃泥造富貴人和貧窮人以及伏羲、女媧結夫妻的生育兒女，在荒謬迷茫之中，顯現了社會演進的歷史軌跡。然而，它們也體現了人們共同的疑惑：人從哪裡來？

人從哪裡來？在那個時代沒有人能夠回答。

人們只有解開人的起源之謎，才能解開宇宙之謎，把天地萬物看個通透。然而沒有人能解這個謎，也就沒有人能夠看得透。

有人乾脆說人是天生的。西周的「敬天保民」，天有意志，與人相感應，最高統治者被稱為「天子」——上天之子，百姓是天子的子民，依此類推，人不就是天的創造嗎？連孔子也說，天生德於我；孟子也說，天將把治理天下的任務交給這個人，必先苦其心志，勞其筋骨，餓其體膚，空乏其身，如此，也該說人是天的創造。這種思想長期影響著人們，可天原本就是自然的天，不因為堯的聖賢而存在，也不因為桀的暴虐而消亡，並沒有所謂的意志，天生萬民，依然是一種空想。有人不再說人的起源，只說遠古的有巢氏築巢為居，避免群獸；有燧人氏鑽木取火，防止腥臊惡臭傷害脾胃，而有巢氏、燧人氏的由來仍不為人所知。

老子、莊子也說了人的起源，他們不迷於神奇的傳說，也不依循他人的成見，自立新說：「道」生人。

「道」生人

老子、莊子沒有直接說「道」生人，既然「道」生天地萬物，「道」不就是人的起源嗎？

老子說：有一個東西混合而成，天地還沒有形成的時候它就產生了。它沒有形體，無聲無息，獨立地循環運行，而不會感到疲憊，是天下之「母」，我不知道它的名字，稱之爲「道」。「道」是天下之母，換句話說，萬物因「道」而產生，人自然是包括其中的。

莊子說，「道」是眞實可信的，它沒有形體，沒有作爲，可以感知而不能夠用語言傳授；可以領悟而不能夠用眼睛看到，它以自己爲本，以自己爲根，不依靠外部的事物而自行在遠古時代生成，它創造了鬼神，創造了天地。他沒有再往下說，如果要說到人，那麼只有一個結論：「道」生人。

「道」生人，是老莊的思想邏輯，是老莊以「道」爲本源認識天地萬物的必然結果，很想把「道」表述清楚的老莊終究沒有把「道」表述清楚，從這裡走向人的起源，也是模糊難辨的。

「道」是自然，因「道」而生、得「道」而存的人也是自然。這只是老莊理論的推導。這一推導卻有意義，老莊讓人們進入了一種新的認識世界，不論這一世界有多少眞理與謬誤。

老子是莊子的宗師，老子沒有說清楚的問題，莊子不一定說得清楚；但莊子畢竟是後學，聰明睿智使他發展了老子之學，走老子之路，說老子沒有說的話，心平氣和地講了一則妻子之死的故事：

莊子的妻子死了，他的朋友惠施去弔唁，安慰想像中一定很傷心的莊子。

惠施去莊子家，遠遠地聽到從莊子家裡傳來敲盆子唱歌的聲音。惠施感到很奇怪，走進他家一看，敲盆子唱歌的居然是莊子。

惠施不禁有些生氣，對莊子說：「你妻子與你生活了一輩子，爲你養兒育女，到今天不幸衰老而死。她死了，你不哭也罷了，竟然還敲著盆子唱歌，不是太過分了嗎？」

莊子淡淡一笑，說道：「惠施，不是你說的這麼回事。我妻子剛死的時候，我也一樣悲傷，想到妻子一生跟我相依爲命，過著清貧的生活，現在先我而去，實在是很傷感。」

惠施說：「既然這樣，你爲什麼還要敲盆子唱歌呢？」

莊子回答道：「我在悲傷中默默地沈思，想來想去，想到她最初是沒有生命的，沒有生命也就沒有形體，沒有形體也就沒有氣息。在恍恍惚惚當中，變得有了氣息，氣息再變，漸漸有了形體、有了生命，現在變化而有了死亡。這樣一個從無生命到有生命，再從有生命到

死亡的過程，就像春夏秋冬四季的自然運行一樣，是一個自然的過程。現在我那死去的妻子靜靜地躺在天地之間，而我在這裡傷心地啼哭，難道不是不懂得生命的自然法則？所以，我就不傷心了，想唱歌就敲著盆子唱唱歌，這不是很好嗎？」

莊子表面上是說他妻子之死，其實是借妻子之死說人的生命歷程。

人生下來是自然的，人的死也應該是自然的，生不用喜悅，死也不用悲哀。秦失去弔唁朋友老聃，嚎叫三聲就出來了，連他的弟子們都覺得奇怪，問道：「先生，老聃不是您的朋友嗎？像您這樣弔唁朋友，不是太不近人情了嗎？」秦失說：「老聃生的時候，是應時而生，死的時候，是順時而死，是自然變化的過程。人應該順應自然，那麼悲哀和歡樂就不會進入人的內心。」

人生命的誕生是自然的，老子沒有把它說透，莊子似乎把它說透了，人生命的運動過程，真的是一個自然的過程，從生到死，如春到夏、秋到冬的轉化；春夏秋冬的循環，如同人的代代繁衍，前者無窮，後者也會無窮。然而，人在恍惚中變化而成，這恍惚是什麼？爲什麼是在恍惚中變化，而不清楚明白地變化？莊子沒有說，不知道他是不想說，還是覺得沒有必要說，或者是他根本上也說不清楚，只好閃爍其詞。

這恍惚老子說了：

道之為物，惟恍惟惚。
惚兮恍兮，其中有象。
恍兮惚兮，其中有物。

《老子・二十一章》

他還說，看不見、聽不到、摸不著的「道」無形無狀，難以描述：

無狀之狀，無物之象，是謂恍惚。

《老子・十四章》

恍惚是「道」，人在恍惚中變化而成，不就是在「道」中變化而成？「道」生人是老子和莊子最根本的生命觀。他們沒有說清楚人是怎樣產生的，從「道」生人的理論推斷，人是自然而然產生的。

司命之神的恩賜

戰國時，楚國的屈原因爲傑出的政治才華和剛正不阿的性格遭同僚上官大夫的嫉恨，上官大夫到楚懷王那裡大進讒言，說屈原喜歡自我表現，目中無人，大王讓他制訂法令，是大夥都知道的事情，而屈原在外面散布「只有我才能制訂法令，其他的人哪有我的本事。」這激怒了楚懷王，不辨眞假，漸漸疏遠了屈原。後來，上官大夫又在楚頃襄王面前說屈原的壞話，楚頃襄王一氣之下，把屈原流放到了湖南沅湘一帶。這一帶的百姓信奉鬼神，祭祀鬼神的時候總是唱歌、跳舞，仿佛請鬼神和他們一起娛樂。屈原從湖北江陵來到這裡，流放生活的艱苦和內心的愁思交織在一起。但老百姓祭祀鬼神的歌舞觸動了他，於是他以自己深厚的文化素養改寫了這些歌詞，作《九歌》十一篇。其中有一篇是《大司命》，吟詠主管生命的神。他沒有吟詠司命之神對人生命的創造，而詠少司命即主管婚姻的女神對他的愛戀之情。不過，他透露了人的生命是司命之神的創造。

不是偶然，莊子也說過人是司命之神的創造。

有一次，莊子到楚國去，見到路邊有一個乾枯的死人頭骨，他從馬上下來，用馬鞭很瀟

灑地在那頭骨上敲了敲，然後問道：「先生是怎樣死的呢？是貪生失理而死，還是遭了亡國之禍，被人砍了腦袋？是你做了愧對父母妻子的事，自尋絕路，還是凍餓而死呢？或者都不是，而是你只有這麼長的壽命，倒斃在路旁？」

莊子自言自語，說完話感到有些疲倦，就把那乾枯的頭骨當枕頭，順勢躺在路邊睡著了。

莊子睡到半夜，不覺做了一個夢，夢中出現的是那乾枯的頭骨。

那頭骨對莊子說：「從先生剛才說的話來看，你是一個很會論辯的人。但你說的那些東西，都是活人的累贅、憂患，你是不是願意知道死的情形呢？」

莊子說：「好，你說吧。」

那頭骨說：「人死了以後，上面沒有國君，下面沒有大臣，也沒有春夏秋冬的冷凍熱曬，與天地共存，即使是南面稱王的快樂也比不上死的快樂。」

莊子說：「那怎麼可能呢？活著比死還是好得多。這樣吧，我請掌管生命的神（司命之神）恢復你的形體，讓你的骨頭上長出肌肉皮膚，送你重返故里，回到你父母、妻子、鄉親、朋友身邊，你是不是願意呢？」

那頭骨皺著眉頭說：「我怎麼能夠捨棄勝於南面稱王的快樂，重新回到人間的勞苦中去呢？」

莊子虛構這則故事，是想告訴人們死比生要好得多。可不要把這看得太眞，莊子對於生的感情遠遠超過對於死的感情，他常常告誡人們應該怎樣活，怎樣才能避禍全身。這裡表現**對社會現實的憤激情緒，也就把話說得很偏激。但他提到了司命之神，顯示出他對人生命本**源的另一種看法。

人是神創造的，莊子並不是另立新說，在這裡不過是沿用了楚地風俗的一般看法，這與老子和莊子自己的「道」生人之說很不相同。「道」是天地萬物之本，如果天地間有司命之神，司命之神也該是「道」的創造。

「道」創造了人不等於「道」創造了司命之神，司命之神創造了人。儘管莊子有司命之神一說，但他的思想歸宿仍然是在「道」。

說「道」生人也好，司命之神創造人也好，終究說不清人的產生，而莊子似乎要把人弄得更迷糊，於是出語驚人：死生存亡一體。

死生存亡一體

子祀、子輿、子梨、子來四人聚在了一起，大家在一起說：「誰能夠把『無』當作腦

袋，把『生』當作背脊，把『死』當作尾骨，誰能夠知道死生存亡是一體的，我們就和他交朋友。」四人說完，你看看我，我看看你，一下子都笑了，彼此心心相印，於是成了莫逆之交。

好景不長，不久，子輿就病倒了，子祀去看望他。子輿見到子祀，自個兒就說：「眞偉大啊！老天把我變成了這樣一個彎彎曲曲的人。」子祀看去，只見子輿彎腰駝背，五臟血管在上，面頰藏在肚臍裡，雙肩高過頭頂，而他的頭抬不起來，腦後的頭髮朝天高高地豎著。子輿身體的血氣不和才使他變成了這種模樣，他自己卻心氣平和，漫不經心，一瘸一瘸地走到井邊，在井水裡照了照，感慨道：「啊！老天把我變成了像這樣彎彎曲曲的一個人。」

子祀見他的樣子，禁不住問道：「你討厭自己這個樣子嗎？」

子輿說：「我怎麼會討厭呢？如果老天把我的左臂變成一隻公雞，我就用它去報曉；把我的右臂變成一把彈弓，我就用它去打斑鳩做燒烤；把我的尾骨變成車輪、把精神變成馬，我就用馬去駕車，不再用其他的車馬了。人能夠有生命，是順應了自然；萬一失去了生命，也是順應自然，安時處順，生無所謂歡樂，死無所謂悲哀，古人說解人於倒懸之中，其實就是順應自然。現在自然把我變成了這個樣子，我有什麼討厭的呢？」

接著，子來又病了，病得氣都喘不過來，奄奄一息。他的妻子、孩子很傷心，圍著子來嗚嗚地哭泣。

子犁去看望他，對子來的妻子、孩子說：「你們走開，不要驚嚇了他的變化。」說著，他靠在門邊對子來說：「偉大的造物主將會把你變成什麼樣子，把你送到哪裡去呢？是把你變成老鼠的肝臟，還是變成小蟲的臂膀？」

子來說：「孩子對於父母之命，無論東南西北，唯命是從。自然對於人，就像父母對於子女一樣。它要我死，我當然要聽從它的旨意，否則，我這個人就太桀驁不馴了。大地托起我的形體，用生存使我勞苦，用衰老使我安閒，用死亡使我休息，生是一件好事，死也是一件好事。如果一個鐵匠打鐵，一塊鐵跳出來說：『你把我打成鏌邪那樣的利劍。』鐵匠一定會認爲這是一塊不吉利的鐵。如果我站出來提出和一般人不同的要求，那造物主一定會認爲我是一個不吉利的人。我以天地爲熔爐，以造物主爲鐵匠，隨便造物主把我造成什麼樣子。」說完就睡著了，一下子他又醒過來。

故事講到這裡，莊子就打住不再往下講了。他把一個個常人看來悲慘的人生命運說得那麼輕鬆。誰的身體長得畸形，心裡能夠安逸，把它說成是自然的偉大創造？誰面臨著死亡的嚴重威脅，卻像一個沒事的人一樣，高談生與死的道理？莊子讓子輿、子來侃侃而談，談得天花亂墜。

死生存亡一體，莊子在這裡說的不是他著名的「方生方死，方死方生」的理論，但生則會死是人不可避免的。生死統一在人的身上，生是自然而生，死是自然而死，生與死都不必

造作，不用有意地求生，也不必有意地求死。造化的偉力，讓人有了形體，並以生則勞苦，老則安閒，死則休息安排人的一生，那麼，人終究還是自然的創造。人的誕生源於自然，死亡歸於自然，這樣的生命歷程在這則故事的開頭的奇談怪論就作了暗示：

以「無」爲首，以「生」爲脊，以「死」爲尾骨。

莊子的高明和浪漫，常常在以喻說理，讓人在形象生動的語言感染之下，步入他的思想深處。人最初就是什麼都沒有，然後才有了生命，再就有了死亡。這是人的三部曲。人的身體變化和人的死亡都不是自己可以把握，強行把握就違背了自然，那就是人自身的失誤了。

說到底，人的生命是自然的現象，於是，莊子對於生命起源的思考仍然與老子保持了一致。

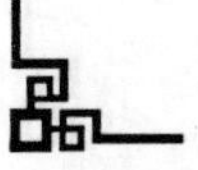

二、生命的痛苦

人生命的誕生是一種幸福，所以古往今來，生兒育女被視爲一樁喜事。然而，當生命本身度過了懵昧時期，就會發現生命的幸福是與痛苦相伴的。

生命的痛苦有肉體的和精神的，二者時或可分，當痛苦降臨的時候，無論是前者還是後者，或者是二者一體，生命都有很深的無奈。

生命的痛苦源於生命本身。既然生命是一個自然的過程，生則會病，生則會老，生則會死，病、老、死是生命機能本身的衰變，人欲健壯而不能，人欲長生而不能，於是在人們的頭頂上，始終有一塊死亡的陰影，無論誰都沒有辦法可以擺脫。痛苦是不言而喻的。

生命的痛苦源於生命的生存環境。人在社會生活中，即使是完全仰仗自然生活，也不可避免地受制於自然，何況人還處在一定的社會環境之中。社會對人的約束是巨大的，這使社會有了秩序、有了規則，使人們知道該做什麼，不該做什麼，於是也獲得新的幸福。但老子和莊子在現實生活中感受得更多的不是幸福而是痛苦，這痛苦是社會賦與的。

社會是一個籠子

生命的誕生是自然的，但天地之間的世界並不是一個自然的世界。人類的產生，注定了會有一個人類的世界，人與人聚處，分不同的層次、不同的行當，而有共同遵守的生活法則、共同的領袖，它與自然相聯繫，又不同於自然世界。這個世界，人們習慣稱之爲社會。

社會與自然並生，社會破壞、改造、建設了自然，推動人類的進化，但使自然不再是原本的自然。道家更多地看到的是社會對自然的破壞，這不單純是通常說的自然生態環境的破壞，而是人的原始性情也被破壞了，久而久之，社會影響了自然的和諧，使人也失去了自由與平靜。

莊子說，湖泊裡的野雞，走十步啄一下小草、小蟲或者泥沙，走一百步喝一口水，想吃就吃，想喝就喝，不受任何的外在的制約，自由自在。它不希望被餵養在籠子裡面，如果被餵養在籠子裡，吃得再好，喝得再香，那也是很不快樂的。

莊子在這裡講的是人的兩種不同生存狀態，一是處在籠子之外，一是處在籠子之中。人處在籠子之外，有生活與精神的自由；處在籠子之中，生活與精神都不自由了。莊子以湖泊

裡的野雞比擬現實生活中的人，把社會比擬成一個籠子。

自從有了社會，社會就不是一個自然狀態。老莊特別喜歡人的自然性，自然多好，無拘無束，沒有任何的制約。實際上，人在社會中怎麼能夠沒有制約，不然人的行爲怎樣規範，善人不能盡其善，惡人則得以盡其惡。

於是有道德制約。儒家重道德，父慈子孝，兄愛弟敬，人要有愛心，根本的是人要有孝心。能孝，爲父則能慈，爲兄則能愛，爲弟則能敬。人人都這樣做，社會上不就是人人相親相愛，無鬥無爭。

道德制約，依賴社會的倡導，人自身自覺遵守與克制。儘管有人說道德在中國古代社會具有法律的效用，如「三綱」，君爲臣綱，父爲子綱，夫爲妻綱。俗言，父要子死，子不得不死；君要臣亡，臣不得不亡。但道德畢竟不是法律，它的力量是有限的。

於是有法令對人的制約。法家重法令，禍福生於法，治國要立法，賞賜足以鼓勵人們向善，威嚴足以禁人爲惡，恩威並行足以使社會完美。而且國家應該嚴刑峻法，人多死於水而少死於火，法不嚴則民不畏，民畏法不是害民而是愛民。因爲百姓畏法就不敢作姦犯科，受刑法處置的就很少了。

老子說，道德從哪裡來的？法令從哪裡來的？都是因爲「道」被廢棄了，人們失了「道」，爾虞我詐，父子、兄弟、夫妻之間不和，才興什麼仁義、慈孝，才說什麼人要有智

慧。因爲有了智慧，歪門邪道的事才會滋生。法令想禁盜賊，結果是法令愈繁，盜賊愈多。

莊子說，人們有仁義智慧，反而使盜賊流行，用法令，與賞罰，重賞重罰，人們不因爲賞賜而受到鼓勵，也不因爲處罰而感到畏懼，那麼，要仁義智慧、要法令幹什麼。

不要道德制約，也不要法令制約，國家是一個自然的國家，或者說國家與自然渾然無別。國家即自然，自然也是國家。這樣說來，道德與法令不是在完善國家，而是使本來保持著純樸本性的人們也不再純樸，多了一些心眼，也就多了一些混亂，沒有了從前的安寧祥和。

老子和莊子覺得人在社會中，仿佛處在一個籠子之中，生活不再有遠古時代的自由。後來，有人視仕途爲籠子。東晉的陶淵明就是這樣。他二十九歲時爲江州祭酒，四十二歲時做了彭澤縣令，實在忍受不了爲五斗米對一些小官吏畢恭畢敬地送往迎來，憤而辭官歸去。他回到故里，長長地籲了一口氣，有難以抑制的欣喜之情，欣喜地說自己「久在樊籠裡，復得返自然」。人在籠子裡，當然就不自由，不自由就是痛苦，老子、莊子淡漠人生，但他們又是實實在在地處在現實社會當中，面對變幻多端的社會，人生的痛苦無時不在。

難以訴說的孤獨

唐代的詩人李白有一首名詩《月下獨酌》：

花間一壺酒，獨酌無相親。
舉杯邀明月，對影成三人。
月既不解飲，影徒隨我身。
暫伴月將影，行樂須及春。
我歌月徘徊，我舞影凌亂。
醒時同交歡，醉後各分散。
永結無情遊，相期邈雲漢。

李白在這首詩裡表示要和月亮結伴作忘卻世情之遊，很有一點道家追求的超塵脫俗的精神。李白的浪漫沒有掩飾他在現實生活中的孤獨，花間獨酌，無友而邀明月，與明月、月下之影相聚，世無知音，孤苦之情難以訴說。這是懷才不遇者共同的情緒，陽春白雪，和者必

寡，莊子可以說是老子的知音，但他們畢竟處在不同的時代，各自享受著一份孤獨。

老子曾經這樣描述自己：在現實社會生活中，衆人熙熙攘攘，歡天喜地，好像去赴豐盛的筵席，好像是在春天登上高臺眺望，春色盈懷。而我和衆人處在同樣的環境中，沒有他們那樣的快樂，淡泊獨處，呆呆的，像還不會笑的嬰兒，卻又十分疲倦，彷彿無家可歸。再說，大家生活富裕，擁有消費不盡的物質，而我什麼東西都很缺乏，欲消費而不能；大家都很聰明，我卻那麼愚蠢，成天昏昏沈沈；大家頭腦清醒，而我糊裡糊塗，在茫茫的大海漂泊，在急劇的大風中搖蕩；大家都有本領，而我笨拙無能。

老子把自己和衆人作了對比，大家所擁有的，他沒有；相應的，他所具有的，大家也沒有。他沒有說這是對立，實際上是彼此的對立。老子面臨這種狀況進行總結，說是，我跟別人不同，主要是我得了「道」，言外之意，大家是沒有得「道」的。得「道」是道家學派認定的人生最佳境界，那麼，老子說自己愚蠢、呆笨、孤獨，完全是張揚自己是怎樣不合流俗。他可以對此表示淡泊，擺出無所謂的樣子，但孤獨是現實存在。

得「道」的人不希望自己一人得「道」，一人得「道」，衆人不能得「道」，也不知道那「道」是什麼，就是得「道」者的痛苦。

莊子也有類似的孤獨。一次，他爲人送葬，路過惠施的墳墓，給同行的人編了一個故事：

有個楚國人把像蒼蠅翅膀一樣小、一樣薄的白灰弄到了鼻尖上。他不是用東西把它抹掉，而是請來一個叫匠石的木匠，請他用鋒利的斧頭把這一點白灰砍掉。匠石提著利斧，飛快地揮動，帶起一陣風，然後砍了下去，砍掉了白灰，鼻子一點都沒有受到傷害。而楚國人站在那裡一動不動，面不改色心不跳。宋元君聽說這件事情以後，派人把匠石請去，對他說：「你爲我試著再砍一次吧。」匠石說：「我曾經是爲人這樣做過，但現在我的對象已經死了很久，我不可能這樣做了。」

莊子講完這個故事，接著說：「自從惠施先生死了以後，我就沒有論辯的對手了。」說完，滿臉的憂傷。

莊子和老子一樣，對社會的認識是那麼深奧，以致於能夠理解他的人很少。宣傳自己理論的人總是希望被人理解的，否則的話，他的理論有什麼用處呢？如果他們也會吟詩，在明朗的月光之夜，大概也會像李白吟出「舉杯邀明月，對影成三人」，把一切都藏在心中，不必再說了。

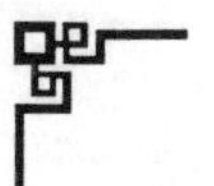

涸轍之鮒的慘痛

不論怎樣高談闊論，活著的人總希望活著。

莊子曾經窮得揭不開鍋了，沒有法子，硬著頭皮去向當地的富豪監河侯借糧。

監河侯聽莊子講述了來意，說道：「好哇！我可以幫助你度過難關。不過眼下可不行，等我把封地裡的租金收回來以後，借給你三百塊錢。你看行嗎？」

莊子一聽，氣得臉色刷地變了，他耐著性子，對監河侯說：「我昨天來你這兒的時候，走到半路上，聽到有聲音在喊我。我四下張望，最後在一條乾枯的車轍裡發現一條小小的鯽魚，原來是它在喊我。

我低下身子問道：『小鯽魚，你有什麼事情嗎？』

小鯽魚說：『我是東海裡掌管波浪的大臣，先生，你能不能給我一點水，讓我活命呢？』

我說：『好吧！我將南行去遊說吳國和越國的國君，請他們幫忙，引西江的水來迎接你，可以嗎？』

小鯽魚變了臉色：『我失去了水就不能活命了，現在得到一口水就可以活下來，但你這

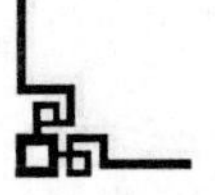

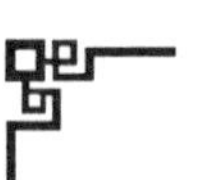

樣說，那還不如到賣乾魚的集市上去找我，何必去引西江的水來迎接我呢？』」

莊子講述這則寓言，在對應的比擬中，以一時的極端憤怒，斥責監河侯貌似慷慨，實則慳吝。它同時表現了莊子曾經有過的生存困境，民以食爲天，沒有飯吃，灑脫的莊子也不能灑脫。在這一點上，道家之徒與其他的人沒有什麼區別。

吃與喝是人的本性。孔子在有食物豐足、無憂無慮的時候，講究食不厭精，膾不厭細，飯做得太熟了，不吃；魚做得太爛了，不吃；食物的顏色變了，不吃；有了味道，不吃；做得不夠火候，不吃；肉切得不正，不吃；吃肉時沒有醬，不吃。當他六十幾歲時，坐著牛車遊學到陳國、蔡國，斷了炊，跟隨的弟子餓得爬不起來，孔子忍餓講誦弦歌不絕。而戰國時齊國的馮諼自投到孟嘗君的門下，鬱鬱不得志的時候，彈劍而歌，首先唱出的「長劍歸來啊，食無魚」，吃還是第一位的。

莊子的窮困對生活的影響是深刻的。他說自己猶如一條掙扎在乾枯車轍裡的小鯽魚，足見貧寒艱難的程度。他似乎處在生命的關鍵時刻，面臨著生與死的選擇，得水則生，失水則死。或者說有食則生，無食則死。他並沒有順適目前的生活處境，靜靜地等待著死亡的降臨，奮而求生。借糧是求生，因借糧不得憤而斥監河侯也是求生。

老子和莊子重精神上的超脫，飲食彷彿是無關緊要的，但絕沒有做到只要精神，不要飲食。滿足生理上的需求，維持現世的自我生命，才會使精神有所寄託，他們都是很清楚的。

所以，無食時求食，也是很自然的事情。對於他們，精神高於生命，是在生命沒有受到任何外在威脅的時候，一旦生命受到外在的威脅，生命是要高於內在精神的，這構成了老莊人生的兩極：求生而談食，無害而談玄。談食儼然是俗士，談玄儼然是哲人。

然而，欲食而無食是痛苦，求食而不得食也是痛苦。

外物的誘惑

老子和莊子一心想做自然人，不願與社會有什麼交往，或者是讓社會如同自然。現實卻是嚴峻的，這包括他們處在社會之中，根本就不可能超越社會。既然是這樣，社會生活中紛繁的事物對人的誘惑無時無刻不存在。而人的欲望又相當強烈，沒有止境，與外在的誘惑時時相吻合。

莊子講了一個「任公子垂釣」的故事：

任公子要去釣魚，準備了很大的釣魚鈎，很粗的釣魚繩，用五十頭公牛作爲釣餌。他蹲在浙江的會稽山上，把魚餌投在東海。任公子天天在那裡釣魚，春天過去了，一無所獲；夏天過去了，仍是一無所獲。就這樣又過完了秋天和冬天。

一年以後，終於有魚上鉤。那魚吞下了五十頭公牛做成的釣餌，拉著巨大的釣魚鉤在東海裡痛苦地翻滾，一下子沈於海底，一下子又躍上海面，在海裡掀起像山一樣高的白色波浪。東海在大魚的騰躍之下，不停地搖晃著，它痛苦的吼叫聲，就像鬼神的吼叫聲一樣，使方圓千里的人都感到害怕。

任公子鎮定自若，順勢放鬆、挽回釣魚繩，直到那條魚折騰疲倦了，才把魚拉上了岸。然後，他把魚剖開晾乾，切成一塊一塊的，讓制河以東，蒼梧以北的人飽食了這條魚。

莊子講這則故事是想告訴人們治理社會的道理，任公子釣魚，釣不到也無所謂，而在他無所謂的時候，終於有了很大的收穫。但對於魚來說，則是一場巨大的痛苦。這痛苦是外物的誘惑造成的。

那魚本來在大海裡靜靜地生活，沒有什麼追求，任公子投下去的魚餌打擾了它的平靜。那魚和碩大的魚餌相持了一年，保持著和魚餌的距離，相安無事。但它終究經不起魚餌的誘惑，一年後，猛地把魚餌吞下去，就在一剎那間，悲劇釀成了。莊子說的是魚，其實是以魚的命運象徵人的命運。他曾經講過一則「千金之珠」的寓言，以得千金之珠的貧家之子喻從宋王那裡得到十輛車子賞賜的人，說能得千金之珠一定是趁驪龍睡著了，如果驪龍醒來，一定會把得千金之珠的人吃得粉末都不剩。得宋王的賞賜則是趁宋王一時糊塗了，如果宋王明白過來，也會把得賞賜者弄成齏粉。這種狀況在任公子垂釣的故事裡成了「現實」，二者之間

無形中存在著驚人的對應關係，千金之珠、十輛車子的賞賜對人的誘惑好像五十頭公牛做成的魚餌對魚的誘惑，這種誘惑無論什麼時候產生效果，都注定了接受誘惑者的悲劇。

然而，人們每時每刻面對著外部世界，名與利的誘惑常常存在，接受誘惑的代不乏人。像幫助胡亥篡奪秦二世之位的趙高，官至中丞相，天下事取決於他，仍不能滿足，逼殺秦二世之後想自己當皇帝，最終被秦王子嬰密令宦官韓談刺殺，夷滅三族。

老子和莊子也同樣地面對著外部世界，深知名譽、利祿和性命攸關，所以他們使勁地排斥外在的物質利益和名聲，不要求建立功業，不要求建立名譽，用心淡泊漠然。他們愈是這樣，愈表明內心隱隱地憂慮，世人不能拒絕外物令人不安，而他們自己始終要與外物處在對立的位置上，稍不提防，外物就會乘虛而入，壞了他們的清名，也壞了他們的性命。相持之中，老莊不痛苦也是痛苦萬分的，好在他們時時在為自己解脫。

死亡的陰影

社會不能夠沒有道德規範，不能夠沒有法令制度，要用它們控制人沒有休止的欲望，保證人們生活的安寧和幸福。而社會生活中權勢地位、物質利益和安逸享樂的誘惑太多，許多

人陶醉其間，不願自我控制或者是失去自我控制，沖決道德和法令制度堤防的事情經常發生。嚴重的時候，社會成了戰場、成了屠場，許多寶貴的生命在這裡化爲泥土。

東漢末年，董卓挾持漢獻帝而號令諸侯，引起天下大亂。想做皇帝的董卓進軍洛陽，繼而退出洛陽時焚毀了洛陽，遷都長安；退出長安時，又毀了長安。諸侯不滿，或聯手以攻董卓，或相互爭鬥以稱雄。從一九〇年到二〇八年的十九年中，充滿了血腥，范文瀾就說：「這十九年裡，中國境內特別是黃河流域化成了大屠場。」北方豪強曹操和建安七子中的佼佼者王粲是見證人。曹操有詩道：

關東有義士，興兵討群凶。
初期會盟津，乃心在咸陽。
軍合力不齊，躊躇而雁行。
勢利使人爭，嗣還自相戕。
淮南弟稱號，刻璽於北方。
鎧甲生蟣虱，萬姓以死亡。
白骨露於野，千里無雞鳴。
生民百遺一，念之斷人腸。

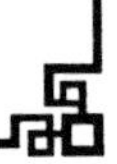

王粲有詩道：

出門無所見，白骨蔽平原。

百姓成了列強爭奪天下的犧牲品，整個社會籠罩著死亡的濃雲。

老子所處的春秋時代和莊子所處的戰國時代，是比東漢末年早得多的諸侯紛爭的時代。孟子曾經說春秋之際，用戰爭搶奪土地，殺死的人遍布原野；用戰爭搶奪城池，殺死的人佈滿城池。儘管他把這些行爲怒斥爲食人肉，但這種情形流衍到戰國時更加劇烈。莊子依託戴晉人虛構了一則寓言：戴晉人去見魏王，對魏王說：「在蝸牛的觸鬚上有兩個國家，一個叫觸氏，一個叫蠻氏。兩個國家爲爭奪土地發生戰爭，殺死了好幾萬人。打勝的一方追逐失敗的一方，追趕了十五天才回來。」魏王說：「你這是編造的故事，哪有這麼回事呢？」戴晉人說：「天地沒有盡頭，你魏王在天地之間卻生活在狹小的魏國都城開封，又在這充滿戰爭的時代，你和蠻氏有什麼區別呢？」

春秋無義戰，戰國也無義戰，本該統領天下的周天子地位衰落，有天子之名而無天子之實，眼睜睜地看著諸侯你打我，我打你，眞的是「勢利使人爭」，苦的是百姓。莊子以「觸蠻之爭」的寓言鄙薄從事戰爭的國家和人都很渺小，現實生活中仍然是充滿戰爭。

戰爭之中，人的生命是那樣脆弱，爲了戰爭機器的運轉，青少年赴身沙場，老弱病殘轉

運糧草，朝不保夕。而國家嚴峻的法令在老莊的眼裡，同樣時時給人死亡的恫嚇，或者就是死亡。

老子說：百姓不害怕死亡，爲什麼要用死亡去嚇唬他們。如果百姓眞的怕死，把那些想搞亂國家的人抓起來殺了，那誰還敢搗亂呢？老子說的是如果百姓怕死，但現實是百姓不怕死。他的話沒有說透，說白了，統治者爲什麼動不動就威脅要把百姓處死呢？

老子還只是說，莊子筆下已經是死亡：當今之世，被殺害的人層層堆積，帶著枷鎖的人一個連著一個，遭受刑罰的到處都是。

社會之所以會如此，是因爲仁義道德、聰明才智把人心弄亂了，人們不再保持他們的自然本性，相互爭奪，於是，要道德規範，要法律處置，如果人們都回復到他們的自然本性，那還要道德、法律幹什麼呢？也不會存在爲權勢展開的戰爭，死亡的陰影自然就消失了。

人生如白駒過隙

回到人的自身，人生如駿馬馳過狹小的縫隙，眼皮還沒有來得及眨一下就過去了，說人生短暫沒有比這更形象的比喻。

莊子說：老子這樣說過。

老子曾經教誨孔子說：「人生在天地之間，生命的短暫就像駿馬馳過縫隙一樣，忽地就完結了。」這是對人生命存在過程最精煉的總結。也許這是當時人們的共識，被莊子用到了老子身上。

「人生如白駒過隙」的思想影響深刻，無奈地隨順人生中，人們在尋求一種新的生活。求仙。人能夠長生不死該有多好。聽說海上有蓬萊、方丈、瀛洲三座仙山，山上有仙人和不死樹，於是戰國時，齊威王、齊宣王先後派人到那裡尋找仙人，索取吃了可以不死的藥。秦始皇、漢武帝步他們的後塵，也派人到海上求仙。漢武帝最為熱衷，先後派李少君、少翁、欒大等方術之士到海上求仙，並且封欒大為文成將軍、封長於誇誇其談的欒大為五利將軍，把自己的女兒也嫁給他，使欒大貴震天下，使燕、齊一帶的人都蠢蠢欲動，扼著衣袖自稱有成仙之方。

再生。知道人是要死的，但死是一種再生。「二十年以後又是一條好漢」是民間的說法，生為好漢，再生也為好漢。平定六國，使天下歸於一統的秦始皇其實也這樣看，生為皇帝，死後也該是皇帝。於是，他動用大量的人力和物力在驪山為自己建造墳墓。這墳墓從開始做皇帝的時候一直建造到他死後，墳墓裡，宮觀珍奇要有盡有，並以水銀為江河大海，上具天文，下具地理，用人魚膏為燭，讓它長久不滅。

享樂。對死後懷有新的希望的是一種人，還有的人對死後不存幻想，重生而不重死，活著，及時行樂。秦始皇的花花公子胡亥篡位以後，對他寵信的奸臣趙高說：「人生一世，像駿馬馳過縫隙。我已經君臨天下，想盡耳目之所好，窮心志之所樂，以此安國家、樂百姓，你認爲怎樣呢？」趙高想的是篡權，馬上奉迎說這是聖賢君主的作爲，但爲以穩妥起見，應該以嚴刑免除心腹之患，長享榮華。於是殺戮皇親功臣，搞得人人自危，秦二世則泡在聲色犬馬之中。

莊子筆下的老子沒有這些追求。人生固然是如白駒過隙，但人是自然而生，順應自然的變化而死，人們爲死者的悲傷，不過是執著於情感的累贅。莊子託名老子說得這樣輕鬆，依然像前面提到的生則生，死則死，人生短暫也是無所謂的事情。老子和莊子從不說人生短暫給他們帶來痛苦，但他們往往表現出很強烈的戀生欲望，這不，老子在《道德經》裡說：人生活命的途徑有十分之三，丟命的途徑也有十分之三，爲了生存而陷於死亡的也占十分之三。人離開了生存之路就會走向死亡，沒有誰因爲人生短暫而願意就死地，所以人要善於自我保護。善於自我保護的人，在陸地上走不怕遇上兕牛和猛虎，在戰場上不遭到殺戮，最好的是不入死地，使兕牛不能用它的角，使猛虎不能用它的爪，使兵器不能用它的鋒刃，人就不會存在生命的危險了。

三、生命的享受

人生命的痛苦並非是不間斷的，承受過痛苦的人，也得到過生命的幸福。

有人以生命的幸福爲優厚的物質待遇，有人以生命的幸福爲良好的心理感受，在老子和莊子看來，人應清心寡欲，生命的享受並不是物質利益上的享受，相反地，物質利益有害於人的生命，是萬萬要不得的。他們也曾把生命的享受視爲良好的心理感受，但這不取決於物質待遇是不是優厚，而取決於人對現實的滿足。知足且能夠保全性命就是享受。

這表面上是很一般的要求，其實在當時戰爭頻繁，生命的保全是一個難題；在當時物欲橫流，知足也是一個難題，老、莊有對社會的不滿和對自我人生的滿意，尤其是莊子，時時有生命的快樂。

魚的快樂

任公子垂釣中的魚的命運是夠悲慘的，它因爲貪餌吞鈎，葬送了性命，落得粉身碎骨。莊子常常在文章中寫魚，大多不像這條魚一樣，較尷尬的是那條「涸轍之鮒」，但「涸轍之鮒」畢竟還沒有喪失性命。不過，莊子也寫了很快樂的魚，他和惠施在濠水的橋上玩的時候，看到濠水裡的魚輕鬆地游著，莊子就很感慨地說：魚這樣游著，眞是魚的快樂。

魚的快樂是對於生命自由的享受，無拘無束地生活在它所依託的環境中，與環境既相依，又相融，人的快樂也該是這樣。其實，莊子常常把魚和人相對而言，說什麼魚以水相交，人以道相交；魚相忘於江湖，人相忘於道術，使人不自覺地感受到他說魚的時候，是在以魚象徵人，那麼所謂魚的快樂，也是表現了人在自由中的快樂。

快樂是一種生存狀態，人對快樂的追求，根本上不是爲顯示生存狀態，而是爲了很好地享受自己的生命。

享受生命，是人的渴望，人的生存環境不同，生活態度和趣味不同，對於享受生命的理解和探尋也是不同的。

子路、曾晳、冉有、公西華四人陪侍孔子，孔子詢問各人的志向，子路、冉有、公西華都表示希望在政治上有所作爲，只有正在彈瑟的曾晳和大家不同。他說自己的志向是在晚春的時候，穿著春天的衣服，帶著五六個青年、六七個孩子，在沂水裡洗澡，在舞雩這個地方吹吹風，然後唱著歌回來。聽了曾晳的話，孔子也受到感染，說是「我贊同曾晳的志向」。

曾晳的灑脫不是在於創造生活，而是享受生活，他喜歡生活的自然狀態，想洗澡就洗澡，想吹風就吹風，想唱歌就唱歌。這已經很接近道家的自然精神和生活狀態，顯示了人的個性，很重視人的社會性的孔子也爲之怦然心動。

這是曾晳享受生命的一種方式，魏晉時期「竹林七賢」中的劉伶以好酒享受生命。他有時在家脫光衣服縱性豪飲，有人譏笑他，劉伶則說：「我以天地爲住宅，以房屋爲褲子，你們笑我飲酒，我還笑你們怎麼鑽進我的褲子裡來了。」他的妻子見他飲酒太過分了，就把酒倒掉，把酒罐子砸碎，哭著勸他說：「你喝酒喝得太多了，這不是養生之道，下決心把酒戒了吧。」劉伶說：「你說得很好。不過我自己戒不了，要祭鬼神，在鬼神面前發誓才能眞正戒酒。」他的妻子說：「好吧！」於是，她把酒肉供在神龕上，劉伶跪在神像前，說道：「天生劉伶，以酒爲名；一飲一斛，五斗解酲。婦人之言，愼不可聽。」說完，邊喝酒、邊吃肉，一下子又爛醉如泥了。

人們在享受生命的時候，最不容易忘懷的是山林湖泊和飲酒，二者有不同的生活方向，

前者的自由灑脫和後者的自我陶醉，都在於盡一時或者是一生的性情，他們在其中尋求到了生命的意義，這往往又帶有對自我命運和社會現實的不滿情緒，使得對生命的享受蘊涵了人生的苦澀。像李白作《將進酒》，高歌「人生得意須盡歡，莫使金樽空對月」；「烹羊宰牛且爲樂，會須一飲三百杯」。但他表現的卻是人生失意和感到人生易逝時的對酒而歌，以酒享受生命，生命的痛苦使得對生命的享受別有滋味。李白是集儒、道、俠三者爲一身的人，受莊子的影響很深，曾有詩道：

莊周夢蝴蝶，蝴蝶為莊周。
一體更變異，萬事良悠悠。
乃知蓬萊水，復作清淺流。
青門種瓜人，舊日東陵侯。
富貴固如此，營營何所求。

不過，他終究沒有莊子式的生命享受。即使是縱酒爲樂的劉伶，也達不到莊子享受生命的境界。

飄風不終朝，驟雨不終日

老子說：「飄風不終朝，驟雨不終日」。狂風吹不了一早晨，驟雨下不了一整天。飄風、驟雨的生命歷程猶若曇花一現，就是因爲違反了自然。

人的生命是自然的過程，享受生命也應該是自然的過程。

莊子曾經帶著弟子在山林中走，見到一棵大樹枝葉繁茂，砍伐樹木的人在它旁邊而不理睬它。莊子詢問緣由，伐木者說：「這棵樹別看它長得大，木質疏鬆，沒有什麼用處。」於是，莊子受到觸動，很感慨地說：「這棵樹因爲沒有什麼用處才能夠享受天年。」

莊子喜歡以沒有用處的樹爲談資，他常常在說樹，尤其是大而無用的樹。惠施曾經以樹大而無用比喻莊子的理論，被莊子斥之爲不善於用大。南伯子綦在商丘遊玩的時候，見到的樹大得出奇，樹下可以供上千輛四匹馬駕的車休息。這些樹究竟有多大，他說得很朦朧，而說得比較清楚的是曲轅的櫟社樹。在《人間世》中，就有趣味盎然的櫟社樹的故事。

匠石到齊國去，走到一個叫做曲轅的地方，見到一棵很大很大的櫟社樹。它的樹冠可以遮蔽幾千頭牛，樹幹有十幾丈粗，像高山一樣高大，並且長到八十尺以後才分枝杈，一根枝

杈就可以用來造上十隻船。觀賞的人像趕集市一樣熱鬧。匠石從櫟社樹的旁邊經過，連瞥都不瞥一眼，逕直走了過去。

匠石的弟子看夠了那櫟社樹之後，快步往前跑，趕上師傅匠石，對匠石說：「我們自從跟著師傅學手藝，從來就沒有看到過這樣漂亮的樹。師傅您竟看都不看，一個勁地走，這是爲什麼呢？」

匠石說：「算了吧！不必說了。那是一棵沒有用的樹，造船，船會沈；造棺材，棺材很快會腐爛；造器具，器具很快會毀壞；造棟樑，很快會生蟲。像這樣的樹，有什麼好說的呢？不過，它正是因爲沒有什麼用，才能像這樣長壽。」

匠石回到家裡，晚上做了一個夢，夢見櫟社樹對他說：「你用什麼和我相提並論呢？用那些有用的樹嗎？那些生長楂、梨、橘、柚的果樹，果實成熟了就會被打落，樹枝會遭到人們任意摧殘。結果是粗壯的樹枝被折斷了，細小的樹枝也弄得奄奄一息。它們因爲有本事而苦了自己的一生，半路夭折，不能夠盡享天年。天地間的事物大多都是這樣，所以，我一直追求無用，不想爲社會做一點什麼事情，現在才達到目的。如果我要是有用的話，我還能夠長這麼大嗎？你這個已經活不多久的人，哪裡還有資格談論無用的樹木呢？」

櫟社樹的高談闊論，是一種生命觀，與匠石的生命觀背道而馳。它對匠石的批評，意在通過對生命的養護體現對生命的享受。

生命可以享受痛苦，也可以享受快樂，避免痛苦追求快樂是生命的本能。櫟社樹的生命享受，享受的是看起來很不起眼的「平安」。

平安是福，生命平安是艱難的，果樹的果實被打落、枝杈被折斷，違拗了平安的原則，這看來是外力的作用，其實是果樹自身造成的，是果樹有用才導致了人求其用，所以，櫟社樹說它求「無用」。

「無用」，是無用於社會，其蘊涵著對自我生命的「有用」。有用與無用的對立，在匠石與櫟社樹的故事中，顯示了兩種不同的命運，象徵了兩種人的命運；櫟社樹與果樹的對立，被莊子演繹成了個人與社會的對立。他不希望自我被融入社會，力求處於社會之外，但人又實實在在是處在社會之中，這裡生命的享受形態就成了虛構的形態。

支離其形足以養身

莊子虛構了一個名叫支離疏的人物，這個名字本身就是怪怪的。支離，暗示形體不全；疏，則被人們理解爲泯滅了智慧。這樣說，支離疏就是一個形體不全而又沒有智慧的人，只說這裡的沒有智慧是他自己摒棄了智慧，和天生的呆癡是很不一樣的。

支離疏是這樣一個人：

他的臉藏在肚臍下，兩肩高過頭頂，髮髻朝天，五臟的血管向上，兩條大腿和胸前的肋骨相連。

不必說支離疏的美與醜，像他這樣的人，整個身體都龜縮在一起，伸展不開。如果是一般的人，必然有生理和心理上的痛苦。戰國時，以招賢納士著稱的平原君趙勝，他的家和百姓的家相鄰。一天，他的美妾站在樓上譏笑一個瘸腿的鄰居一瘸一瘸地去打水，惹火了這個鄰居。他找到平原君說：「我聽說你招賢進士，天下許多有才能的人不遠千里投奔到你的門下，就是因爲你以士爲貴，以妾爲賤。現在你的美妾笑話我身體殘缺，你應該把她殺了向我賠禮道歉。」平原君開始不以爲然，不料他門下的賢士認爲他好色而輕士，漸漸地離去，平原君最後不得不殺了自己的美妾。平原君鄰居和平原君美妾的衝突，在於鄰居生理上的殘缺烙在心理上的痛苦被人觸動，覺得受了羞辱，要討回自尊。可見身體殘缺給他帶來的嚴重心理創傷。而在《莊子》裡也曾寫道：鄭國的子產和申徒嘉師事伯昏無人。因爲申徒嘉只有一隻腳，子產對他說，我先出去你就留在家裡，你先出去我就留在家裡，說明身體殘疾對人的影響。

支離疏沒有這樣的痛苦，他依靠給人縫補、漿洗衣服就可以維持自己的生活；靠給人簸米篩糠，可以供給上十人的衣食。生活艱苦，倒也自在安寧，沒有誰來干擾他。這且不說，

更美的是社會上層出不窮的事務，無論如何也不會找到支離疏的頭上，要他承擔。譬如說吧，諸侯之間發生戰爭，你打我，我打你，進攻的與挨打的，都要徵兵上前線，但不會徵到支離疏的頭上。支離疏可以大搖大擺地在徵兵行列裡走來走去，絕對沒有人找他的麻煩。再說，國家要修城牆，挖河道，徵人去服役，支離疏身體有病，這些事情也不會有他的份。輪到國家救濟孤貧病寡的人，不救濟像支離疏這樣的人還救濟誰呢？支離疏可以站在領取救濟的隊伍裡，心安理得地領取三鍾糧食和十捆柴草。

支離疏看起來應該是一個悲劇人物，但他充分享受著人生的快樂，是平常的人所不能及的。

莊子讚賞支離疏對生命的享受。它雖然和櫟社樹有共同的表現宗旨，說明有用與無用對自我生命的深刻影響，但它比櫟社樹的故事更加明確地告訴人們生命享受的內涵。

對於莊子來說，生命的享受不是住著高樓大廈，吃著美味佳肴，而是生命的存在，在生命存在的前提下，住茅棚草舍，吃粗茶淡飯也是無所謂的。甚至前者危害人的生命存在，刺激人對利祿的追求，結果想保全性命，反倒影響了性命的保全，這就很不美氣了。

莊子愛戀生命的根本意義是活著就好，至於生活本身的質量不必顧及。殊不知，生活的質量也影響生命的存在，並不是莊子說的活著就能盡享天年。生命的享受也不是孤立的，它受制於生存環境，生存環境的惡劣使生命的享受有更大的局限。莊子也想建立一個和諧的生

存環境，更好地享受生命，體現了他對人生理想的追求，那該是另外的話題了。

桃花源

陶淵明性好自然，自動辭去彭澤縣令。爲此，他特地寫了一篇《歸去來兮辭》，感慨自己謬入仕途，還是歸於田園才是人間的正道，歸於田園方覺得人生眞的得到解脫，那種難言的愉悅之情溢於言表。他還寫過一首《桃花源詩》，詩前的小序即有名的《桃花源記》，表現自己對生活的憧憬。

桃花源是一個與外部隔絕的世界，桃花源中人不知道外部世界的巨大變革，王朝的興衰、帝王的更位，與他們都沒有什麼關係。他們躬耕田園，自食其力，生活過得滋滋有味。桃花源不僅在陶淵明的時代沒有，而且可以說自從有社會以來，就不可能有這樣的世界。

桃花源超然處於塵世之外，桃花源人的怡然自樂的生活，千百年來，人們心嚮往之，但奇蹟從來沒有出現。不過，桃花源標示了生活應該有一個美好的環境，在這個環境中，人們展示自己的生命歷程。

環境是可以改造的，自有社會以來，人們就不斷地改造著生存環境。春秋戰國時期諸侯

紛爭，也是對環境的改造。老莊沒有說要建立桃花源，但他們想把現實社會改造成爲沒有任何矛盾衝突的社會，在那樣的社會環境中，自由安寧地享受自己的生命。

老子及莊子受老子影響所說的「小國寡民」是一種改造。國家要小，百姓要少，那麼換一句話說，大國家可以改成小國家，多民衆可以變成少民衆。按照老子的設想，人們相互之間雞犬之聲相聞，老死不相往來。那麼，人們實際上是以個體爲單位，各顧各的生活。這種生活模式把道家所主張的人的個體特性發揮到極端。莊子曾把這種社會組成形式與生活稱爲「至德之世」。不過，他的「至德之世」還有另外一種說法。

他說至德之世應該是人們與萬物同處，沒有君子、小人的區別，大家都無知無欲，保持著自然的本性。而國家君主像高高的樹枝，自然無心地處於朝廷之上，不任用有德有才的人，也不需要仁義、道德，國家就得到了治理。莊子以此尋求社會新的大一統。

在莊子的心目中，如果人人能夠處在這樣的生活環境中，那麼每個人都在享受著愉悅的生活，享受著生命。這看起來比較狹隘，實際上顯示了莊子比老子更加博大的襟懷。老子以及莊子曾經說過的「小國寡民」似的生活不存在，代之以渾融自然的生活。人生存在於自然之中，也等同於自然，這比櫟社樹、支離疏的獨自享受生命更具有意義。

孟子曾經問齊宣王：「一個人欣賞音樂的快樂，與他人一起欣賞音樂的快樂，哪一種更快樂呢？」齊宣王說：「與他人一起欣賞音樂更快樂。」

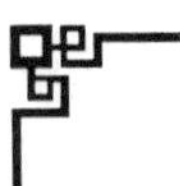

老子說的小國寡民，莊子說的至德之世雖說都是在追求生命的獨自享受，但希望人人都像他們那樣能夠享受生命，這將給他們帶來更大的人生快樂。這有點類似齊宣王說的：「與他人一起欣賞音樂更快樂。」

生命享受的誤區

生命是很寶貴的，反反覆覆地表現對人生淡泊的老子和莊子，太看重生命的存在。這本來沒有什麼不好，但他們在看重生命的時候，走向了生命存在就是享受的極端，不免有些偏激。

生命的享受固然在於生命的存在，但生命的意義並不單純是存在而已。

老莊所主張的走向生命享受的道路是自然的道路，但人類的歷程並不是純自然的。每個人的生命在人類的發展史上只是一個過程，這個過程相當短暫。千年如走馬，況且人壽七十古來稀。老莊也明白這一點，所以常談生死，是知生則必有死，不是人的意志可以改變的。但人生的道路是可以改變的，老莊想改變的就是具體的人生道路。

儘管老莊式的生活道路不是獨一無二的，然而，人類歷史的前行決定了每人的生命享受

是對生活本身的追求。這裡「生活」的涵義是豐富多彩的，逃避於田園山林，保持所謂的遠離塵俗是一種追求；完善社會和人的自身也是一種追求；即使是老子和莊子式的自然，也是一種追求。

這些追求按現在人的說法有積極和消極之分，在老莊的世道，四大顯學中的儒、墨、法的人生追求走了積極改造社會的道路；老莊則以回歸自然走了消極改造社會的道路。老莊的消極中雖然有求社會重歸和平的積極因素，但終究是消極人生。人不再是在自然的社會環境之中求自然。

老莊的生命享受又是一種超越，超越現實，而他們生活在現實中，得吃飯、得穿衣，決定了現實是不可超越的。他們可以想得天花亂墜，可以遠離社會現實，卻不能不以現實爲基礎。所以，他們的生命享受無論是超越現實還是不超越現實，都是思想的誤區。

老莊認定生命的享受是自然，自然有社會的自然與非社會的自然，他們要求的是非社會性的自然，卻在現實社會中尋求，其中有難以克服的矛盾，就像賣矛與盾的人鼓噪的：鋒利的矛可以戳穿任何堅固的盾牌；堅固的盾牌可以抵禦任何鋒利的矛一樣。

老子和莊子有意迴避社會矛盾，無意也無法逃避社會生活。生命的享受是避禍全身，這同時是世俗的精神，世俗中人常說，好死不如賴活，活著還是比死好多了。思想、議論上脫俗的老子和莊子，在生活中並不能脫俗，還是老老實實地活著，過著常人一樣的生活。

四、生命的養護

生命是可以養護的，所以老子和莊子重養生。

養生有道，佛教的坐禪是養生，道教的煉丹吃藥是養生，老莊的虛靜也是養生。話可以說得漂亮，說得玄妙，但人生活在大地上，每時每刻都是很實在的，生老病死是很實在的，養生者可以千人千法，萬人萬術，但不能以空洞的理論自欺欺人。如果那樣的話，說是養生，其實是妨生、害生。

老子、莊子的絕聖棄智、絕仁棄義、絕巧去利之說同時也是養生的理論，人少了欲望、棄絕了聖智仁義，就少了人世的煩惱、操勞，以無欲無爲獲得內心的平靜，生命的養護就在其中了。不過，這些理論遠離現實，宣揚這種理論的老莊自己也做不到。他們生活在社會中，爲別人也爲自己考慮養護生命，於是產生了一些彷佛可行的方法。如莊子說的人應該處於名譽與刑罰之間、有才與無才之間、隱藏與顯揚之間，但根本的還是少私寡欲。

名譽與刑罰之間

人的生命是有限的，對有限生命的深刻理解很自然地使人反觀人的生命歷程。聰明的莊子看來看去，感悟出的是生命有限而知識無限。人的一生總在求知，哪裡知道用有限的生命去追求無限的知識，只會給生命帶來痛苦和危險。這話從另一個方面說，人是不必求知的。

莊子把知識和人的生命相比較，把生命置於求知之上，以見他對生命的重視。然而事情並不是知識危及人的生命這樣簡單，社會上危及人生命的遠不只有知識。莊子誘導人們做好事不要接近名譽，做壞事不要接近刑罰，也就是說人應該處在名譽與刑罰之間。

對於養生來說，莊子這種想法也許不是一個很壞的主意。人要接近刑罰自然不是好事，接近名譽也不好，因爲名譽也會成爲人的生命枷鎖，使人活得不自在，甚至是丟了性命。人們不要名譽、不要刑罰日子就好過了。

莊子這只是一個比擬，以名譽與刑罰之間象徵社會生活上的中間道路，要人在這條中間道路上養護自己的生命。於是，他講了庖丁解牛的故事。

庖丁爲梁惠王解牛，他的手、肩、足、膝靈活運轉，碰到牛的軀體發出的聲音以及用刀

宰割的聲音，像是在演奏商代《桑林》之舞和唐堯時《經首》之樂。也就是說，庖丁解牛像是在開一場音樂演奏會。

庖丁解牛的聲音這樣美妙使前往觀看的梁惠王大爲震驚，感歎道：「嘻！妙啊！你的技藝怎麼達到這樣出神入化的境界呢？」

庖丁放下手中的屠刀，慢條斯理地對梁惠王說：「我喜歡宰牛之道勝過宰牛的技藝。我剛開始宰牛的時候，所看到的是一頭頭完整的牛。三年以後，眼睛裡看到的就不是一頭頭完整的牛了。現在呢？我用心神去感受而不用眼睛去看，宰牛的時候，我的心神指揮著屠刀，順著牛的筋骨空隙把牛剖開，筋骨相連的地方不受一點傷害，更不用說是牛的大骨頭了。那牛筋骨間的空隙比我的刀刃要厚得多，我游刃有餘。當然，我在宰牛的時候還是十分小心，把牛肢解開來，扔到地上，心裡才鬆一口氣。因此，我和其他的廚師不同，一般的廚師宰牛用刀砍，一月就得換一把刀；好一點的廚師用刀割，一年換一把刀。而我這把刀用了十九年，仍然像是剛在磨刀石上磨過的一樣。」

梁惠王聽了庖丁的話，興奮地說：「好啊！我聽了你的話，懂得了養生的道理。」

解牛與養生風馬牛不相及，梁惠王從庖丁解牛悟出養生之道，是莊子的蓄意安排。他講庖丁解牛的故事，可以說是「項莊舞劍，意在沛公」，表面上說解牛，實際上說養生。

庖丁解牛，是以刀鑽牛筋骨的空子，順應了牛筋骨的自然。

人在社會生活中養生，則應該鑽社會的空子，順應社會生活的自然。人能夠在社會生活中游刃有餘，就可以自我保全。

莊子終生追求的就是游刃有餘。

有才與無才之間

莊子雖然心氣很高，常說一些超塵脫俗的話，確立人們可以想像而不可能達到的人生、社會目標，但他畢竟還是一個俗人，也像當時的一些學派領袖一樣，設帳授徒，帶著弟子遊學。

有一次，莊子帶著弟子經過一座山，遇到一棵枝葉繁茂的大樹，砍伐樹木的工匠在那棵大樹的旁邊卻不砍伐它。

莊子好事的弟子一打聽，工匠說：「這棵大樹沒有什麼用處。」

莊子頓生感慨，說道：「這棵大樹因爲沒有什麼用處，得以享受天年。」

莊子一行出山以後，在一個朋友家投宿。朋友見莊子來了，非常高興，支使童僕殺一隻鵝款待客人。

童僕請示主人：「家裡有兩隻鵝，一隻會叫，一隻不會叫，殺哪一隻呢？」

主人說：「殺那隻不會叫的。」

第二天，莊子和弟子離開了朋友家。路上，弟子說話了：「先生，山上的大樹，因爲沒有什麼用處，得以享其天年；您朋友家的鵝，因爲沒有用，被殺了來招待我們，充了我們的饑腸。先生，您將怎樣處世呢？」

莊子的弟子給他出了一道難題：先生你既然說無用可以享有天年，生活中怎麼無用會遭受禍患呢？

莊子笑了：「我將處在有用與無用之間。」

有用也不好，無用也不好，那麼，既不求有用，也不求無用。但客觀上在有用與無用之間找不到一條中間道路。要麼，就是有用；要麼，就是無用。

莊子不過是以此調侃擺脫窘況，所以他接著又說：「處在有用與無用之間還是不能免除拖累，最好還是順應自然。順應自然，沒有表揚也沒有批評，當如龍騰飛時就如龍騰飛，該如蛇蟄伏時就如蛇蟄伏，順應變化，而不滯泥於一端。」

莊子要人們隨順自然而不執著於一端，也就是說，處世以足以養生爲基本立場，而不是把自己拴在有用、無用，或者是他想像的有用與無用之間。當生命的養護需要無用的時候你就無用，像山上的大樹；當生命的養護需要有用的時候你就有用，像他朋友家的鵝，這樣對

於生命不是很好的事情嗎？

莊子眞的是有一點滑頭，他處世的大原則是養生，這和一個把死亡看得很淡泊的人來說，如此戀生讓人感到他內心世界的不協調。認眞想一想，莊子是在生的時候盡力地維護生命的自然，到死的時候則隨順死亡的自然，二者之間並沒有根本的衝突。

莊子把話說得很輕鬆，但人人都隨順他人的生活內容和方式，不僅是自我生活行爲的消極，而且毫無疑問是社會的大倒退，這正是莊子所希望的。他這樣爲人爲己謀劃養生之道，可又深陷在現實的社會生活中，無論怎樣把他的「至人無己」說得天花亂墜，他還是有生活的無奈。

莊子自然還有辦法。

隱藏與顯揚之間

爲了養命，人應該處在名譽與刑罰之間，不取前者也不取後者。

爲了養命，人應該處在有才與無才之間，不圖有才也不圖無才。

按照莊子的這兩條活命哲學，做人已經很難了。而莊子又再給人們講新的故事。魯國有

一個叫做單豹的人，居住在山洞裡，靠吃野菜、喝泉水過日子，與人們有什麼共同的利益，總是拱手相讓，心寬體健，七十歲的人了，臉色還像嬰兒的臉色一樣紅潤。不幸的是，一天他遇上了一隻饑餓的老虎，老虎撲上去，把他撕碎，飽食了一頓。

還有一個叫做張毅的人，和單豹不一樣，他過不了那深居穴處的生活，成天在高門貴第之間穿梭，參加豐盛的宴會。他四十歲時，不料得內熱病一命嗚呼了。

在莊子看來這兩個人都不善於養生。單豹修養心性，成了老虎的口中食；張毅修養身體，熱病攻心，無法保全自己的性命。

本來，人的養生應該像放羊一樣，放羊的人見到掉在後面的羊就用鞭子抽打，讓它趕上去。而人呢？見到有所不足就應該彌補。單豹好靜、獨居修養心性和張毅喜動、不斷地拜訪達官富人都有所不足，但他們不知道彌補，所以遭了禍殃。

事情是不是真的如此很無所謂，莊子需要的是從這裡生發出人世間的另一條養生之路。這仍然是一條中間道路：

人應該處在隱藏與顯揚之間。

單豹只顧隱藏不好，張毅只顧顯揚也不好，如果能夠既不隱藏又不顯揚該是多好的事情。莊子的話還沒有說完，他說應該「柴立」在二者之間。

「柴立」是一個形象的說法，這可以用莊子的另一個說法來解釋，即形如槁木，形如槁

木，必然會心如死灰，那麼人就不需要隱藏或者是顯揚了。能夠不隱藏、不顯揚而形如槁木，人就是「至人」了。

養命養到這個份上，實在是到了家。

莊子處在這二者之間，他既要超脫塵俗，又處在塵俗當中，追求生活的平淡與安寧。人生也眞有不隱藏也不顯揚之路，但要形如槁木則是不可能的事。他和老子一樣，對人世間表現出了特別的熱情，只是他們的思維方式與其他人的思維方式不同罷了。

少私寡欲

人形如槁木，心如死灰，固然可以養命，這始終是很難實踐的理論。而讓人順應自然，既順應大自然的自然，又順應社會生活的自然，以求免災去禍，但人爲外物吸引，欲望的衝動又怎麼能夠順應自然？也許是從這一點出發而尋求一條比較現實的養生之路，老子和莊子教人少私寡欲。

少私寡欲，說是「少」、「寡」，實際上最好是無，「無私無欲」比少私寡欲徹底多了。

無私無欲並非是天下爲公，老莊沒有這樣的觀念，而且無私無欲的人依然是個體的人，

不具有任何集體意識，更不用說天下了。

人對社會、對自我沒有什麼想法，也不具備奉獻給社會、服務於他人的能力，那社會、他人也會無求於你。無求於你就沒有必要來傷害你，就像那無用的大樹一樣，任其自由生長。

無私無欲，那名譽與刑罰、有才與無才、隱藏與顯揚都遠離了人，人沒有由此造成的歡樂，也不會有由此帶來的災難。如果享受歡樂以後接踵而至的是災難，享受歡樂有什麼意義呢？

無私無欲，人就保持著原始的純樸狀態。老子曾說，聖人治理天下，使天下的人渾沌和諧，而他們自身則像是無知無欲的嬰兒。他同時說道德修養深厚的人，應該比得上無知無欲的嬰兒。他喜歡用嬰兒打比方，正是看到了嬰兒無知無欲的一面，假如人們都像嬰兒一樣，不就達到了無私無欲的境界？

老子這樣說，令人想起莊子和惠施的一段對話：

惠施問莊子：「人原本沒有情感嗎？」

莊子說：「是的。」

惠施說：「人沒有情感怎麼能夠稱得上是人？」

莊子說：「天賦與人形體，怎麼不能稱爲人呢？」

惠施說：「既然是這樣，人怎麼會沒有情感呢？」

莊子說：「你所說的情感不是我說的『無情』，我說的『無情』是人不因好惡而傷了自己的本性，常常順應自然而不以外物幫助人生。」

人無私無欲就會像莊子說的無情，本性不會受到傷害。無私無欲，也就會無爲，這就進入了「道」的境界，「道」無知無欲，也常無爲，它無爲而無不爲，人有了「道」的精神，同樣地無爲而無不爲，生命的養護就不存在什麼問題。

老子和莊子爲人們設計得很好，如果人們走他們指示的道路，生命的意義在哪裡呢？他們認爲如此可以天下太平，如果是在這種狀態下的天下太平，天下太平又有什麼意義呢？

老莊沒有解答這個問題。

五、死亡之說

死亡的不可避免使它和永恒的愛情話題具有同樣的永恒價值。不論用什麼態度去面對死亡，用什麼方式感受死亡，都有難以盡言的滋味。

人有生有死，對於生的態度影響到對於死的態度，老莊對生沒有常人的喜悅，對死也沒有常人的淒涼。他們時而慷慨地論生與死，不視死爲畏途；時而淡泊地論生與死，視死爲自然。

他們論死，說死勝於生的時候，是情感噴發所致。

他們論死，說死如生都是自然的時候，是思想深慮所致。

實際上，他們對於生的情感遠遠超過對於死的情感，戀生惡死，是人的常情，老子和莊子也沒有超越這種常情，所以他們不懈怠地要人避禍全身。不過，他們面對死亡比別人顯得平淡也是眞的。

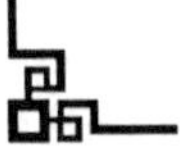

民不畏死，奈何以死懼之

西漢武帝時，有一位猛將李陵，曾率五千兵馬出擊匈奴，不意與數萬匈奴軍隊遭遇，連戰十多天，轉鬥數千里，最後箭用完了，救兵不到，李陵自己也受了傷。在走投無路的情況下，投降了匈奴。司馬遷想到李陵兵未敗時，每傳勝利的捷報，滿朝歡慶，如今兵敗投降，滿朝的人又都順勢在漢武帝面前說李陵的壞話，心裡爲李陵不平。當漢武帝詢問他對李陵兵敗的看法時，他說李陵有好吃的東西給別人吃，分配財物時，總是挑最少的一份；雖然兵敗，並不是眞心投降，而是想另找機會報答漢王朝；即使說是失敗了，但他所建立的功勞，足以和他兵敗的損失相當。司馬遷本想盡一片忠心，沒有想到這一番話帶來了巨大的災難。漢武帝認爲他爲李陵辯解，乘機批評貳師將軍李廣利，於是把他關進監獄，後來又處以宮刑。司馬遷自認爲蒙受了人生的最大羞辱，很想自殺，轉念一想，自己的著作《史記》還沒有完成，如果這時候死去，如九牛亡一毛，實在沒有什麼意義，忍著羞辱，從事寫作。並說出「人固有一死，或重於泰山，或輕於鴻毛」的驚世之語，成爲人生面對死亡的名言。

知死而不畏死，是曠達之人、豪傑之士的襟懷。

唐代韓愈五十七歲時生命進入最後時刻，他明知死亡將至，回顧自己的一生，貧賤時受饑寒煎熬，顯達時受富貴約束，現在一切將成爲過去，坦然地對朋友和妻子說：「我哥哥德行高，又懂得醫藥，飲食一定遵照《本草》辦，結果只活了四十二歲。我生活上粗疏隨便，飲食百無禁忌，官做到侍郎，多活了哥哥十五年。如果這還不知足，那還有什麼知足的呢？再說，我一生有幸沒有喪失大節，這樣到九泉下去見先人，應該說是很榮耀的了。」

南宋文天祥在抗元戰鬥中被俘，面對威脅利誘，誓不屈服，知死而不讓，作《過零丁洋》表明心跡：「辛苦遭逢起一經，干戈寥落四周星。山河破碎風飄絮，身世浮沈雨打萍。惶恐灘頭說惶恐，零丁洋裡歎零丁。人生自古誰無死，留取丹心照汗青。」後慷慨就義。而「人生自古誰無死，留取丹心照汗青」成爲千百年來志士仁人的座右銘。

老子說的「民不畏死，奈何以死懼之」不是表現曠達之人、豪傑之士的襟懷，而是表現百姓在無奈、甚至是生不如死的情況下，走向不畏死的道路。因爲他同時說了：如果百姓害怕死亡，把那些搗亂的人抓起來砍了頭，還有誰敢搗亂呢？殺人，應該是依法行事，而不是隨隨便便地把人處以死刑。假如是這樣的話受影響的不是被殺者，而是殺人者。

老子並沒有奢談死亡，而是以警醒統治者的方式表明百姓對於死亡的態度。砍頭只當風吹帽，是百姓面臨死亡的坦然。而他對待死亡則說過一句很客觀的話：「人之生也柔弱，其死也堅強。」人死以後軀體是僵硬的，所以他說「死也堅強」。但這與他說的「民不畏死，奈

何以死懼之」是完全不同的。

老子這樣說死是輕看了生命的存在，在「不畏死」與「以死懼之」的矛盾衝突中，顯現出百姓的強硬和統治者的虛弱。他似乎要以此告訴人們一個事實：春秋時期的民不聊生。

對於死亡的感受無疑同時感受著生存，人們從生到死的道路是漫長而又短暫的。老子在說「民不畏死」的時候，縮短了從生到死的里程。不過，在談論這個話題的時候，他比莊子溫和多了。

生如附贅，死如潰癰

生命的存在是多餘的，死亡則是對生命存在的療救。

這是對生命存在的悖論。

莊子說起來彷彿振振有詞：

子桑戶、孟子反和子琴張三人一天在一起交談，說什麼「誰能夠相互交往於無心交往之中，相互幫助於無心幫助之中，誰能夠登天乘霧，忘卻自己，遊於無窮無盡的時空中？」三人說完，相對一笑，心心相印，結成至交。

不久，子桑戶死了，還沒有安葬，孔子派子貢前去幫助料理喪事。子貢去了以後，看到孟子反、子琴張一個在編曲、一個在彈琴，兩人唱著：「哎呀桑戶啊！哎呀桑戶啊！你已經返本歸眞了，而我們還是人！」

這把子貢搞糊塗了，不由得上前問道：「朋友死了，你們面對他的屍體唱歌，這符合禮節嗎？」

孟子反、子琴張輕蔑地瞥了他一眼，說道：「這種人怎麼懂得禮的眞意呢？」子貢沒有辦法，只好回去對孔子說：「他們是什麼人呢？不修養自己的德行而置形骸於度外，面不改色地對著朋友的屍體唱歌，怎樣評價這些人呢？」

孔子說：「這些是遊於塵俗之外的人，我卻是遊於塵俗之中的人。我讓你去弔唁子桑戶，眞是淺薄得很。他們和造物者爲友，遊於天地之中，把人的生命視爲像贅瘤一樣多餘，而把人的死亡視爲毒癰化膿以後的潰口，是遭受病痛以後的解脫。這些人不知道生死的先後，託生死爲一體，並且把肝膽、耳目都遺忘了，隨順自然的變化，那裡還來顧及世俗的禮節呢？」

子桑戶、孟子反、子琴張是莊子虛構的人物，子貢、孔子則是莊子把歷史人物的虛化。經過對後者的改造，他讓儒學的孔子深受道家學說的影響，並讓孔子把自己和道家學派的人物進行比較，很有一些自慚形穢。

人生天地之間，生命的存在本身就是自然，並不是只有死亡的返眞之說才是自然，莊子把二者對立起來，非生而頌死，其實是把現實的生命過程看作非自然的過程，而他又是對非自然深惡痛絕的人。莊子以此爲基點說生論死，生也就不如死。

人生一世，隱忍苟活而認爲生不如死的大有人在，但這多是暫時的情緒，大多數的人戰勝這種情緒，重新振作求生；少數人爲這種情緒所戰勝，在某一個瞬間走向了死亡。

孟子曾經說：活著是人想得到的，如果有的欲望超過了活著，那人就不會苟且偷生；死是人所討厭的，如果所討厭的超過了死，那災難臨頭也是不迴避的。說生不如死，是對於生的絕望。時刻注意順應自然的莊子，在這樣的時候，並沒有以自然的心態面對生活，他爲死亡唱的頌歌，是爲生存唱的喪歌。超脫的莊子，不是眞正地超脫。

生之勞，不如死之樂

在生命的享受中曾經提到，莊子通過一顆乾枯的頭骨託夢，表示人活著的快樂，不如死後像南面而王的快樂。對於死的這種感覺又比上述更進了一步。

同樣地，這不是一種眞正意義上的體驗，而是一種感覺。但他把這種感覺視爲一種體

驗。

佛教曾經夢想過死後的極樂世界，認爲人死了以後，靈魂升天，在極樂世界裡，盡享人間沒有的快樂。

道教也曾說極樂世界，煉丹吃藥、羽化登仙是人死後的再生，再生的人不會有人間的種種煩惱。

人死以後究竟是怎樣的狀態，佛教、道教自以爲講清楚了，實際上他們的極樂世界都是虛幻的描述。其中，極樂世界可以被描繪得無與倫比的富麗堂皇，生活可以無與倫比的奢侈豪華，但有誰見過極樂世界？

東漢的王充曾針對人死變化成鬼的世俗流言有很尖銳的批評：

人是生物，生物死了不會變成鬼，人死之後怎麼會變成鬼呢？

人活著是依靠精氣，精氣是依靠血脈。人死後，血脈枯竭，精氣消散，人的身體就會腐朽，成爲土灰，怎麼會變成鬼呢？

人不能變成鬼，同樣的道理，人怎麼能夠變成神仙到所謂的極樂世界裡去呢？

莊子對於人死的感覺，是對人死之後的一種誇張。這與他把生死視爲一種自然狀態不太吻合。其實，莊子是在間接體驗死亡，他的這種體驗，又在很大的程度上源於對生存的強烈感受。

人死，一切消失，不再有任何的感覺，自然不存在苦惱、快樂之說。莊子把本不存在的知覺說得活靈活現，無非是死隨著肉體化為土灰，一切人間煩勞不復存在。對於很看重人間煩勞並為人間煩勞糾纏不清的人來說，生無快樂可言，這才會有生的快樂不及死如南面而王的快樂。

莊子這種說法，把人生存的快樂分為兩個層次，一是一般人的快樂，一是南面而王的快樂。在比較之下，人的死亡成了人生的最高境界，他似乎在渴望這個境界，以擺脫人間的勞苦。

莊子對於人生有太多的反感，他在這一方面，缺少老子的現實生活精神，追求人生的虛無，他在生死問題上的真實思想，仍然是自然觀，不看重生，也不看重死，生生死死都隨順自然。

憤激的現實情緒終不抵冷靜的理智，莊子活著的時候，想得最多的還是怎樣活，而不是以死取代活。如果是那樣的話，人們也許就不知道中國文化的發展史上，還有莊子這樣的哲人，也不可能讀到《莊子》這部書。

生是自然而生，死是自然而死

千說萬說，老子和莊子最願意表示的是：生是自然而生，死是自然而死。死是自然而死，人就不必為死有什麼哀愁，如同對於生不必有什麼歡喜一樣。然而，很少有人懂得這個道理，不明白人生是一個自然的過程。就像肚子餓了就想吃飯，身體寒冷就想穿衣一樣。

明代有一位直指使，在飲食上要求很高。他常常到郡縣去巡視，每到一處，都要當地的官吏為他準備精美的食物，把那些官吏搞得苦不堪言。這事被他的老師、曾任朝廷工部尚書的劉南垣先生知道了。

一天，直指使來拜訪劉先生，劉先生很高興，兩人寒喧過後，劉先生對直指使說：「我總想請你吃一餐飯，又擔心妨礙了你的公事，所以沒有開口。今天，我看你休假，就在我這裡吃餐飯吧。」

直指使見老師這樣客氣，不好回絕，點頭道：「好。」

劉先生又說：「不湊巧的是，你師母不在家，沒有人準備美味佳肴，一點家常飯，不知

道你是不是吃得慣？」

一聽這話，直指使心裡有點涼，但老師既然已經這樣說了，他也不好說什麼，對老師客氣地說沒有關係。

直指使是早上去的，沒有想到過了中午，還沒有人送飯上來。劉先生的談興很濃，朝廷內外，東西南北，處處都是話題。直指使肚子「咕咕」叫，劉先生全然不察。又過了許久，終於有人送飯來了。

直指使簡直沒有想到，送來的飯菜竟是一盆糙米飯和一盆豆腐。

直指使實在是餓極了，顧不得那麼多，一口氣吃了三碗，直起腰來，覺得吃得很香、很飽。

沒有想到只過了一會兒，劉先生的家人又送上來直指使素來就愛吃的佳肴美酒，在直指使面前一字擺開。

劉先生說：「你再吃一點吧。」

直指使心裡很想吃，但肚子脹得他下不了筷子，只得說：「吃得太飽，再也吃不下去了。」

劉先生這才說：「飲食本來沒有精美和粗劣的區別，饑時易為食，飽時難為味，這是所處的環境自然造成的。」

直指使這時才明白了先生的用意，從此飲食不再苛求。

這則故事說的是吃飯，與談論生死好像沒有什麼關係。其實與生死的自然道理是相通的。饑時易為食，飽時難為味，這就是自然。人不能夠違背飲食的自然，同樣的道理，也不能夠違背生死的自然。

人們常說，生是不可選擇的，因為生命的產生與延續有自身的運行軌道，是一個自然的過程。少年、青年、中年、老年，人生的歷程就生命的本身而言，是從生到死。儘管人的生命可以養護，像三國時曹操在他的名詩《步出夏門行·龜雖壽》中說的：「養怡之福，可得永年」。人的生命在養護之後是可以延長的。但他同時也說了：「神龜雖壽，猶有竟時；騰蛇乘霧，終為土灰」，長壽的神龜、飛龍終究不能逃脫死亡的命運，這就是死的自然哲學。

世界上希望長壽，真的長壽了的人是有的。

世界上希望不死，真的不死的人是沒有的。

老莊看透了人生，視生為自然，死為自然，這是一個真理。他們把有滋有味的人生看得十分平淡，以致淡化了人的生命過程，把有意義的生命改造成為無意義的生命，這就在走極端時入了認識上的歧途。

【修身篇】

慈善爲本
明哲自省
知足之妙
捨利避害
禍福相倚
道的修煉
虛靜功力
修身境界

人應該成爲一個怎樣的人，取決於環境對他的影響和他在特定環境中的自我修養。不同的人會有不同的做法，不同的學派會有不同的主張。

修身是人在社會生活中必須的行爲。人的思想、行爲理應遵守一定的規範，規範的制約也還需要經過人的修養才能最終達到這些規範。所以古往今來，修身是人生的必修課。

儒家學派講究的治國平天下之道，最基礎的階梯就是修身。他們說修身才能治家、治家才能治國，治國才能平天下。如此，平天下的根本就是修身。

道家也重修身。修身才能進入人生的至境，才能無爲而無所不爲，他們表面上不說修身是一種政治方略，實際上是政治方略，如果人人都在生活中按照道家的生活準則行事，那麼，社會就趨於一統，糾葛不清的矛盾鬥爭就不復存在。而且，道家津津樂道的人人安享天年自然得以實現。

一、慈善為本

道家重人的自我修養，是因爲人要想達到道家的境界，除了修養別無他途。而修養的可能性建立在人的本性之上。

老莊視人的本性爲人的自然性，人的自然性可以使人與人、人與物相處而彼此平安無事。這種自然性究其根柢是人的善性。人人可以返樸歸眞，回到人性的本來樣子，意味著人人具有善性。人性的邪惡是後天造成的，是唐堯、虞舜這些聖人治理天下和儒學、墨學等宣揚自己的理論使人有了欲望，而欲望是人的邪惡之源。

老莊要改造人們業已形成的性情，儘管現實的人性與他們理想的人性有很大的距離。他們對此抱有信心，喋喋不休，實際上太迂腐了。社會正進行著激烈的軍事爭奪，放下武器者就有失敗，就有死亡。老、莊的理論就是要人放下武器，善意可嘉，實行則不可能。

這不影響他們以善爲本論說自我的人生與社會謀略。

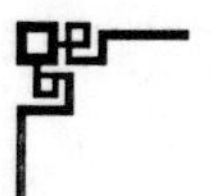

天道無親，常與善人

人性善還是性惡，春秋戰國好一場論爭。

孟子說人性善，惻隱之心人人都有，不是善又是什麼呢？

曾就學於孟子的告子說人性沒有善和不善。

同時有人認爲人性可以善，也可以不善，周武王、周文王出現，人們就向善；周幽王、周厲王出現，人們就暴虐。有人認爲，人性有善也有不善，賢君會有奸臣，頑父會有孝子，是人的本性決定的。

而戰國晚期的儒家集大成者荀子乾脆說：人性惡，孟子說人性善，是不知道人性的根本。人生而好利，生而有疾惡，生而有耳目之欲，因此生出了種種事端，弄得禮義淪喪，不是人性惡又是什麼？

老子和莊子沒有明確地樹起人性善的旗幟，但他們向善，以善爲人性的根本，也爲修身的根本。按照他們的想法，人性本善，是名利權勢、仁義禮智把人的思想攪亂，使人失去了本性。所以，他們鼓動人們向善，老子就說：「天道無親，常與善人」。

這是勸人向善最爲有力的鼓吹。春秋戰國時期，人們認爲天是有意志的天，與人相互感應，人做了好事，天會予以獎勵；人做了壞事，天會予以懲罰。這就是所謂的天人感應。

天與人既然相互感應，人要求助於天，自然不能夠做壞事，而要力求多做好事，受到天的幫助該是多麼美好的事情。於是人們總喜歡說善有善報，惡有惡報，不是不報，時候未到，一直相沿到現在。實際的情形遠不是這樣簡單，天人感應是人的主觀臆斷，善惡的報應也不過是一種良好的願望，即使西漢時的儒學大師董仲舒用陰陽五行學說解釋天人感應，善惡的報應也不可能成爲人類社會生活中的必然規律。司馬遷爲商朝末年的孤竹君的兩個兒子伯夷、叔齊立傳，說伯夷、叔齊爲被周武王消滅了的商王朝守節，寧可餓死也不吃周王朝的糧食，隱居在首陽山，最後眞的是餓死了。這使司馬遷很感傷，並從伯夷、叔齊想到孔子最有才學的弟子顏回，顏回有才華，勤奮好學，安貧樂道，常常是食不足以飽腹，早早就病死了。而殺人越貨，聚黨橫行的盜跖卻終身逸樂，得享天年。這使他不禁發問：「天道無親，常與善人」究竟是眞，還是假呢？

相信天道無親，常與善人與懷疑天道能夠勸善懲惡的大有人在，當老子說「天道無親，常與善人」的時候，不管他的天人感應思想怎樣執著，向善是客觀的、不可改變的事實。

基於善，老子和莊子太多地看到了社會的不善。修身，就是要除不善而爲善，是要以個人的小善造就人類的大善。但個人的修身是一個漫長的過程，完成這個過程，可以步入他們

理想的社會境界，到那時候，個人的行爲就有了廣泛的社會意義。老莊很少直接說他們就是要改造社會，但內心是要通過對個人的改造，完成對整個社會的改造，返樸歸眞，以使人回到原始狀態，帶動社會回到原始狀態，「樸」與「眞」蘊涵了善。

以「慈」為善

老子說他有三件法寶：一是慈，二是儉，三是不敢爲天下先。

慈爲仁慈。

儉爲節儉。

不敢爲天下先爲可以處在別人之先時也處在別人之後。

這是老子以退爲進之術，所以他說仁慈就能勇敢，節儉就能寬廣，不敢爲天下先反而能夠成爲天下的首領。

「慈」，本根爲善。行慈、守慈，可以說是行善、守善。這與社會現實並不吻合。社會生活中的人性趨惡，導致人之道與天之道迥然有異。他看天之道就像拉弓，高的把它壓低，低的把它升高，拉滿了就減一點力氣，拉得不夠就再加一把勁。並說了一句很有意味的話：

「天之道損有餘而補不足，人之道則不是這樣，減少不足的，以供給有餘的人。」

換句話說：天道趨善，人道趨惡。老子要使趨惡的人趨善，以仁慈為法寶，既是行善從自我做起，又是以仁慈感染、戰勝外在事物。

老子說的慈，在孔子則說仁，仁者愛人，不是慈也是什麼呢？在孟子則說惻隱之心，儘管他說過男女授受不親，但遇上嫂子掉到水裏，不援手相救就會死亡，孟子說，不救的人是禽獸，只說是違背了禮，不知道這是禮的變通。

道與儒，「道」不同不相為謀，兩家有共通的地方，都相信性善的感召力。

孔子說，為政以德，譬如北辰居其所而眾星拱之，統治者就可以垂拱而治，不需要格外的勞神費力。

孟子說的尊敬自家的老人推及到尊敬別人家的老人，愛護自家的孩子推及到愛護別人家的孩子，天下就可以在手掌上運轉了。

老子也說了類似於孔子和孟子的話，認為慈愛有無窮的威力，用於戰爭，戰則必勝；用於防衛，守則必固。老子以慈為本對待社會上許許多多的事物，所以他常在勸人退讓，進取也是以退為進，希望能夠改造人間的生活方式，使人之道也像天之道一樣，損有餘而補不足。

損有餘而補不足，是要富者救濟貧窮，使貧窮的人不至於食不飽腹、衣不暖身。如此的

均貧富，是仁愛的結果。莊子則有和老子不同的表達方式，他反對社會上存在的一切爭奪，各人自守其性，各得其自然也就可以了，對於諸侯逐鹿，殺人越貨十分反感。他曾經辛辣地諷刺從事戰爭的諸侯都很渺小，是不希望社會上存在戰爭；批評諸侯施行的刑罰，說刑罰害了百姓的性命，使天下滿是死亡，都是源於國家應該求善、人應該行善而不爲惡。以致他們對儒學仁義的反對，也是出於對天下人的愛心，因爲仁義搞亂了人心，使人爲惡而不爲善。

所以，莊子強調人要「眞」，人應該謹修愼守以求眞，唯有「眞」才能精誠動人，唯有「眞」才能事親慈孝，事君忠貞，而「眞」以善爲本色，受於自然，不可變易。

不善人之師與善人之資

「三人行，必有我師」是孔子的名言，至今聽起來仍然覺得眞切，他道出了人們生活中的常理，每一個人都有所能、有所不能，德行有所善，有所不善，以人爲師是不可少的。

老子沒有這樣說，但他說：善人是不善的人的老師，不善的人是善人的借鑑。他突出「善」與「不善」，主要針對人的德行，要人以後天的學習求善，使不善的人向善，使善的人其善更加完美。它的意義即在人的德行，又不盡在德行。

人從來就不可能盡善盡美，德行不夠完善的人自然應該以德行完善的人爲老師，以尋求自我道德的完善。人非聖賢，誰能無過？德行的不完善對於每一個人都是可能的。這本是一般的道理，問題是能不能夠明白這個道理，切實地追求道德的完善。

孔子有一個叫子路的弟子，好勇力而性情剛直，爲人粗魯缺少禮貌，後來拜在孔子的門下學禮，除了直率一仍如故，眞的是把禮學到了家。後來他在衛國的內亂中，被人砍翻在地，帽帶子也被砍斷了。子路說：「君子死，帽子也是應該戴在頭上的。」說著，繫好自己的帽帶子，就在這當口上，他被人殺死了。

道德的完善到了迂腐的地步並不可取，但對道德完善的正常追求是不可少的，大到關係治國，小到關係治家及個人的命運，不能夠掉以輕心。

歷史上暴虐的周厲王，不以邵公爲師，以殺戮禁止人民對朝政的批評，百姓道路以目，自以爲得計的周厲王，最終被趕下了台。唐太宗以魏徵爲師，時時以魏徵的諍諍諫言糾正自己的過失，於是有歷史稱道的「貞觀之治」。

人們總說，歷史是一面鏡子，眞正構成這面鏡子的材料是歷史舞臺上形形色色的人。人生的智慧不是與生俱來的，需要學習是人們的共識。

需要學習並不等於善於學習，只有善於學習的人才會從老子的話中領悟出生活的意義。

漢高祖劉邦得了天下、登上皇帝的寶座以後，並不精於治理國家。儒生陸賈去看他，勸

他學習《詩》、《書》，劉邦很反感。大聲呵叱：「你老子是在馬上打的天下，要《詩》《書》幹什麼？」陸賈直言相抗：「你能夠在馬上打天下，你能夠在馬上守天下嗎？商湯王、周武王逆取而順守，文武並用，長治久安。如果秦始皇平定天下以後，施行仁義，效法先王，哪裡還有您的天下呢？」劉邦悟性極好，聽出其中的道理，連忙說：「你爲我寫書，總結秦王朝之所以滅亡，漢王朝之所以興盛的原因。」這以後才使西漢王朝有了自己的面貌。

從善中可以得到善，從不善中也可以得到善，看人怎樣從善與不善中得到經驗和教訓。

人們道德的自我完善是一個長期的過程，應該有耐心去進行自我的完善，而不是三天打魚，兩天曬網，或者是築臺九層，功虧一簣。

以人爲師，同時也表現在道德完善之外的諸多方面，尋求完美，關鍵在於自身。只要去求，就會得到善，人應該追尋。

二、明哲自省

在社會生活中，天生聰穎和愚笨的人是有的，但二者都是少數，大多是智力相當的人，也就是說在智力上處在同一的起跑線上。但這些人的人生最終顯出差異，除了各自的地位、機遇因素之外，善不善於思索、總結，自我反省，從中發現自我，揚長避短，也是重要的原因之一。

老莊注重人內視的功夫，人自我修養的完善，依靠的不是外在的社會力量，而是人的自身。所以他們一直相當保守，不希望社會發展前行。這是一種不健康心態，老莊以這種心態對待人生。

他們是很有智慧的人，讓人有自知之明、自我珍重而不要自我炫耀，自己把自己看得了不起。同樣地，人也沒有必要自慚形穢，作賤自己。老莊在這些地方雖然沒有直率地流露出以退為進的人生策略，實際上是在以退為進，保全自我。

明哲自省是修養之道，也是保全自我之道。

自知不自現

人的表現欲望是自然的現象，得意者會自我表現，失意者也會自我表現。唐玄宗召李白供奉翰林，李白喜形於色，高吟「仰天大笑出門去，我輩豈是蓬蒿人」；而失意之時，則悲憤填膺，「大道如青天，我獨不得出」。這在許多文人學士身上都有表現，晚於李白的孟郊中舉後，吟出的是「春風得意馬蹄疾，一日看盡長安花」；而在這以前的兩次落第，則也是感傷痛苦，不是說「情如刀劍傷」，就是說「空將淚見花」。

老子也曾自我表現，說在社會上，大家的生活無憂無慮，每天像是參加豐盛的宴會，像登臺賞春，唯有他孤獨、慘澹，像剛出生的嬰兒不會發出笑聲；大家都有多餘的東西，而他什麼東西都不足。如是不得志的哀怨是委婉的自我表現，與他說的人要有自知之明、不要自我炫耀並不吻合。

莊子沒有直接這樣說，但他對得了一點賞賜就耀武揚威地表現自己才幹的曹商之流異常反感，說明他也不主張人的自我炫耀。

這是人們有意識地壓抑自己的欲望。

人不自我炫耀是困難的，所以社會上流行口頭禪：戒驕戒躁；所以人們往往鄙視喜歡自我表現的人，說他們淺薄。

不自我炫耀是理智戰勝情感的結果，但人首先要自知。

知道自己的份量；

知道自己的位置；

知道自己將怎樣從現在走向未來。

這樣，也許就認識到山外有山，天外有天，不會妄自尊大，不會情不自禁地把自己所具有的才學形於顏色。

唐太宗做了皇帝以後，並不以天下至尊傲視百姓。他深知得天下的不容易，把百姓如水，君主如舟的道理刻在心坎上，水可載舟，也可以覆舟，享有天下之尊實在不能不十分謹慎。他曾經說：「我看古代的帝王驕傲而導致失敗的不可勝數。遠的不說，近的像晉武帝司馬炎消滅了吳國、隋文帝楊堅伐陳以後，驕奢自矜，聽不進大臣的意見，大臣也不敢說話，國家日益混亂。我平定突厥、高麗，兼併鐵勒，席捲沙漠，在那裏設置州縣，使夷、狄服從，聲教更廣。但我怕自己產生驕奢之心，總是自我反省，希望臣下有意見直言不諱，我吸取好的用於治理國家，這樣做看能不能使國家長久太平。」

唐太宗的明智少有人能夠趕得上，他自知而不自現該是常人的榜樣。就是一般的人有一

些才能、成就也不應該狂妄自大，王安石筆下的仲永，少時能文，他的父親引為自豪，仲永也自以為是，不好學習，滯步不前。十幾年以後，成為一個很平庸的人，所具的才能全退化了。

人要有自知之明，時刻保持清醒的頭腦。

自愛不自貴

潔身自好是一種性格，一種生活方式。孔子曾經說：如果自己的思想主張不能夠施行，那就乘著木筏子到海上漂蕩，獨自去過逍遙自在的生活。後來，孟子把這一思想發展成為「窮則獨善其身，達則兼善天下」，他自己對這一思想有過解說，即不得志就修身養性，使自己成為道德完善的人；得志就為百姓做一點奉獻，使百姓得到一些恩惠。

孟子此說一出，成了後人奉行的兩種最基本的生活方式。人或求入世，或求出世。老子鼓動人不要入世，清心寡欲，和孔孟主張的不得志則獨善有類似的地方，但他絕不談「達則兼善天下」一類的話。其後的莊子，以自然無為的方略力求達到天下一統，求善中之大善，也從不說什麼「兼善」。他們實在不願意拋頭露面，所以老子說人要自知而不自現。同時說了

一句：自愛而不自貴。

自愛而不自貴有雙重含義：一是本來高貴而不顯高貴，二是本不高貴而不自以爲高貴。其中人們之所以會「自貴」往往比較複雜，或者因爲有地位，或者因爲有才能。

自貴必然導致恃才或者恃勢輕看周圍的世界，以己爲能，以己爲是，於是與人疏離，落落少合，做了孤家寡人。

自以爲貴是取禍之道。

秦昭王時，穰侯爲相，有攻城野戰之功，富傾王室。他自以爲貴，擅權諸侯，生活奢華，因此被秦昭王免去相國之職，逐出都城，回到自己的封地。等他一死，封地也被朝廷收回，不爲子孫繼承。其後的呂不韋，在秦昭王的孫子子楚身上做了一筆大買賣，當子楚在趙國做人質的時候，呂不韋接濟他的生活，幫助他在諸侯中展開外交活動。這子楚就是後來的秦莊襄王。呂不韋因爲有功，官至丞相。他仗勢騁己私欲，終被秦王嬴政流放到四川。

且不說是眞正的自以爲貴，就是本不自以爲貴而被人中傷爲自以爲貴，也難逃厄運。戰國時的屈原是一個典型的例子。他被上官大夫中傷爲自以爲貴，楚懷王一怒之下就疏遠了他，屈原從此失去了政治上的輝煌。後來，在流放期間因楚國郢都被秦軍攻破，悲憤得投水自盡。

社會生活實在是很複雜，自以爲貴與被人中傷爲「自以爲貴」是完全不同的兩回事，後

者受制於人，前者則是人自我的表現。老子說人應自愛而不自貴，指的是前者。

自愛，就會收斂自己的鋒芒，謙遜地待人、待事，不讓人覺得時刻都有威脅，也就容易與人和諧相處，使自己在保持生活愉悅的時候，不會因自貴而自滿自足，也不會因自貴而欲望膨脹。

老子告誡人們：「富貴而驕，自遺其咎。」

自守不自羞

人應自知、自貴，同時也應該自守。

自守，是守人的本份、人的本職。

人上一百，種種色色，人與人的不同，是先天與後天共同造就的，性情、能力、職業等等，彼此的差異不足為怪。尺長於寸是人所共知的，但尺有所短、寸有所長也為人們認同。莊子常說事物是相對的，秋毫之末為大，泰山為小，有差異的人們不必為差異而添煩惱。

他很詼諧地說：

只有一隻腳的怪獸夔見到有許多腳的蚿，好生羨慕。怎麼它有這麼多腳，而我只有一隻

腳呢？它對蚿說：「我用一隻腳蹦蹦跳跳地行走，沒有誰比我行走更簡便。你有那麼多腳，怎樣走路呢？」

蚿對夔說：「你沒有看見人吐唾沫嗎？噴出的吐沫大的像珠子，小的如輕霧，還有數也數不清的混雜而下。這些都是自然的現象。我依天性而行，連自己都不知道爲什麼會這樣。」然而蚿看到蛇無足而行，心裡一陣騷動，不禁對蛇說：「我用這麼多腳行走，爲什麼趕不上你無腳行走呢？」

蛇說：「我不用腳，自然地運動，這也是不可更改的天性。」當蛇看到風的時候，很羨慕風呼地吹來，呼地吹去，對風說：「我用自己的脊背聳動而行，雖然沒有腳，但像是有腳的樣子。你呼啦啦地從北海飛到南海，沒有行走的痕跡，這是爲什麼？」

風說：「我是呼呼地從北海飛到南海，人們用手指抵擋我，我吹不斷手指；用腳踏我，我吹不斷腳。但我能夠把大樹吹斷，把房屋掀翻，這沒有誰可以做到。」同時，風也說得很有意思：「我有小不勝而有大勝，大勝只有聖人才做得到呀！」夔、蚿、蛇、風，有腳與無腳，各有不同的感受。前三者羨慕各自的後者，失了自然的本性，唯有風顯揚本性的自然。

萬物各有所能，以他物所長衡量己之所短，永遠會感到不足。其實只要能夠守自己所能，像夔一足行走則一足行走，蚿多足行走則多足行走，蛇無足行走則無足行走，各守自然就行了。不必因他物所能、自己所不能感到羞愧。

人也如此，盡自己的能力，不必幹力所不能及的事情，也不必因力所不能及而難過。於是，人不必計較彼此的勝負和得失，最好忘掉勝負、得失，風因此有大勝，人因此也會獲得最大的成功。

自羞，會使人懷疑自己的本能，失去內心的平和，少了面對外部世界和積極進取的勇氣。莊子這裡表現出來的思想是在自然中有所得，當人守自己本能的時候，順應自然發揮本能。

三、知足之妙

韓非子曾說：人無毛羽，不穿衣就寒冷；人有腸胃，不吃飯就饑餓。所以人不免有求利之心。人求利是天性，不知道滿足就會傷害這種天性，但許多人不知滿足從而給自己帶來憂慮甚至災難，不懂得知足的妙處。

知足是一種幸福，得到這種幸福卻是很難的。老子對於「知足」很關注，常常以是否「知足」爲話題。他的知足是一個尺度，好以這個尺度衡量人們的行爲和心理狀態，說知足將會怎樣，不知足將會怎樣。如知足，人會富有、會常足；如不知足，就有災禍臨頭了。

這樣說來，知足其實是一個生命的尺度，這個尺度之下和這個尺度之上，人們有不同的命運，命運的把握者則是人們自己。

人生的知足與不知足是相對的，人們應該對什麼知足，對什麼不知足，老子沒有確立準則。他常教人不要有什麼欲望，不要有什麼作爲，表明人對人生的追求是應該知足的，只有知足，人才會有眞正的快樂。

如是的知足，是要人以捨棄人類的進步爲代價返樸歸眞，大體上不可取。但在局部上，

他要人們不要有很強的物質占有欲則是有意義的。

知足不辱

老子說：知足不辱，知止不殆。

人知道滿足就不會遭到羞辱，知道適可而止就不會有危險。這話很有意味，人們生活在人群之中，不是孤立的存在，因不滿足現狀引起的追求必然與外界發生千絲萬縷的聯繫。不知足而受辱，是因人的不知足刺激了外部世界，外部世界反過來使不知足者遭到禍殃。

知足、不辱，前因後果，老子的話說得清清楚楚，聽的人也能明白。

「士可殺而不可辱」，人遭受羞辱也是大事，視名節如生命的人，是置生命於羞辱之上的。

每個人都有自己的尊嚴，俗話說的傷害了人的心、傷害了人的面子，其實是傷害了人的尊嚴。羞辱就是對人尊嚴的傷害，可以說無論何時何地，沒有人願意蒙受羞辱，使自己處在難堪的境地。

人不知足受到的羞辱大體上有兩個方面：

一則是人本該知足，因慮及心力有餘而不知足。然而，外部環境又不允許或者是自我無法戰勝外部環境，使羞辱在不知不覺中降臨了。

二則是人本該知足，因無自知之明而追求力所不能及的事物，像人們常說的「癩蛤蟆想吃天鵝肉」，就是羞辱那些不當知足而無自知之明的人。

人如果知足就不會有這些情況了。

知足是避辱之道，是因為知足迴避了可能產生的矛盾，不存在人與人或者說人與事的對峙，羞辱就不可能出現。在這個意義上，知足不辱是不自取羞辱，不知足而受羞辱也是自取的。

老子這樣說比實踐要容易得多，人怎樣才能夠知足是一門學問，做好這門學問，人的日子就自由自在了。

可惜人知足是困難的，人終生不受羞辱也是困難的。老子希望人自我磨煉，磨平不知足的心，時時、事事都能知足。

不知足是人心裡湧動的欲望，磨平不知足的心不就是去掉欲望？應了老子說的少私寡欲。少私寡欲可以不受羞辱，人同時也獲得了另一種滿足。進而言之，知足就會知止，既然知道適可而止就沒有危險，那麼，人知足不也沒有危險嗎？

知足不辱，耐人細細品味。

知足者富

知足者富，是生活的辯證法。不知足者，雖富猶貧；知足者，雖貧猶富，這並非是一種感覺。

富與貧相對的時候，人們說富，一般有兩種含義。

一是擁有財富。家財萬貫，日進斗金，是富的象徵。

二是擁有知識。學富五車，博學多識，也是富的象徵。

然而，知足者富則不單是說擁有財富、知識或者其他，而包含了人面對擁有心理上的滿足。

其實，人心最難得到滿足，無論是求財還是求知。人爲財死，鳥爲食亡，是批評人貪財不知足的悲劇；生命有限，知識無限，以有限的生命去追求無限的知識，是很危險的事情，是批評人求知而不知足的悲劇。

人的不知足，是社會能夠前行的動力，如果說人面對現實一味知足，那麼，從人獨立爲人的一刻起，就不會進化，人們直到今天，仍然會構木爲巢，茹毛飲血，哪裡還會有現在的

高樓大廈、美味佳肴？更不會有科學的飛速發展和人對自身的改造。人的不知足有它合理的一面。

但人又不能事事不知足，事事不知足，會給生活造成無窮無盡的煩惱，失去生活的和諧安寧。老子說知足者富，是勸人不要因爲欲望得不到滿足而有種種煩惱，面對繽紛多彩的世界，知足的人可以得到很多的安慰。

魯迅先生筆下阿Q的「精神勝利法」是一種常勝的方法，自己窮得瘦骨伶仃，對比他富的人說一句：「我們先前——比你闊得多啦！你算什麼東西！」於是得到了精神上的滿足。閒人們打了他，把他的腦袋在牆壁上碰得山響，他無奈地站著想了一下，想到「總算是被兒子打了」，同樣地有了精神上的滿足。

知足者富，精神上的富足是很重要的一面。而且，關鍵是富足者怎麼看待外部世界，怎樣看待自我。以財富爲富與以知識爲富不可同語，以大量擁有爲富與淺嘗爲富不可並說。知足者富是對生活現狀的絕對滿足，包含了現在勝於從前。

人的生存需要導致心理上的滿足是建立在一定的物質基礎上的，而不是空乏的知足。不過，知足應該從兩方面看，一是對物質生活的追求，能夠達到溫飽安逸就可以知足，不必求豪華奢侈；二是對知識的追求，不應輕易知足，既然學海無涯，求知也就沒有止境，以使社會生活日臻盡善盡美。

知足常足

老子教人知足，說不知足會遭禍，不知足的人在他不知足的時候，考慮遭禍很少，即使是估量到可能遭禍，也有可能心存僥倖，只看到他想得到的東西，或者說是名利讓他昏頭昏腦，直到遭了禍，才清醒過來，那時候後悔也晚了。

老子很會揣摩人們的心理，知道人的不知足，關鍵是心理上的障礙沒有根除。物欲的誘惑讓人心湧動，總在覺得自己有所不足，免不了生出對名利的種種欲望，並為了達到一定的目的而不遺餘力，那實在是很危險的事情。

莊子在《逍遙遊》裡講述的堯讓天下於許由，許由不願意接受堯的天下，說了一句很知足的話：

鷦鷯巢於深林，不過一枝；偃鼠飲河，不過滿腹。

鷦鷯無求於一枝之外，偃鼠無求於滿腹之外，許由以此為喻，說他對清貧的隱居生活已經很滿足了，還要堯的天下幹什麼呢？

推而廣之，人在社會中，每個人都有自己的位置和相應的生活，也應該像鷦鷯、偃鼠一

樣知足。

常足是一種心理狀態。人之所以會「常足」是因為知足，從不產生對生活的不滿，或者是陶醉於現實生活中，那不是常足又是什麼呢？

常足是一種生存狀態。人總是感到滿足就不會有對現實的謀劃，對前途的憧憬，得過且過，做一天和尚撞一天鐘。

老子的知足常足是把這二者融為一體。從心理狀態到生存狀態，再到心理狀態，如是的過程中，人完成了自我的改造。

然而，人無奢求是很困難的事情，欲壑難填，雖是形容一些性情貪婪的人，但一些普通人的欲望同樣難以滿足，只是程度不一樣而已。正由於人們做不到知足，老子說的知足常足在讓人化解內心的物欲同時，仍然不失心理上的滿足，平心靜氣地面對生活。

人事事抱定知足常足，雖然可以靜心養命，益壽延年，但給自己套上了不易解脫的枷鎖，使人滯留在某一時間、某一空間，不再前行，人類與社會的退化在其中發生。

知足常足內蘊了人的不幸。

禍莫大於不知足

人的心理感受對於生活是很重要的，知足就是一種心理感受。一般說來，知足會有一個前提，物質上的或者精神上的。由於人的欲望永遠難以滿足，所以老子才對人們有「禍莫大於不知足」的忠告。並且相應地說了一句「咎莫大於欲得」。咎也是災禍，欲得不正是不知足嗎?說話簡潔的老子不避語義的重複，強調災禍的發生，有時是在人自己身上，如果能夠把握自己，有些災禍是可以避免的。

可是，人往往不能知足，往往想有所得。道理其實並不複雜，人賴以生存的物質利益把人們團團圍住，引誘人時時衝動。缺乏物質的希望得到物質，具有劣等物質的希望得到優等物質，永遠沒有窮盡。

老子說出的畢竟是一個真理，不知足而招禍的教訓古往今來數不勝數，許多人因不知足丟了性命。

秦王朝著名的丞相李斯，最初和韓非子一道在荀子門下求學。他是一個勤奮而悟性很好的人，一個很平常的小動物引起他的注意，這就是老鼠。他看到了兩種老鼠，一種老鼠生活

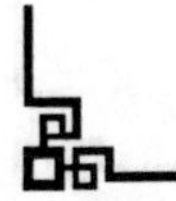

在糧倉裡，吃著精美的食物，住高大寬敞的房子，見了人若無其事。還有一種老鼠生活在廁所裡，吃的東西又髒又臭，住的地方潮濕黑暗，見了人驚慌失措。李斯把它們和人的遭遇聯繫起來，很感慨地說：「人的窮達就像這些老鼠一樣，在於所處的地位。」他實在是不能守窮，在荀子門下坐冷板凳做一輩子學問，認爲人生最大的羞辱是卑賤、最大的悲哀是窮困，學成以後西遊於秦，遊說秦王嬴政獲得成功。

秦王嬴政平定六國，建立了一統的秦王朝，李斯是很大的功臣，也使他官至丞相，盡享榮華富貴，早年的卑賤和窮困一點痕跡都沒有了。按理，李斯應該很滿足，他隨秦始皇巡行天下，不意秦始皇死在沙丘，遺令長子扶蘇繼位。當時扶蘇遠在邊疆，秦始皇的次子胡亥跟著始皇。胡亥的老師趙高見機不可失，鼓動胡亥篡位。趙高說動了胡亥以後，深感這件事情一定要打通丞相李斯這個關節，否則事必不成。李斯開始不從，直到趙高說：「你如果答應了，可以壽比松柏，子子孫孫稱王。如果不答應，就會禍及子孫。」趙高用胡蘿蔔加大棒的手法，使李斯心動，幫助胡亥篡位。

然而，胡亥篡位成功以後，朝廷大權落在趙高手上，李斯想見皇帝都很困難，落得腰斬咸陽、夷滅三族的下場。哪裡還有什麼松柏之壽、子子孫孫世世代代稱王。

李斯上了趙高的當，他要是不爲趙高的利誘所動的話，晚年的生活不會那麼悲慘。他在臨死的時候對兒子說：「我曾想和你一起到上蔡的東門外去打一次獵，再也不可能了！」一

派淒涼。

禍莫大於不知足，人們要能夠悟出其中的眞諦，就不會上演人生的悲劇。

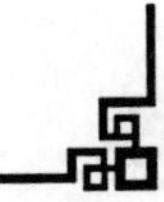

四、捨利避害

不知足是人的天性，避害也是人的天性。

老莊看準人的不知足，教人捨利避害。這不是沒有緣由，不知足的人往往好求名利，得名利的人也容易得災禍，捨利避害就是很正常的現象。

捨利需要人們不好利，見利而爭先恐後，避害唯恐不及是不可能的。

避害，要把生命置於物質利益之上，知得利有害必避，知得利可能有害也必避，心中就會淡漠利，能夠較好地自我保全。

老子、莊子侃侃而談，說名是不能要的，利也是不能要的，能夠要、必須要的是自我的生命。

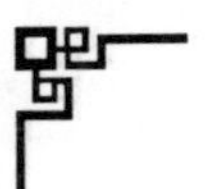

物以利相召，有利則有害

物以利相召，有利則有害，這是人們知道的。只是在生活中，人們往往見利而不知害。《列子》裡有一則笑話：從前，有一個想得到金子的齊國人，一天清晨穿戴得整整齊齊到街上去，逕直走向賣金子的地方，光天化日之下搶了金子就走。被搶的人大聲喊叫，搶金子的齊國人馬上就被抓住了。官吏問道：「人們都在這裡，你搶別人的金子幹什麼呢？」那人說：「我搶金子的時候，只見到金子而沒有看到人。」

人的物欲很難遏制，圖利是一種天性，老莊深知人的這種天性和圖利則妨生，所以一而再、再而三地教人淡泊，不要執著於利祿。莊子講過一則似乎是親身經歷的螳螂捕蟬故事：有一次，莊子在雕陵的一座栗園裏遊玩，看到一隻翅膀寬七尺、眼睛有一寸大的奇異的鳥飛來。這只鳥盯著栗樹上的一隻螳螂，要把那螳螂當作美餐。而螳螂則正聚精會神地捕蟬，沒有注意到身後鳥的威脅。當鳥要捕螳螂的時候，莊子拿著彈弓正準備打那隻鳥。這樣的故事在當時很流行，像莊辛遊說楚襄王，也講了類似的故事。

不過，莊子在欲打鳥的那一剎那間，突然領悟了物以利相召的道理，扔下彈弓而去。沒

有想到看管栗園的人追上來，認為莊子偷了栗園裡的果子，一頓臭罵，把莊子搞得很狼狽。

莊子講這則故事，不是為了說明自己是怎樣不能脫俗，為利吸引。而是以此表現自己是怎樣領悟了有利則有害的道理，可惜不為他人理解。當他欲圖利的時候，沒有人注意到他；當他不圖利的時候，反倒遭了人的責罵，社會上的事情竟然是這個樣子。莊子因此很孤獨、很不快活。

以利相召是普遍的社會現象，人們對利的追求無異於搶金子的齊國人，只見有利而不知有害，這是有點悲哀的。

老子、莊子不希望人們圖利，他們對外在的物質利益一向持堅決的排斥態度，道理只有一個，那就是外物會傷身害性。人的生命重要還是一時的享受重要呢？毫無疑問，人的生命比一時擁有的物質利益重要得多。他的這種思想和老子的少私寡欲思想一脈相承，並且喜歡把話說開，讓人更容易明白他在思考什麼，想告訴人們什麼？

然而，莊子自認為給人們指示的全身避禍之道沒有成為社會生活的一般原則，人的生活不是與利相隔絕，而是與利相交融，包括看起來不是很實在的「名聲」，看人怎樣處世。老莊懷著一腔善意，教導人們在性命與名譽財富之間選擇正確的人生態度，不為利所動。

名譽與生命

名譽據說是個好東西，活著的人要名，因爲名與利是孿生兄弟，有名就有利；人們的物質生活，又與利相關，利厚的人，物質生活就充裕，好名就是很自然的。活著的人要名還有另外一個重要的意義，人的生命不是有限嗎？有想死而不朽的人就說立名，名垂千古，人就可以不朽了。所以，春秋時期在社會上就流行著立德、立功、立言的「三不朽」之說。

於是求名是人生的必然，有幾個人能夠超越？那看破紅塵而超越名利的人，有時又是在以不同於世俗的行爲邀名，還是走到求名的道路上來了。不求名的莊子大概算得一例，他正是以不求名而求得了名，使他的聲名遠揚，這才會有人來請他做官。偏偏他又放著官不做，以清高傲世的姿態看待唾手可得的顯爵，名聲也就更加響亮了。不過，莊子口口聲聲說的是要淡泊名譽。聖人無名，假如要名譽的話，那怎麼能夠成爲聖人呢？

堯想把天下讓給隱士許由，他想了很久，找了一條最充足的理由：自己不配治理天下。於是，堯對許由說：「月亮、太陽出來了，小火把還在那裡點著，小火把的光亮不是太渺小了嗎？莊稼需要雨水的時候，雨水就降落了，人還在那裡澆水灌地，對於自然的潤澤，澆灌

不是太渺小了嗎？許由先生登上帝位，天下就會治理得很好，但我現在把位置占著，自己也感到很不好意思。讓我把天下交給你治理吧。」

許由漫不經心地說：「你治理天下，天下已經治理好了，而要我來代替你，那我不是摘現存的桃子、求得一點虛名嗎？『名』是『實』的客人，那我不是要去做一個客人？你還是回去吧，我要天下幹什麼呢？即使你沒有治理好天下，我也不能夠越俎代庖。」

這是莊子「聖人無名」最著名的故事。

許由不求名，只求自己有一個安穩的生活。要用老子的話發問：名譽與生命哪一個更親？這完全不需要回答。在二者的天平上，許由傾向於生命。

名譽與生命，按照常理是生命高於名譽，沒有生命，名譽對於獲得名譽的人的現實意義是很有限的。它可以影響社會，名垂千古就是對社會的影響，這是另外的話題。

社會生活中，倒置名譽與生命、把名譽看得比生命遠爲貴重的人不少。

捨生取義，就是名譽重於生命最簡潔的表述。一些人對社會道義、眞理或者個人的節操終生不懈怠地追求，完全置生死於度外。求名而得名或者是求名而不得名屢見不鮮。

道家在世俗生活中，說起來好像是無所謂生死，生則生，死則死，一任自然，實際上，把人的生命看得比世間的任何事情都重要。所以，莊子在談論養生的時候，要人做好事不接近名譽，做壞事不接近刑罰，處在刑與名之間以求最大限度地自我保全。其實，他並不是說

人們可以做一點好事，做一點壞事，而是說一點好事不要做，一點壞事也不要做，不求善名，也不求惡名，生命也就不會受到意外的傷害。他步老子的後塵，勸導人們珍惜自己的生命。

社會生活是複雜的，圖名自傷不可取。但以堅實的行爲贏得一定的名譽沒有什麼不可以的，實至名歸也是一種自然。

生命與財富

名譽與生命不能分離，生命與財富亦然。像問名譽與生命哪一個更親近一樣，老子也問了一句：

生命與財富哪一個更貴重？

唐代的柳宗元講過這樣一個故事：

永州的人都很會游泳。一天，湘水暴漲，水流迅急，五、六個永州人乘一條小船渡江。船行到湘江中流，不幸的事情發生了，小船破裂，衆人落水，大家使勁往岸邊游去。有一個男子使出全身力氣往前游，游得十分緩慢。他的同伴說：「你是最會游泳的人，

怎麼掉在後面呢？」

那男子說：「我腰上纏有千金，很沈，游不動。」

同伴說：「爲什麼不把錢扔掉呢？扔掉了人不就輕鬆了？」

那男子不作聲，搖了搖頭。過了一會兒，他更疲倦、更游不動了。

已經游上岸的人們高聲喊道：「你這個人被錢迷了心竅！人都快死了，還要錢幹什麼？」

那男子又搖了搖頭，最後被水淹死了。

這則故事告訴人們兩種不同的生命與財富觀念，一是生命重於財富，寧可扔掉財富也要保全生命。二是財富重於生命，寧可失去生命也不能扔掉財富。柳宗元譏諷後者，說這種人實在是太愚蠢了。

老子、莊子回答生命與財富誰最貴重，自然，生命貴於財富。

韓國和魏國因爲爭奪土地發生戰爭，戰局對韓國很不利，子華子去拜會韓昭僖侯，見他滿臉憂色，於是對他說：「現在如果讓你以手取物，左手取則砍斷右手，右手取則砍斷左手，不過取到物可以享有天下，那你去不去取物而享有天下呢？」

韓昭僖侯說：「那我寧可不要天下，也不用手去取物。」

子華子說：「很好。從這裡來看，人的手比天下還重要，而人的身體比兩手又重要得多，人們就會更看重身體而避免災禍。再說，韓國在天下是微不足道的，而韓國與魏國爭奪

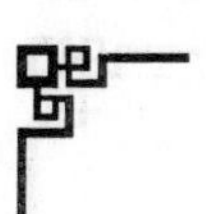

的土地又比韓國小得多，奪取了這點土地就會傷害自己，你願意去幹嗎？」

韓昭僖侯很高興地說：「勸我的人很多，但我從來沒有聽到過這樣的話，子華子眞是善於權衡輕重。」

子華子的善於權衡輕重，是在財富與生命之間的抉擇。天下的財富再重，也重不過人的生命，也就是說，人自我的生命是人必取的最大利益，捨生命而取其他那是很不值得的。所以顏闔寧可放牛也不願意做官。當魯國的使者攜重金請他去做官的時候，他詐稱你們回去核對一下請的是不是我，如果弄錯了，那你們就會受到處罰。待使者回去核實再轉來請顏闔，顏闔已經不知道上哪裡去了。顏闔並非不知道人生的富貴，但他無意於富貴，同樣是權衡了利益的輕重，得富貴將妨生害性，那有什麼必要求富貴呢？

用隨侯之珠作彈丸去打天空中的飛鳥，哪一個人都知道不行，道理很簡單，用這樣昂貴的珍珠換取值不了幾個錢的小鳥，實在是太不划算。

人們知道這樣權衡世間的事物，但在權衡的時候，往往把自己置身於事物之外，或者是只算計自己會得到多少，而不論自己會失去多少，甚至是把自我的生命看得比所要求取的事物還要輕，這當然是人的過失。莊子也曾探究歷史，他說周王朝的祖先從邠地遷都岐山之下，是因爲狄人侵擾，古公亶父送獸皮、布帛，犬馬、珠玉給狄人，以換取和平，狄人不肯，只要土地，古公亶父說：只要你們不蹂躪百姓，要土地給你們土地好了。還對百姓說，

做我的臣子和做狄人的臣子沒有什麼區別，你們就安安心心地在這裡好了。然而由於他重生，百姓戀戀不捨，跟著他遷到岐山之下，爲周王朝的形成打下了基礎。

在莊子的天平上，無論在什麼時候，生命的一頭都高於另一頭，這成爲他思考問題的基本出發點。儘管天下物欲橫流，但他的心不爲所動，並且希望人們都不爲所動。

如果人貪財富，不也會自取滅亡嗎？生活中，一些人貪財喪命。或者是自喪性命，或者是違法受到制裁，落得唐太宗說的腹飽而身斃的下場。

獲得與喪失

獲得與喪失是辯證的統一，有得方有失，有失方有得。

生活中顧此失彼，或者說魚與熊掌不可兼得的事情常有，取魚則失熊掌，取熊掌則失魚。

得是不是就是福？

失是不是就是禍？

老子說，禍福相倚，禍中有福，福中有禍；禍可以轉化爲福，福可以轉化爲禍。那麼，

得就不一定是福，失就不一定是禍。

得與失是福是禍，讓人說不清楚。

老子和莊子心裡是透亮的，他們總說人應該寡欲，應該無欲，既然這樣，面臨有所得的時候，不會去追求必得。老子和莊子對這個問題的處理不一樣，老子同時勸人以退為進，而莊子則說不建立功業，就無所得了。他把這稱為「神人無功」。

莊子這樣描繪神人：

藐姑射山上的神人，皮膚潔白，風姿綽約，不食五穀，吸風飲露，乘雲氣，駕飛龍，在四海之外遨遊。他不為外物所傷，大水漫到天上，也淹不了他；大旱使金屬、石頭熔化了，他卻不感到熱。這種人身上的塵垢可以塑造出堯、舜一樣的聖賢，但他們不願參與管理天下的事務，無意建立功業。

莊子賦與神人這樣的偉力，讓有偉力的神人絕對地超越了世俗。

生活是一個謎，有的時候，有所得引發的是有所失，而且所失會比所得更大。春秋時虞國的國君得晉國的寶馬和玉璧，最後不僅把寶馬、玉璧還給了晉國，連整個國家都成了晉國的囊中之物。揀了芝麻，丟了西瓜就是這種情形。相反，也有扔芝麻，撿西瓜這樣的美事。破譯這個謎是困難的，天時、地利、人和，無時不在，無處不有，就看善用不善用。善用，失小而得大；不善用，失大而得小。

人們既然是要捨利避害，理應不求所得，因爲所得非名即利，得了名利妨害了生命，得還不如不得。

無所得也就無所失，無所失則無所害，算得與失的賬，按老莊的理論，立足點應該是能不能自我保全。老子和莊子很想人人自全，安享天年，不把世俗孜孜追求的名利看在眼裡。

五、禍福相倚

禍福不並生，禍中有福，福中有禍是人習知的道理。

求福而避禍是人的嚮往，嚮往是一回事，是否真的能夠求福得福、避禍免禍是另一回事。這不是說福不可求，禍不可避，而是禍與福有它們自身的運行規律，不是人們能夠完全認識或者是及時認識，使禍與福常常不期而至，故有「天有不測風雲，人有旦夕禍福」之說。

人們希望遭遇幸福，沒有人希望遭遇禍患，幸福不招而至自然是好事，它讓人有意外的驚喜；而禍患則使人身陷困境，手足無措。

在幸福之中發現災禍的隱患和在禍患之中發現幸福的萌芽，應該是人的自覺意識。但人們在幸福的時候容易陶醉，忽略災禍的隱患；在禍患之中的時候容易消沈，不去探尋禍患中存在的希望。

禍福相倚是永恒的，人求福而避禍也是永恒的。無論在什麼情況下，人要善於求福，也要善於避禍。

禍中有福

禍患對人的打擊是實在的，會使一些人難以承受，一蹶不振，但意志堅強的人應該正視禍患，從禍患中深刻地總結人生，重新站立起來。這不是奢談，人一帆風順、平步青雲的現象是有的，但大多要經歷坎坷，遭遇禍患。

遭遇禍患，當然不妙，禍患中有幸福也是眞的。

禍患是人造就的，幸福也是人造就的。

人遭了禍患會心存恐懼，心存恐懼就行爲端正，行爲端正則思慮成熟，思慮成熟辦事就在理；行爲端正就沒有禍患，沒有禍患就可以享受天年；辦事就一定會成功，享受天年就健康長壽；一個人成功後就有了富貴，健康長壽而有富貴這不是福是什麼呢？韓非子如是說。

禍患可以教育人，使人反思自己的人生行爲，糾正偏斜，歸於正道，從此像韓非子說的那樣，不僅使禍患不再發生，而且從禍患走向人生的幸福之途。或者事業成功，或者健康長壽，或者二者兼備。

人生的禍患有時並不是一個人本來應該承受的。每一個人都會受制於人，一旦激起大權

在握者的不滿，於是禍殃就突然而至。

前面說過，司馬遷爲李陵兵敗投降匈奴辯護，被處以宮刑，遭了他自己認爲的人生最大災禍。然而他是一個很有抱負的人，在人生的災禍中，他想到死，一轉念，就這樣死了，就像九牛亡一毛，死得一點意義都沒有，況且人生應該追求死得重於泰山。於是他在災禍中忍受著羞辱，堅持完成了名垂千古的《史記》，使他有了最成功的人生。

這種情形並非是偶然的，司馬遷反思人生，在是忍辱苟活還是以死洗刷自我的人生羞辱的關口上，他想到西伯囚禁在監獄裡推演了《周易》，孔子困於陳國、蔡國而修訂了《春秋》，屈原在流放中寫了《離騷》等等，都是在災禍中發憤有爲，在文化史上爲自己樹起了一座巨碑。這不是禍中之福嗎，如果他們不遭禍，這些不朽的著作也許不會產生，不會和他們的名字聯繫在一起。

同時，人生會有與生俱來的或者是重大疾病使人處在禍患之中。這使那些不消沈的殘疾人更加沈靜、專注地從事某一種工作，奧斯特洛夫斯基、張海迪都是在身體殘疾的情況下，比一般的作家更靜心地從事文學創作，在文壇上獲得了巨大的成功。

禍中有福，遠不限於上述這些。只說是當災禍降臨的時候，看人們怎樣正確對待災禍，從災禍中重新發現自我的人生價值，尋找合適的人生道路。幸福是可以發現的，看人們是不是有一雙發現幸福的眼睛。

話說回來，老子、莊子重視全身避禍，禍中有福，其實能夠從災禍中吸取教訓，避免災禍的又一次發生，平平安安就是福。

福中有禍

與禍中有福相照應，福中也有禍。

韓非子也解說過「福兮禍之所伏」：人有福就有富貴，有富貴就錦衣玉食，錦衣玉食就生驕淫之心，生了驕淫之心就行爲邪僻、動則背理；行爲邪僻生命就容易夭折，處事背理就很少能夠取得成功。一個人內有生命之患，外無成功之名，就是最大的災禍。這樣一來，福中不是有禍嗎？

說幸福是一種感受，本來不錯。人們不論處在怎樣的生活環境中，享受著怎樣的生活，可以在相互比較中覺得自己生活的幸福，包括物質生活貧乏的人，精神生活的滿足也會有幸福感。老子說的福中有禍，福是生活的享受。韓非子的解說就有道理。

說幸福是享受，也不錯。物質利益的豐厚使有的人衣食不愁是一種幸福，但不同於超越一般物質要求的富貴的幸福。福中有禍，後者比前者更厲害。

富貴對於人永遠充滿了誘惑，舒適安逸是人本能的要求，對物質利益的追求和消費應該有理智的制約，而不是放縱自己的性情。有的人沈溺於幸福中讓幸福侵蝕自己而不覺得，在很大的程度上就是放縱性情所致，使得他的幸福隱含著災禍。

前面說到的秦二世是最典型的例子。他篡權做了皇帝以後，盡耳目所好，窮心志之樂，以此安定天下。他所謂的安定天下之術，實際上是自我享樂之術。他不理朝政，把國家大事全交給奸臣趙高。結果被趙高殺死，把自己的性命丟在享樂中了，不僅上演了自我的人生悲劇，而且把秦王朝也葬送了。福中有禍，秦二世享了天下最大的福，也遭了天下最大的災禍。

福中有禍不光是如此，優裕的物質生活對人身體的傷害也是福中之禍。

西漢的枚乘曾經爲患病的楚太子尋找病因說：

放縱聲色的快樂，貪圖身體的安逸，就會傷血脈的調合。

進門是車子，出門也是車子，時間長了就會使兩腳痲痹難以行走。

幽深、清涼的宮室，是感寒受熱的媒介。

美酒佳肴，是腐爛腸子的藥物。

楚太子就是享受得太多，以致於肌體乏力，精神消散，難以支撐。長此以往，性命就難保了。

人有福要能夠知福，知道福從哪裡來，享福過了頭會有什麼危害，這樣才能較好地把握自我的人生。

禍福相倚

禍中有福，福中有禍，二者難分難捨，就像莊子說的，生存中蘊涵了死亡，死亡時又蘊育著生存；可以中有不可以，不可以時又含有可以。

禍福相倚，互相轉化。禍是福的起點，也可能是福的終點。同樣，福是禍的起點，也可能是禍的終點。

莊子不像老子那樣有禍與福關係的格言，但他給人們講述了一則福與禍轉化的故事。

子綦有八個兒子。一天，他請來有名的相面師九方歅，然後把八個兒子叫到跟前，請九方歅為他們看相。並說：「你看誰的福氣最好。」

九方歅看了以後說：「梱的福氣最好。」

子綦很高興地問：「他的福氣好在哪裡呢？」

九方歅說：「他將一輩子和國君同食，這不是很好的福氣嗎？」

子綦聽到這裡，兩眼淚下：「我的兒子怎麼會得到這樣的待遇呢？」

九方歅不解地說：「你兒子和國君同食，恩澤將延及三族，更不用說父母親了。像你這樣傷心，看來是不想要你兒子有福氣了。」

不久，梱就到朝廷做了官，眞的和國君同食，自在地享受酒肉。

過了一段時間，他出使燕國，不料半道被強盜抓住了。強盜想把他賣掉換幾個錢用，擔心他會跑掉，就把他的腳砍斷賣到了齊國。強盜賣梱的那一天，剛巧遇上一個名叫渠公的有錢人上街，就把他買了回去。梱一輩子沒有少過酒肉。

因福得禍，因禍又得福。

莊子對梱這樣的福氣很不以爲然，讓子綦站出來說：「我和兒子在天地間遊玩，求樂於天，求食於地，隨順自然而不建功立業，不違背、滯留於外物，這樣就很好了。如今他的福氣哪裡是什麼福氣呢？所以你九方歅說他有福，反使我聽了流淚。」

酒肉的福份是世俗的東西，怎麼會有超世俗的、自然的東西美妙呢？最理想的是順應自然。儘管梱有福遭了禍，因禍又得了福。

福與禍是世俗的標準，要超世俗需要有一條途徑。莊子既然批評世俗之福，也就會爲人們找到這條途徑，果然，他要人們忘卻自我，忘卻了自我，福就降臨了。

莊子講了徐無鬼的故事。

忘身是福

徐無鬼通過女商去拜會魏武侯。

魏武侯看到徐無鬼很憔悴的樣子，說道：「先生是不是耐不住山林清苦貧寒的生活才來見我呢？你眞是太可憐了，在山林裡吃野果子、野草野菜，年紀這麼大了，是不是想吃肉了呢？」

徐無鬼說：「君王不要安慰我，我生於貧賤，過慣了清寒的生活，那裡會巴望品嘗君王這裡的酒肉呢？我是來慰問你的。」

魏武侯奇怪了：「怎麼？你還來慰問我？我有什麼需要你慰問的呢？」

徐無鬼說：「我來慰問你的精神和形體。」

魏武侯一怔。

徐無鬼說：「你生活的欲望太強烈，一心滿足自己的嗜好，使你精神疲憊不堪。如果你廢棄了自己的嗜好，又沒有什麼厭惡之情，那麼身體就會困乏。再說，你身爲一國之主，勞苦全國百姓，滿足自己的聲色之好。像你這樣爲個人謀私利就是一種病態，所以，我來慰問

你，哪裡要你慰問我呢？」

魏武侯什麼話都說不出來，只是專注地聽著。

徐無鬼說：「以我相狗和相馬打比方吧！我爲狗看相，下等狗吃飽肚子，意得志滿；中等狗凝視上方，志向遠大；上等狗靜靜的，好像忘掉了自我。我的相馬術比相狗術還要高明，國馬的形體直的合乎墨線，彎的合乎曲線，方的合乎矩，圓的合乎規；天下之馬有天生之才，若亡若失，仿佛忘掉了自身。它奔跑起來，超逸絕塵，一下子就不知道跑到那裡去了。」

魏武侯十分高興，問徐無鬼道：「我愛百姓而爲道義停止戰爭可不可以呢？」

徐無鬼說：「不行！愛百姓是害百姓的開始，爲道義停止戰爭是製造戰爭的根本。你想施行仁義，不過是弄虛作假；你想成就美名，美名還沒有成就反而製造了罪惡。你不要懷貪婪之心去追求，不要用智巧去勝人，不要用謀略去勝人，不要用戰爭去勝人，以免勞形苦身。而且，你用道義停止戰爭，還不如修養性情，順應自然，這樣戰爭停止了，自己沒有災禍，百姓也沒有苦難了。」

徐無鬼論福，以狗、馬之喻表明，有福的最高的境界不是美味佳肴，而是忘卻自我。人忘卻了自我，沒有任何的欲望，也就不會有精神和身體的勞苦。即使清寒，也是一種幸福。

忘身是福，是要人無所作爲，順應自然，似乎只要這樣做，人就可以擺脫一切災禍。其

實，這只是一廂情願，蟬順應自然，而有螳螂之患，如是的情形總會發生，不以忘身者的意願爲轉移。

避禍於未萌

莊子說的忘身是福在他看來是人生的佳境。這種境界不過是無所謂福與禍的自我表白。一個人連自身都不在乎了，還會在乎福與禍嗎？福也就是禍，禍也就是福，心裡不會爲此產生一點小小的波瀾。

然而，老子、莊子畢竟是處在社會生活之中，一任生死說起來容易，做起來並不容易。他們對於死看得很淡，死是順應自然而死，沒有什麼值得悲哀的。但對於生看得很重，活著比死好得多，莊子不就說死後受人尊重還不如貧寒、孤獨地活著。所以，忘身是福只是自我開導的清談，在世俗中很難做到。爲了生命，人還是應該避禍。老子說：

事物穩定時，容易維持。

事物未萌時，容易處置。

事物脆弱時，容易分化。

事物細微時，容易消散。

這些教人防患於未然，是很實在的避禍之道。千里之堤，潰於蟻穴，蟻穴雖小，不能不引起足夠的重視。

有一個人到朋友家作客，見灶上砌有筆直的煙囪，灶旁堆積了許多柴草，就對主人說：「你最好把煙囪改造一下，把筆直的煙囪砌成彎曲的，把灶旁的柴草搬遠一些，不然的話，會引起火災。」他的朋友聽了，不以爲然。

不久，這戶人家果然因爲筆直的煙囪和柴草的堆積引起火災，不僅把他家燒了，而且還把一些前來救火的人給燒傷了，帶來一場大禍。事後又宰牛辦酒，感謝那些前來救火的人們，破費了很多。

如果他聽從了那位朋友的意見，在有災禍萌芽的時候，立即採取措施，就不會有後來的那場災難了。

扁鵲見蔡桓公說的也是這個道理。

扁鵲見蔡桓公，他端詳了一會兒，對蔡桓公說：「您皮膚下有病，不治療病會深入。」蔡桓公說：「我身體好著呢！哪裡有什麼病？」扁鵲不好說什麼，告辭而去。蔡桓公望著扁鵲的背影，對左右的人說：「醫生喜歡給那些沒有病的人看病，作爲他們的功勞。」

過了十天，扁鵲再去見蔡桓公，對蔡桓公說：「您的病到了肌肉裡，不治的話，病會更

嚴重。」蔡桓公不作聲，露出滿臉不高興的神情。

過了十天，扁鵲又去見蔡桓公，對蔡桓公說：「您的病已經病到了腸胃，不治病會更重。」蔡桓公看了看扁鵲，一句話都不說，心裡仍然是很不高興。

過了十天，扁鵲見到蔡桓公轉身就跑，蔡桓公派人追上去問他是爲什麼，扁鵲說：「病在皮膚下藥物可以治療，病在肌肉針石可以治療，病在腸胃湯火可以治療，現在蔡桓公病入骨髓，只能聽天由命，無藥可治了。」

不久，蔡桓公病發而死。

人生會遭逢各種各樣的事情，福與禍的不期而至是幸與不幸的，人們對福隨時敞開自己的大門，而期望拒災禍於門外。

福與禍都事出有因，災禍也有徵兆，只要細心觀察生活，愼重處理事務，有理、有節，就可以盡可能地避禍。

六、道的修煉

老子和莊子注重人的修養，告訴人們應該怎樣做人，怎樣處世，最根本的還是要人們具有「道」的精神，人們一旦得了道，做人與處世的問題就迎刃而解了。

道的修煉，涉及到環境和人心性的改造，老莊很想改變人的生存條件，主要是人爲導致生存條件的惡化。但他們更注重的是人心性的改造，如果人的心性得到了改造，人的生存條件自然會相應地得到改善。尤其是莊子，喋喋不休地講述「道」的修養方法，諸如持守內心的心養、心齋、坐忘。

人得了道，就與社會相隔膜，回到人本性的自然狀態，少了各種矛盾和煩惱，可以靜心養命。

人得了道，就與人群相隔膜，回到人的個體狀態，自由自得，仿佛居於無窮無盡的時空之中。

人人修煉心性，人人得道，社會就會太平。

注重個人修養的老莊，眼睛還是看著社會。他們這樣設計人生，津津樂道，讓人們漸修

頓悟道的精神，卻因爲遠離了人的生活現實成爲玄虛迂腐之論，自己並沒有覺察。

修道得道

老子和莊子總在說「道」，希望人們得「道」。雖說他們對「道」的形態的表述模糊模糊，但給人們指示的修煉得「道」的途徑則是比較清楚的，以期人們可以通過這條途徑，進入理想的社會，享有美好的人生。

南伯子葵曾經問女偊道：「你年紀這麼老了，臉色卻像小孩子的臉色一樣紅潤，這是爲什麼呢？」

女偊說：「我得了道。」

南伯子葵有些奇怪地說：「道難道是可以學習的嗎？」

女偊說：「你不是學道的人，不能夠得道。卜梁倚有聖人之才而無聖人之道，我有聖人之道而無聖人之才，用我所知的聖人之道教育有聖人之才的卜梁倚，大概可以使他成爲聖人。即使是他不能夠成爲聖人，也是容易領悟聖人之道的。」

他停頓了一下，喝了口水，接著說：「想得聖人之道，就是要持守人的內心。持守三天

以後，遺忘天下。已經遺忘了天下，再持守七天，遺忘外在的事物了；繼續持守，九天以後能夠遺忘生死了。遺忘生死就可以心境明澈，然後能感悟到『道』，悟了『道』人就超越了現實的時間和空間，進入無窮、無所謂生死境界中。到了這個境界，人可以說是得道了。」

得道表面上顯得不太複雜，只要能夠持守自我的內心也就行了。而且，三天忘天下，七天忘外物，九天忘生死，時間的流程也是這樣短暫。實際上則比這困難得多。人在天地萬物構成的社會裡，在生的喜悅和死的憂患之中，並不可能說超越就超越。儘管莊子說的三天、七天、九天只是象徵，易於鼓動人們真的把修「道」以得「道」付諸實踐。

道的修煉是人內在的功夫，老子說的絕聖棄智、少私寡欲，哪一點不是要人從自我內在品性的修養做起呢？莊子雖然比老子說得具體，但他並沒有能夠脫離老子思想的精髓，遺忘天下、遺忘外物、遺忘生死，最根本的還是絕聖棄智，人能夠絕聖棄智，一切將被遺忘。

莊子也講絕聖棄智，不過是發展老子的思想而已。他在推演老子這一思想的時候，不止一次地走向修「道」以得「道」的極致。「道」是可得的，關鍵是人有沒有決心和毅力，能不能夠保持趨「道」的平靜心態。

消極的老子和莊子在這一個問題上表現得相當的積極，他們有明確的目的和良苦的用心，不厭其煩地向人們宣揚自己的修「道」理論，也顧不上自己行爲與思想的背離。莊子除了講述這則故事以申明自己的理論之外，還有「心齋」、「坐忘」之說，也是修煉以得「道」

之術。

窮不失道

莊子的日子很不好過大概是眞的，宋國人曹商曾經嘲笑他依靠編織草鞋生活，把自己搞得面黃肌瘦。而莊子在沒有飯吃的時候，曾向監河侯借糧食；他去拜訪梁惠王的時候，穿的是打了補丁的衣服，連梁惠王都有點看不過眼。

窮有窮的活法，莊子很少直接說自己，常講過窮日子的故事。

孔子的弟子原憲在魯國的時候，生活實在是很苦。他住在四周是牆、大小不過一平方丈的小房子裡，房頂上蓋的是新割下來的茅草，用柴草編成的門也是破破爛爛的，並用破瓦罐做成窗戶，下起雨來，外面大下，房裡小下。原憲一點都不在意，在這破爛狹小的房子裡坐得端端正正的彈琴唱歌。

原憲的同學子貢穿著華麗的衣服、駕著華貴的車子去看他。但原憲住的小巷子連車子都進不去，他只好騎了高頭大馬進巷子見原憲。原憲戴著破帽子、穿著破鞋子，拄著拐杖站在門口。

子貢沒有想到原憲是這個模樣，很感慨地說：「先生怎麼病得這個樣子呢？」原憲說：「你可別弄錯了，沒有財富叫做貧，學而不能行叫做病。現在的我不過是貧，而不是病。」他這一說把子貢搞得不好意思，原憲又說了：「趨時附世，交朋結友，學一點東西就四處炫耀，教育別人也是爲了表現自己；用仁義作晃子幹些奸邪的事情，講究生活的奢華，這是我原憲不願意幹的。」

原憲顯然是話中有話，說你子貢幹的事情，是我原憲根本不願意幹的，你幹嘛到我這裡來炫耀呢？

本想接濟原憲的子貢進退兩難。

在求道和求生二者之間，莊子把維繫生命的物質生活看得很無所謂，貧窮一點甚至是貧窮不堪有什麼關係呢？關鍵是不能失去所追求的道。他說曾子在衛國的時候也是很窮，衣服破爛，十年不做一件新衣服。莊子用了至今在社會上流傳的三個詞形容曾子的窘況：正冠纓絕、捉襟見肘、納履踵決——把帽子戴正，帽帶子就斷了；把衣襟拉一拉，臂肘就露出來了；把鞋子一穿上，腳後跟就露出來了。這樣窮困的生活使曾子雙臉浮腫，手腳生繭。但他唱起歌來，清脆悅耳，聲滿天地，天子不能使他爲臣，諸侯不能使他爲友。

所以，莊子歸結爲養心志的人忘了形骸，養身體的人忘了利祿，求道的人忘了自我。

修道與貧窮相伴，寧可貧窮也不能失道。這與莊子的戀生似乎存在矛盾，但得道又是他

的生存之術，所以，官是不願意做的，只要有田足以種莊稼自食、有地足以種桑麻自織、有琴瑟彈奏足以自娛就行了。

心齋

老子只是抽象地說人應該返樸歸真，返樸歸真的道路是人逐漸地使自己少私寡欲、無知無欲。莊子則說：人應該「心齋」，自我完成心靈的修煉。可他並不直接告訴人們怎樣做，假託孔子和他得意的弟子顏回的一番對話，慢條斯理地談論人修煉的關鍵是什麼。

顏回要到衛國去，臨行前拜會孔子。

孔子問道：「顏回，你去衛國幹什麼呢？」

顏回畢恭畢敬地回答：「我聽說衛國的國君年輕專斷，草菅人命，隨隨便便處理國家事務，有過失而不知道自己的過失，使老百姓無家可歸。老師不是教導弟子不要呆在治理得很好的國家，而要去社會混亂的國家嗎？我就是想遵照老師的教導，去治理衛國，使衛國恢復正常。」

孔子微微地一笑，說道：「你去衛國恐怕連自己的命都保不住，更不用說治理衛國。人

的思想要純正，思想純正才會避免憂患，才能夠幫助別人。可你的修養沒有到家，怎麼能夠到暴君那裡去推行自己的思想主張呢？衛國的國君如果好賢，不需你去幫助治理衛國；衛國的國君如果不好賢，你去治理衛國，他會使你就範；如果你要強行進言，那你很快就會死在衛國國君的面前。從前，夏桀殺了賢臣關龍逢，商紂殺了賢臣比干。關龍逢、比干是你知道的，他們注意自我道德的修養，愛撫百姓，在百姓中享有名望而冒犯了君主，終因好名遭了殃。再說，唐堯攻打叢枝、胥敖，夏禹攻打有扈，這三個小國家國滅民亡，國君自己也死於戰爭。就是因爲他們好戰，貪圖利益。現在你到衛國去，是想求名還是想求利呢？無論是求名還是求利，都是會丟性命的事。好吧，我不嘮叨了，談一談你治理衛國的辦法吧！」

顏回說：「我行爲端正謙遜，勤奮專一，這樣該可以吧？」

孔子說：「那怎麼行呢？衛國的國君暴虐放縱，不是你這樣可以感化的，你的主張也就得不到實行。」

顏回說：「我內心正直，外表柔順附合。內心正直是與自然爲同道，那麼和衛國的國君都是上天的子民，不管別人怎樣對我，我的童心不變。外表柔順附合則與世人是同類，別人怎麼做，我也怎麼做。況且我還引古人爲同類，以古人之道行於當今之世，我所做的是古已有之的事，我正直而行也就不會受到傷害。這樣該可以了吧？」

孔子說：「這怎麼可以？你要去糾正別人使用辦法太多，卻不一定合適。雖然可以使自

己免於災禍，但起不到感化衛國國君的作用。」

顏回露出滿臉的無奈神色，對孔子說：「我再就沒有辦法了。請老師指教。」

孔子說：「你要有心去做的話，那就齋戒吧。」

顏回說：「我家裡很窮，有幾個月沒有喝酒，沒有吃肉了。這是不是齋戒呢？」

孔子說：「這是祭祀之齋，而不是『心齋』。」

於是，顏回向孔子請教什麼是『心齋』？

孔子說：「你心存專一，不用耳去聽而用心去感受，進而不用心而用虛無空明的意去感受，虛無空明也就是『道』的所在，也就是心齋。」

顏回的悟性很好，聽了這話以後說：「沒有聽到老師教誨以前，我始終擺不脫自我；聽了老師的話以後，我就進入忘我境界了，這算不算是達到『心齋』了呢？」

孔子頓時高興起來，說顏回這才對了，能夠做到這一點，鬼神都會來依附你，何況人呢？

莊子的「心齋」術，是通向「道」最直捷的途徑。在孔子教誨顏回的過程中，莊子把孔子塑造成了循循善誘的師長形象。而修「道」很有一點像佛教的「放下屠刀，立地成佛」式的頓悟一樣，一悟出「道」的道理，就得了「道」。他爲人設想的治國方略，也就只有兩個字：無爲。至於「無爲」能不能感化百姓、治理好國家，那是莊子自己也不能夠眞正明白

的。

這裡儘管是以治國之道說「心齋」之術，但他指明治國要在修身，完成自我的修養才會有治理國家的成功，可見治國以修身爲基礎。

坐忘

和「心齋」相應，莊子的修養方法，還有很重要的一點，這就是「坐忘」。很有趣的是，「坐忘」道理的闡述，莊子也借重了孔子和顏回。

有一次，顏回去見孔子，對孔子說：「老師，我最近有長進了。」

孔子問：「你有什麼長進呢？」

顏回答道：「我忘掉了仁義。」

孔子很高興：「好。但還不夠。」

過了幾天，顏回又來見孔子說：「老師，我又進步了。」

孔子問道：「什麼地方進步了？」

顏回說：「我忘掉了禮樂。」

孔子說：「好。但還不夠。」

又過了幾天，顏回來見孔子，一開口還是那句話：「老師，我進步了。」

孔子仍像往常一樣，詢問他進步在哪裡。顏回說：「我坐忘了。」

這一次連孔子都有些不明白，問道：「坐忘是什麼意思呢？」

顏回告訴老師：「遺忘肢體，捨棄聰明才智，與自然相通，這就是坐忘。」

他的話要言不繁，把孔子也弄得激動起來，說道：「你這樣就好了，與萬物同一就沒有偏愛，隨萬物變化就不滯於常理，連我都想步你的後塵了。」

這一段對話看似簡單，其實蘊涵了莊子非常重要的思想。所謂的「坐忘」，說得更簡潔一些，就是《逍遙遊》裡「至人無己」的「無己」。「無己」的忘卻自我，首先就得忘卻一切外在的事物，包括了顏回這裡說的仁義、禮樂。顏回說遺忘肢體、捨棄聰明才智的時候，用了兩個詞，一是「墮肢體」的「墮」，一是「黜聰明」的「黜」，「墮」的毀壞和「黜」的廢除，讓人有點毛骨聳然，不寒而慄。在這些地方，平和的莊子也有些偏激。

莊子「坐忘」境界的達到是一個漸進的過程，先忘仁義、再忘禮樂是一個象徵，人外在的和內在的東西就是這樣一點點被割捨的。顏回說忘仁義、又說忘禮樂，是他自身的作用。莊子太看重人的修身以得道，這和女偊得「道」之說中的忘天下、忘外物、忘生死在本質上是相近的。

同時，莊子在「坐忘」裡所說「坐」，表明莊子的修「道」重在靜養，後來佛學禪宗的打坐靜修和它有點相類似。這當然是很好、很簡便的修煉方法，只要想得「道」的人，可以隨時隨地自我操作，只看人有沒有修「道」以得「道」之心，有沒有修道以得道的韌性。

坐忘，坐而能忘，「道」的境界就達到了。

超越形骸

莊子對人生命的注重，足以讓人明白他的人生觀。他有時視生命為至高無上，沒有什麼可以超越。有時他又說，人還有比生命更重要的東西存在。

魯國的叔山無趾遭受了砍斷腳趾的刑罰，用腳後跟走路去見孔子。

孔子知道他受過刑罰，對他說：「你行為太不謹慎才遭了這樣的災難，現在才向我請教，已經來不及了。」

叔山無趾說：「我不識時務而處事輕率，才會被砍斷腳趾。現在我到你這裡來，是因為有比腳趾更重要的東西存在，我想的是保全它。蒼天沒有什麼不覆蓋，大地沒有什麼不運載，我把你視為天地，是認為你有天地那樣博大的胸懷。但你的話實在讓我失望，我沒有想

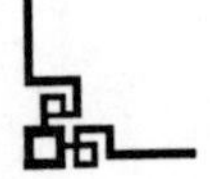

到你老先生是一個這樣淺薄、狹隘的人。」說完，一丟手就走了。

這把孔子搞得滿臉羞愧，對自己的弟子說：「你們努力吧！像叔山無趾這樣的人，努力學習以糾正以前的錯誤，何況是德行和身體都沒有什麼缺憾的人呢？」儘管孔子這樣謙遜，叔山無趾對他的表現還是很不滿意，說孔子沒有達到聖人的境界，還在以名聲傳揚天下，卻不知道名聲是人的枷鎖。

孔子從叔山無趾的行為中感悟出來的進德修業精神成為他激勵弟子們的動力，但他進德修業的內涵和叔山無趾所要保全的道德不一樣，孔子修道而求名，叔山無趾修道則是以名為枷鎖的。

叔山無趾所要保全的道德，其實是莊子主張的「道」。「道」化生萬物，那麼，「道」不是比人的身體更重要嗎？

「道」居於人的形體之上，「道」的魅力遠遠大於人形體的魅力。

衛國的醜男子哀駘它醜得驚駭天下，他不以醜貌吸引人，而以所懷的「道」使男男女女趨之若鶩。男孩子見了他不願離去，女孩子見了他，紛紛請示父母，最好能夠嫁給他。

母豬死了，一群小豬還在吃著它的乳汁。莊子說，小豬喜歡的不是母豬的形體，而是母豬的精神。

精神超越形體。

魚相交於水，人相交於道。既然如此，人與人的忘形之交是自然的。忘形之交超越的不僅是形體的羈絆，而且超越了一切外在之物。

人得道則超越形骸，就進入自由的境地了。

七、虛靜功力

莊子的邏輯：自然運行而不積壓，才有了萬物的生長。萬物生長是處於一種安靜的狀態，而聖人有聖人的清靜。萬物的清靜與聖人的清靜相通，後者因前者內心不會受到騷擾，萬物的恬淡、寂寞、虛靜、無爲，同時是聖人心態的最佳境界。按他的理論推導：聖人在這一境界之上，有了空明，空明就充實，充實就完備；有了空明就清靜，清靜則運動，運動則有所得；清靜就無爲，無爲就各守其責，人也就可以安逸、長壽了。他甚至誇張能夠明白這個道理的人，就可以做一個像堯那樣的君主，做一個像舜那樣的大臣。

恬淡、寂寞、虛靜、無爲四位一體，他重虛靜並不亞於重無爲，如果無爲可以抵達虛靜，如果虛靜也可以抵達無爲，但虛靜畢竟不能夠等同於無爲，它有自己的含義和魅力。虛則靜，靜則可以成聖；虛則靜，靜則可以稱王，宛如老子說的「不欲以靜，天下將自定。」稱王所得到的尊崇是有爲的最高境界，這是通過無爲得到實現的，人與物的和諧，最終具有的是人與人的和諧。而人與人的和諧莊子稱爲「人樂」，人與自然的和諧，莊子稱爲「天樂」。

天樂是超人的，能夠得天樂的人，生死渾同於自然，生是自然的運動，死是自然的變化。天地之間陰陽二氣運行，得了天樂的人，靜則合於陰，動則合於陽，無蒼天怨艾，無世人非難，無外物拖累，無鬼神呵責。心神寧靜專一，推及天地，通達萬物，不重養育天下而養育了天下。

當人通過與自然的和諧達到人與人的和諧時，所謂的人樂，就失去了莊子本來的意義，享受的是天樂。這一切得力於虛靜。於是虛靜看似無爲之道，同時是有爲之道。

莊子說到虛靜的時候，還說過一句話：樸素而天下莫能與之爭美，意思是保持天下純樸自然的本性，天下就沒有什麼事物可以和它爭美，唯有虛靜能夠保持樸素，於是，虛靜的內在力量也就無與倫比了。

靜與動

女偊的修身之道、顏回的心齋、坐忘之術，歸根結柢，落在了虛靜之上。

虛爲虛寂，靜爲清靜。老子最先提出虛靜的時候，給別人也給自己提出了一個人生的目標：心靈達到虛寂並持守清靜。這並不是空幻的，而是他對萬物生成的理論總結。

老子說，觀察萬物的生長，它們循環往復，蓬勃旺盛，最後回到本根上。回到本根就是清靜，清靜就是恢復了本性，恢復本性就是自然。認識了自然才能夠符合自然，符合了自然就符合了道。

老子的思想很清楚，從萬物的生長到回復本根，他看到清靜的狀態及其內在的含義，把清靜、自然、道連在了一起。而「虛寂」是清靜的另一種表述方式。當老子說虛靜的時候，他同時注意到靜與動的關係。如果說靜是自然，那麼，動就有違自然。

在靜與動之間，好靜的老子很自然地把靜視爲動的主宰，說人一旦動就會失去主宰，那就很不合適了。在這樣的時候，老子思想的消極性一次次地展示在人們面前，他一味追求的以靜制動違背了事物的運動法則，動靜相宜中，應當占有主導地位的運動被放在次要的地位上了。

莊子也講虛靜，比起老子來，更加明確地顯揚自己的思想意圖。他說：

虛則靜，靜則無為。

靜則明，明則虛，虛則無為而無不為。

他的這些話有畫龍點睛之妙，說虛靜，說來說去，心裡想的是無爲，在無爲的背後，則有「無不爲」作爲最終的目的。這對於那些想有所作爲的人眞的是有很大的誘惑力，世上的

事情竟然是如此便宜，那人們爲什麼不去追求虛靜的境界，輕輕鬆鬆地獲得無不爲的成就呢？

老子、莊子這樣說有他們的道理，並不完全與社會常理相悖。運動對社會和人生的促進是不容諱言的。但在運動的過程中，如果沒有相對空明清靜的狀態，運動將會顯得浮躁，難以成就事業。三國時，諸葛亮在《誡子書》中給後人留下兩句很有名的話：淡泊以明志，寧靜以致遠。他以此誡人，也以此自誡。

淡泊的不爲名利所動，寧靜的精神專一，有助於人們爲了實現某一目標堅韌不拔，這和老子、莊子的思想很不相同。老莊的虛靜是要人拋棄一切外在的事物，拋棄人主觀的種種欲望，富貴名利、容色意氣、喜怒哀樂等等。這就意味著他正視現實，爲躁動的現實社會開了一劑藥方：以靜制動。不過，他們的靜是無爲之靜，是自然之靜，所謂的動是蘊涵在無爲自然之中的。

靜為主宰

不論怎麼說，陶淵明歸隱於田園仍然企盼著有一天能夠馳騁他的才幹，實現自己遠大抱

負，使他聲名溢播的平淡詩風中，時有沈鬱豪放之氣。但他是一個很得老莊自然無爲、返樸歸眞精神的人，以詩歌彰揚自己的自然情趣，如他常爲人稱道的《飲酒．結廬在人境》詩：

結廬在人境，而無車馬喧。
問君何能爾，心遠地自偏。
采菊東籬下，悠然見南山。
山氣日夕佳，飛鳥相與還。
此中有真意，欲辨已忘言。

這首詩一開始就表現了環境的不靜和自我的心靜兩極，他把生活環境中的車馬吵嚷說成是無車馬吵嚷，處在人境之中而說「心遠」，是自我之心與「人境」即俗世之隔。陶淵明心化於自然，一時間進入老莊崇尚的虛靜境界，吟出「采菊東籬下，悠然見南山」的名句，與自然融爲一體了。這有點像明代洪自誠說的：「鬧中要取靜，須先從靜處立個主宰，不然未有不因境而遷，隨事而靡者也。」

靜爲主宰，是相對於動而言的。取靜以制動的人，應該察動以知靜。陶淵明寫這首詩表明他心好自然而不旁騖，以致於在靜中隨意觀賞自然而悟出人生的眞意在保持心性的自然。

老子把這種思想推向頂端：清靜爲天下正。意爲清靜無爲就可以成爲天下的主宰。他這

樣說，主要是奉勸統治者自然無爲，鼓動他們以此治理天下，也使靜爲主宰無以復加。

靜爲主宰，需要的是良好的心理狀態。所謂的山崩海嘯不爲所動，首先是心靜，是精神不垮。心不靜則躁動失主，不能自制，也就談不上制動了。所以人們常在行動以前，好沈思，調整心態，使不靜之心靜下來。

靜爲主宰，需要的是清晰的思想脈絡，知道自己的動與靜之所在。人不明白靜意在動和動的趨向，靜也就失去了主宰的地位，無論怎樣把靜爲主宰說得天花亂墜都無濟於事。

靜爲主宰，需要的是堅毅的品性人格，不冷不熱、不淡不濃，激情中有理性，以理節情，使靜爲主宰眞能起主宰的作用。

老子和莊子對「靜」的傾心，實在是因爲社會上人心太躁動，他們逆而行之，棄動而取靜，以靜重塑人的性情和人生。

靜則自然

孔子五十六歲時在魯國由大司寇代理國相，把魯國治理得井井有條，使鄰近的齊國害怕魯國有稱霸的野心。如果魯國稱霸，那麼首先遭殃的不是齊國嗎？於是，他們在國內挑選了

八十個絕色女子，送給魯定公，使魯定公沈迷於女色，無心朝政，把重禮樂道德的孔子氣得離開了魯國，坐著牛車去遊說諸侯，曾經到過陳國和蔡國，並在陳國和蔡國遭受過磨難。

莊子也曾寫過這件事，經他的手，孔子的這段經歷自然是走了樣。

孔子困於陳國、蔡國交界的地方，斷了糧食，七天不燒火做飯。他左手扶著枯樹幹，右手敲著枯樹枝，唱著神農氏時的歌謠。敲擊聲和歌唱聲融合在一起，悅耳動聽。

顏回在旁邊恭敬地看著自己的老師，心裡有一股說不出來的酸楚味。孔子見他那副神情，擔心他會誇大自己的道德，憐憫自己而哀傷，就先發話了：「不受自然的傷害還算容易，不接受別人給予的好處是很困難的。任何事情開始就是結束，人和自然都是如此。」

孔子的話把顏回弄糊塗了，於是遂一向孔子請教。

孔子說：

不受自然的傷害容易，就是順應自然的變化，就像做大臣的人得聽從國君的命令一樣。

不接受別人給予的好處是困難的，獲取利祿這些身外之物是人的機遇而不是人的本份，機遇來了，即使是害怕也不能不接受。就像聰明的燕子害怕人卻又要寄居在人的屋檐之下。

萬物的變化其始如終，是因爲不知道它的開始，也不知道它的結束，順應自然的變化就行了。

人與自然萬物都是出於自然，但一般人不能保全自然的本性，只有聖人能夠順應自然。

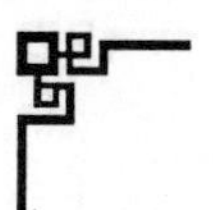

說到這裡，困於陳國和蔡國之間的孔子的歌唱，不過是順應自然而已。

人生難免有艱難的時候，面臨艱難所取的態度是一個人的性情、修養所致。

面臨貧困的淡泊和面臨艱難的淡泊不妨礙磨礪自己的思想、積極進取。然而，莊子所說不重進取，讓人在貧困和艱難中無可無不可。其實安於現狀的順應自然有違於人的性情，因為貧困和艱難就像富貴和通達一樣會妨生害性。這樣的順應自然算是知其不可奈何而安之若命式的順應自然。要做到這一點，人們始終要保持的是心靜。

靜以修身

黃帝做了十九年天子，法令行於天下，聽說廣成子居住在崆峒山，就去拜見廣成子，對廣成子說：「我聽說你得了『最高的道』，這最高的道的精髓是什麼呢？」黃帝問了這一句以後，又禁不住對廣成子說：「我想取天地的精華，幫助五穀生長，以養育百姓；我想主宰陰陽二氣，讓二氣調合促進萬物繁茂，你看怎樣辦好呢？」

廣成子瞥了他一眼，露出鄙視的神情說道：「你想問的是事物的本質，你想做的是事物的殘渣。自從你治理天下以來，雲氣沒有聚集就開始下雨，草木沒有枯黃就開始凋落，本來

光芒萬丈的太陽、月亮，光輝暗淡失色。像你這樣心胸狹隘的小人，有什麼資格談論「至道」呢？」

黃帝啞口無言，退下來，拋棄天下，另外建造了一間房屋，用白茅鋪墊，在那裡靜靜地修煉了三個月，然後去向廣成子請教。

廣成子朝南躺著，見黃帝來了，連身子都不欠一下。黃帝規規矩矩地在他下方跪下，膝行磕頭，恭敬地問道：「先生得了至道，一千二百歲還是這樣康健。請教什麼是至道，怎樣得至道而長生呢？」

廣成子這才起身，對黃帝講「至道」：

至道的精髓，深遠昏暗。

至道的極致，沈寂寧靜。

什麼是至道，至道還是那樣玄妙，那樣說不清楚，那樣令人難以捉摸。

只有說以「道」修身的時候，他的思想才稍稍清晰一點。

修身，眼睛無所視，耳朵無所聞，心無所知，以「靜」守神，身體就會健康。

以「靜」守神，不勞累身體，不搖擺精神，這樣就可以長生。

神靜則形安，以「靜」守神，就應該把自我與外部世界相隔絕，捨棄自我內心的智巧，那就可以達到至道的境界了。

至道的境界，是虛靜的境界。

以虛靜修身，其實是以「道」修身。

人的修身之道，本有動、靜二途，手舞足蹈、百般競技，應了生命在於運動的修身之道；禪、道的打坐，形不外露，心不旁騖，則應了靜以修身之道。

莊子讓廣成子說，以虛靜修身可以長壽，把黃帝感動得不得了，驚歎廣成子與自然渾爲一體，廣成子也就是自然。

這使廣成子有些得意，於是說「道」無終窮，如果能夠得我的道，上可以爲皇，下可以爲王；失了我的道，上只能夠看到太陽、月亮的光輝，下只能夠爲塵土。如此修身養性有這樣大的力量，以靜修身該是人生修養的正道。

虛靜，眞是可愛可敬。

八、修身境界

莊子喜歡說聖人、神人、至人，三者在《逍遙遊》裡有過區別，具體地說是聖人無名、神人無功，至人無己。這三種人格模式以不要名譽爲最低級，以不要功業爲中級，以無己即忘卻自我爲高級。

至人享有天下而不足以成爲他的拖累，天下人爭權奪勢而他毫不參與，慎重地不借助外物又不爲利益所動，探究事物的根本，能夠保持它們的本性，忘卻天地、萬物捨棄仁義、禮樂而精神不受困擾，心合於道也就是與自然相通。

進入了道的境界，人們將有怎樣的狀態呢？老子說：

大巧若拙。

大音希聲。

大器晚成。

得道的人會顯得很平淡，得道的人也可能會經過長期的修煉，但人對於修身應該有足夠

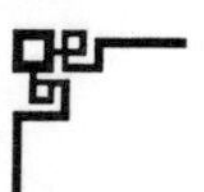

的信心，以達人生佳境。

大巧若拙

南宋的女詞人李清照在她的《論詞》一文中，開篇談到詞的發展歷程，說詞最初興盛於唐玄宗開元、天寶年間，並記述了一樁以歌擅名天下的李八郎的軼事。

那時節，讀書人中了進士，新科進士們常在長安城東南面的曲江開喜慶宴會。

有一年，新進士們照例開宴曲江。榜中有一名士，事先請了李八郎赴宴。但他有意要李八郎改名換姓，穿著破舊的衣服、戴著破舊的帽子，神情黯然地和他一起前往。這位名士對同榜的進士們說：「我的表弟想觀賞一下諸位的風采，所以把他帶來了。」眾進士見他穿戴破爛，精神不振，不屑一顧。當大家喝起酒、奏響音樂的時候，進士們紛紛獻歌，曹元謙、念奴的歌聲最優美動聽，眾人拍手稱讚不已。待大家暫歇，那位名士站起來說：「讓我的表弟也唱一曲吧。」這些進士本不知道他的「表弟」是誰，只見他的落魄模樣，有的譏笑，有的甚至發脾氣，大有一唱就會辱沒斯文之慨，顧著那位名士的面子，勉強坐定讓他「表弟」獻技。待他歌一曲，衆人的淚水止不住往下掉，圍著他叩拜，心裡都明白，原來是李八郎。

類似的故事在歷史上並不少見，李八郎的這種情形雖說是「大巧若拙」，但他受人支使，有一點故意矯飾。根子不是他，而是邀他赴曲江之宴的名士。

老子說的大巧若拙，莊子有一個全面的解釋。

捨棄聰明才智，大盜就金盆洗手；毀壞珠玉寶器，小盜就改過自新；焚燒信符，敲破印章，百姓就純樸；打破量斗折斷稱桿，百姓就不爭奪；把聖人治理天下的法則捨棄，百姓就可以談論是非；把音樂攪亂、樂器銷毀，把天下最擅長音樂的師曠的耳朵塞上，天下的人才能有聽覺；消除繽紛的色彩，把離朱明亮的雙眼蒙上，天下的人才能有視力；把規矩繩墨都棄而不用，把能工巧匠工倕的手指折斷，天下的人就有了技巧。

莊子說了這麼多，歸結爲一句：大巧若拙。這與李八郎表現出來的「大巧若拙」及人們現在理解的「大巧若拙」完全是兩回事。

大巧若拙，主要還是人的作用。人的處世態度決定了能不能夠達到這種境界。可以這樣說，如果人不消解智慧，不消解進取的意識，那麼就遠離了莊子。老子也好，莊子也好，會大大地失望。

顯然，老、莊的大巧若拙不是一般意義上的謙恭，不因有巧而故意張揚，神氣活現，擺出不可一世的架勢，而是一種無爲狀態，以無爲爲大巧。所以，他極力宣揚捨棄一切智慧和智慧創造的一切，一旦捨棄完成，那麼他所謂的「大巧」也就獲得了。

於是，可以說，老、莊的大巧也就是無巧，是原始的自然本色。如果人們能夠保持或者回復到原始性情，社會上就不再有爭鬥，百姓重新回到和諧自然的生活之中，這不是大巧又是什麼呢？

老、莊這樣說，可是他們自己也做不到這一點，更不用說整個社會了。

大音希聲

老子喜歡把話說到極點，然後反觀這一極點的另一端。他說的大巧若拙就是如此。他還說了：

大成若缺——最圓滿的好像有欠缺；

大盈若虛——最充實的好像空虛；

大直若屈——最直的好像彎曲；

大辯若訥——最會論辯的好像舌笨；

大白若辱——最潔白的好像很骯髒；

大象無形——最大的形象是沒有形象。

其中他還說過「大音希聲」——最響亮的聲音好像是沒有聲音。

這是老子的辯證法。最圓滿的不顯其圓滿，最充實的不顯其充實，有點像人們通常戲言的滿桶水不蕩，半桶水晃蕩。圓滿者、充實者往往更顯得謙卑。

大音希聲，研究藝術的人說這是老子的藝術觀，大音是最完美的音樂，而最完美的音樂是聽不到的，需要人們去想像。雖然人們可以這樣去理解，但老子並沒有追求音樂，更不用說完美的音樂，他的「五音令人耳聾」就是明證。莊子也說過意思和老子思想相近的話，把音樂攪亂，把樂器毀壞，天下的人才有了聽力，音樂也就不必要了。

莊子講過一則做樂器的故事：

梓慶砍伐樹木做鐻，鐻做成了，見到它的人驚歎梓慶的鬼斧神工。

魯國的國君見到鐻以後，問梓慶：「你用什麼技術造成的呢？」

梓慶說：「我不過是一個平凡的工人，哪有什麼技術呢？可以告訴你的只有一條：我將要做鐻的時候，不敢消耗自己的精神，齋戒以靜心。齋戒三天以後，心裡就沒有慶賀、賞賜、官職、俸祿的念頭了。齋戒五天，心裡就不存在是非、讚譽、技巧、笨拙了。齋戒七天，就忘記了自己的四肢五體。到這樣的時候，我心裡任何雜念都沒有了。然後進入山林，觀察樹木的天性，鐻成於胸，形之於手，就把鐻造成了。」

雖說這裡有一個處事當用心專一的道理，但梓慶是以自然精神造鐻的，鐻的鬼斧神工，

不過是符合自然的法則。

大音希聲，說的是一個自然的道理。最響亮的聲音在它自身，在它自身的盡善盡美。有的人真的來演繹「大音希聲」。陶淵明能詩善文，不通音律，卻備了一張無弦琴，每當酒喝得恰到好處，就去撫弄這張無弦琴，寄託情思。陶淵明的無弦琴演奏的是不是高妙的樂曲，只有他自己知道。不過他借此隱匿了自己的感情和思想，使人不容易探尋他內心世界的奧秘。而老子在說過大音希聲、大象無形等之後，又說了一句，「道」幽隱無名，最精美的東西往往是不顯揚。

於是，大音希聲和大成若缺、大盈若虛一樣，蘊涵著深刻的人生道理。人們無論取得多大的成就，都應該自戒勿驕，保持自然的本色。

大器晚成

「大器晚成」是人所共知的成語，比喻有才能的人成就得很晚。老子最初說這句話的時候，也在於用器物喻人，說明人生的另一種景觀。

人的生命短暫，一生很難說成就多少事業。而人的才能天生就有不同，早慧與晚熟並

存。通常人們希望早慧，戰國時，十二歲的甘羅官至秦國上卿；北宋時，晏殊七歲以神童入朝，受宋眞宗寵愛，足以讓許多人羨慕不已。然而，又有很多人成就得很晚，唐代有名的詩人高適，四十六歲才中舉，第二年做了一個小小的封丘縣尉，晚年才仕途顯達，連史書上都禁不住說：唐代詩人爲官顯達的只有高適。北宋的蘇洵，二十七歲才發奮攻書，終成散文大家，與他的兒子蘇軾、蘇轍並稱爲「三蘇」。

人的一生是自己創造的，這話說起來比實踐要輕鬆得多。實際上，從來就沒有人可以自由地創造自己的人生，因爲人要受制於他所處的環境，包括物的環境和人的環境，對人生的選擇在很大程度上是由這些外部條件決定的。

沒有必要談論大器晚成的是與非，人們總不能夠或者說不必指責大器晚成的人理應大器早成，一個人能成大器就是幸事。不過，成就大器要經歷一個漫長的過程，人應該有明確的追求目標，堅韌不拔的毅力和直抵成功彼岸的信心，經得起失敗的錘煉。老子說的大器晚成，最根本的是長期磨煉。

孟子曾經就舜起於田野，傅說起於築城牆的苦役，膠鬲起於打魚和賣鹽等等說過一句影響深遠的話：「蒼天如果要把重大的使命交給某個人，一定要使他心志痛苦，身體勞累，肚子饑餓，兩手空空，想做什麼總是做不成，以此磨煉他的意志和軀體。」

孟子並不是針對大器晚成說的，但他的話很有意義，一個人的成就和他的生活閱歷有不

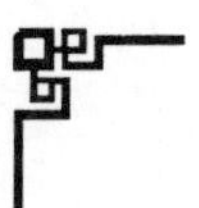

可分割的聯繫。磨煉，往往會使意志脆弱的人退卻；使意志堅強的人終有所成。大器晚成就屬於後者。

老子說大器晚成的時候，是要人們懂得這個道理而有心理上的準備，不要急於求成。面對他人的成就或者是自己所想取得的成就，人心的浮躁常不可免。浮躁難有所成，荀子說：「蚓無爪牙之利，筋骨之強，上食埃土，下飲黃泉，用心一也；蟹八跪而二螯，非蛇鱔之穴無可寄託者，用心躁也。」荀子說的是爲學，其實各行各業都是這樣。最終能夠成就的，往往是立志而能堅韌專注的人。

大器晚成，如酒陳年，更具芳香。

大器晚成，關鍵還是在自我。

以爲可以晚成，拖延時日，抱定「明日復明日，明日何其多」的人不會有成。

以爲可以晚成，放任自我，沒有志向、沒有毅力、沒有胸懷的人不會有成。

看到晚成的大器，不要以爲別人得來全不費功夫，而要看到別人走過的坎坷之路，看到別人爲此付出的辛勤勞動和不懈努力。

老子大器晚成的根本宗旨，是要人們對得「道」有信心，只要持之以恒地修煉，得道是完全可能的。

【處世篇】

慧眼觀世
器物之用
愛物悲劇
知己知彼
言與行
交際之道
建功自全說
隨波順流

世界猶如萬花筒，繽紛絢麗。精彩的世界在老莊眼裡顯現的不是精彩，而是一個理應渾沌卻不渾沌的世界。到處存在的矛盾和鬥爭，導致社會的混亂，對此，淡泊的老莊並不淡泊，深懷了對社會現實的嚴重不滿。

他們很想超越現實，高談闊論返樸歸眞、無欲無己，讓人與人之間永遠只有和諧而沒有摩擦，但深陷在現實之中無法超越；像平凡百姓一樣，寒則欲衣，饑則欲食，喜則喜，怒則怒，哀則哀，樂則樂。

老莊思想與現實的衝突決定了他們始終與苦悶憂愁相伴，不能解脫。於是他們也在尋求處世的方法。他們以曠達、順應自然處世，表現出和普通人不一樣的處世態度。另一方面，老莊以百姓乃至帝王的導師的面目出現，儼然是哲人，指點人們應該怎樣處世，不應該怎樣處世。

在這樣的時候，充分展示了老莊思想的矛盾性：他們時時教人自然無爲，時時又在以理論指導人們怎樣才能有爲；他們自己彷佛是自然無爲，其實常在有所作爲。理論與實踐的脫節關鍵是他們也得在俗世養家糊口，空談不能療饑解寒。

處世超然的老莊，同時承受著處世的痛苦。

一、慧眼觀世

老莊看世界，世界的紛亂究其根本，是人們沒有正確認識世界。莊子就說，人們不知道事物無是非、無大小、無美醜。而無是非、無大小、無美醜的世界其實是一個懵昧的世界。

本來，事物的是與非、大與小、美與醜是客觀的，莊子不認爲是客觀存在。萬物齊一，朝三暮四與朝四暮三有什麼區別呢？事物出現的種種不同，是人心的作用所致，如果不是這樣的話，人們所處的世界會是另一回事。

莊子急於告訴人們這個道理，產生了他的相對理論。於是，是與非、大與小、美與醜被混淆了。但莊子想，如果不存在這些基本的認識問題，人處世就很平和，社會就會太平。

老莊以愚爲智，以智爲愚，方有這樣觀世的慧眼。

事物無是非

老子和莊子善於論辯，老子常常談論事物之間的辯證關係，分辯事物的是與非，所以他喜歡教誨人們應該怎樣做，不應該怎樣做。莊子走著老子的道路，也勸導人們信奉自然，不要爲社會羈絆。莊子不斷在客觀上告訴人們生活中有是有非，他代表著「是」，人爲的社會生活代表著「非」，一旦說起是非來，莊子認爲事物無是非，從他的論辯無是非中可以看出來。

莊子和朋友惠施有一樁論辯的公案——濠梁之辯。

一天，莊子和惠施在濠水的橋上玩，莊子看到濠水裡的魚輕快地游著，禁不住說：「白魚悠閒自在地游著，眞是魚的快樂！」

惠施立刻接著道：「你不是魚，怎麼知道魚的快樂？」

莊子說：「你不是我，怎麼知道我不知道魚的快樂呢？」

惠施並不示弱，說道：「我不是你，不能夠知道你；你不是魚，你不知道魚的快樂是明擺的事。」

莊子說：「讓我們回到事情的開頭。你一開始問我怎麼知道魚的快樂，你是知道我知道

魚的快樂才問我的。告訴你吧，我是在濠水的橋上知道的。」

這一場論辯就其內容來說，本沒有特別重要的意義，但它引起後人誰是誰非的辯識。

或說，莊子與魚相隔，怎麼知道魚的快樂呢？

或說，人與人能夠相通，人與物也能夠相通，莊子知道魚的快樂也是自然的。

或說，擴充莊子和惠施的思想方法，都會陷於不可知論，兩人都是詭辯。

或說，兩人看問題的角度不一樣，惠施是從邏輯的角度，莊子是從審美的角度，兩人都是不錯的。

雖然莊子以自己知道魚的快樂引發這場爭論，但他的本意並不在這裡。要追究莊子的本意則很明確：論辯無是非。

他這樣說：

如果我們兩人辯論，你勝了我，你就眞的對嗎？我就眞的不對嗎？

反過來說，我勝了你，我就眞的對嗎？你就眞的不對嗎？

兩人中有一個人對，有一個人不對？或者是兩人都對，兩人都不對？

請人裁決吧！

裁決的人和你的意見相同，怎麼能夠判斷是非？

裁決的人和我的意見相同，怎麼能夠判斷是非？

裁決的人和我們的意見都不同，怎麼能夠判斷是非？

如此說來，論辯不就是無是非，或者說原本有是非，因爲辯不明誰是誰非，也就無是非了。而論辯是因事而發的，論辯的無是非，根本的是事物無是非，論辯的無是非不過是事物無是非的表象。

其實，莊子也知道社會生活中存在著是與非，他要以論辯無是非之說，爲人們指示一條處理是與非的途徑，即順應自然，調合是非。是也像非，對也像不對，人是不應該計較是與非的。

再說，事物是矛盾的統一體，是中有非，非中有是，是與非相輔相成，相生相滅，是與非如何辯得清楚，人最好是無所謂是非，也不必辯什麼是非。如果是這樣的話，社會上的矛盾就化解了。

事物無大小

莊子就事物無大小說過兩句很有影響的話：

秋毫之末爲大，泰山爲小。

天地爲米粒，毫末爲丘山。

這在任何人看來，都會覺得是一種悖論，野獸秋天毫毛的末端，怎麼會大過東嶽泰山？天地怎麼是米粒，毫末怎麼是丘山？

莊子說，事物是存在差別的，從事物大的一面看，萬物都是大的；從事物小的一面看，萬物都是小的。

秋天來了，山洪暴發，許多河川的水都流向黃河，使黃河的水猛漲，水勢浩大，澎湃洶湧，兩岸辨不清牛馬的模樣。黃河神喜不自勝，認爲天下美好的事物集中在自己身上，才使自己像這樣偉大。

黃河神順水東下，到了北海。站在北海，他只是朝東面看去，就看不到水的盡頭。於是，黃河神黯然神傷，面對北海神感歎道：「俗話說，聽說了上百條道理，就認爲沒有誰比得上自己。這大概是說我吧。曾經有人認爲孔子的學問很少，伯夷、叔齊守道義算不得什麼，以前我還不相信。現在看到浩瀚無際的北海，才知道眞的會是這樣。我不是親自到您家門口，我也不會明白這一點。想來眞是慚愧，我將會被那些修養高深的人恥笑。」

北海神也說了：「井底之蛙，受空間的局限，怎麼能夠談論大海；夏天的小蟲，受時間的局限，怎麼能夠談論冬天的冰凍。你說我很大，但我在天地之間就像一小塊石子、一小根樹枝在大山上；四海在天地間，就像大湖裡石頭的孔穴；中國在天下，就像小米粒在大糧倉

裡。如此等等。天地不爲大，毫末不爲小。」

事物的大小是相對的，自視爲大時，應該想到還有更大；自視爲小時，應該想到還有更小。那麼，人需要以平常心面對外在的事物。

人具有的情感，決定了當情感與外在事物碰撞的時候，會被激活，或者昂奮，或者低落，很難保持一顆平常心。黃河神與北海神不同的境界，正在於一個超越了平常，一個保持著平常。

黃河神與北海神的故事提醒人們認眞地思考人生，人們在自然與非自然中是應該歸於自然的。而歸於自然主要是人自我內心的作用，消除自傲，既不以己爲大，也不以人爲大。

事物無大小，是事物之間的平等。

人與人之間的自然平和，是人的平等。

因物而及人，是莊子的用心。

事物無美醜

美與醜就像大與小一樣相對存在，世上有沒有美與醜，就連莊子也流露過是有的。莊子

講過「西施病心」的故事，本意不是揭示美與醜，而是說自然與非自然，但他在客觀上展示了美與醜：

美女西施心口疼痛，她按著胸口，皺著眉頭在村裡走。

她村子裡有一個很醜的姑娘見了，感到那姿勢很漂亮，學著她的樣子，按著胸口也在村子裡走。

同村的有錢人見了她那樣子，把家門關得緊緊的，不願意出來；她村裡的窮人見了，帶著妻子、孩子逃走了。

莊子說那醜姑娘不知道西施之所以美，故意裝美，也就不美了。

西施的美在自身，也在於行為表現的自然。

儘管莊子這樣說過，然而，他往往在萬物齊一理論之下，把人與物視為一體，在這種大的背景下審視美與醜。他說：毛嬙、麗姬，是人們心目中的美女，但魚兒見了她們就游到水的深處，鳥兒見到她們就高高地飛走，麋鹿見到她們拔腿就跑，人、魚、鳥、鹿，究竟誰知道什麼是真正的美呢？

人與物有根本的不同，人們認為毛嬙、麗姬美麗，而魚、鳥、鹿的驚惶而逃，是物自衛的本能，而不是因為毛嬙、麗姬的美與不美。莊子把四者混為一談，抹殺了美與醜的界限。

美與醜是客觀存在和人的感覺的結合。莊子避而不談前者，只從人的感覺上加以認定。

所以他才會講述一個旅店老闆兩個老婆的故事。旅店老闆寵愛醜陋的老婆而冷落漂亮的老婆，說是那漂亮的自認為漂亮，我不認為她漂亮，那醜陋的自認為醜陋，我不認為她醜陋。

事物無美醜，是因為沒有辦法辨別美與醜，千人千面，百人百味，只論它們的不同，不論它們的相同點，美與醜就不存在客觀的標準。而人們也應該像無所謂論辯的是非、無所謂事物的大小一樣，無所謂事物的美與醜。

莊子把事物的美與醜視為人的感覺，從這裡生發開去，社會生活的許多方面都可以是一種感覺。如好與壞、幸福與痛苦。雖說人們常常憑感覺體會這一切，但這一切會有一個客觀的標準，否則，就像美與醜無法認定一樣，好與壞、幸福與痛苦也沒有辦法認定。

莊子無意叫人們認定美與醜，他倒是要人們心中不存在美與醜。美與醜入心中，一如是與非入心中一樣，會是人心中之賊，破壞人心的自然狀態，莊子要的還是自然。

二、器物之用

當人類打製石器，就開始了器物的時代，這是人類生活的飛躍。器物有用，但怎樣用物則是因人而異的。

老莊有自己的器物觀，老子說器物當其無，有器之用。器物總是虛實相間，老子突出虛的地位，以虛求實，用其虛也是用其實。莊子則重用物當適物之性，能夠適物之性則物盡其用。

物盡其用，人則盡其才。

當其無，有器之用

老子曾經說：

三十根車輻條集中在一個車轂上，輪子上因爲有空虛的地方，才有了車輪的作用；用泥

土製造器皿，因爲器皿是空的，才有了器皿的作用；開鑿門窗，建造房屋，因爲房屋是空的，才有了房屋的作用。

老子的話說得很實在，眞眞切切地看到人們生活中器物的構成，器物的形態使他總結出事物之「有」與事物之「無」的辯證法。有與無是相互依存的，有是因爲無而存在，無也是因爲有而存在，有與無的這種關係，有點類似莊子在《齊物論》裡面說的：事物的一面往往出自事物的另一面，相反亦然。

所以，老子進一步說：器物的實體給了人們生活的便利，其實是由於器物的空虛部分在起作用。也就是說，實是以虛爲基礎的。老子很有辯證法的思想，正是因爲向前跨進了一步，使他的正確思想中有了謬誤。社會生活中，不是「無」在決定著「有」，而是「有」在決定著「無」。人們正是從存在去感受不存在，就像人自身一樣，人自身的存在才使人深刻感受了不存在的一切。不過，老子說的「有」與「無」的辯證法是永恒的眞理。

當其無，有器之用，觀察生活，時時可以發現這種辯證法的運用。

繪畫、書法講究以虛爲實，無畫處有畫，無字處有字。

文學藝術追求意在言外，或者說含不盡之意在於言外。

這都是「當其無，有器之用」的翻版。所以老子很坦蕩地說：

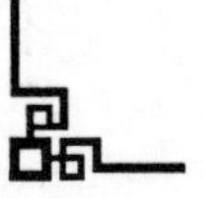

大音希聲，大象無形。

不過，大音希聲，大象無形和當其無，有器之用畢竟不同。大音希聲，大象無形是讓接受者以自己的想像進行再創造，用心去體味那非凡的藝術境界。當其無，有器之用，則在聲明有與無的辯證法時，告訴人們實用的原則。有與無相生相形，人們運用器物實體的時候，也是在利用器物的空虛。無論是誰，都不會迴避這種現實。在這樣的時候，空虛並不是虛無，而是另一種意義上的實在。

人們應當善於用「有」，也善於用「無」。

以無爲有，用器物之「無」目的在於「有」。

物適其性，方盡其用

名家學派的代表人物惠施，很看不起莊子的理論。在他心目中，莊子的理論空疏沒有實際的用處，他諷刺莊子說：「魏惠王送給我大葫蘆的種子，我把它種下去，冒芽、生長，最後結出一個很大的葫蘆。它的容量有五石那麼大，但是用它來盛水，它卻裝不起水，把它剖

成瓢吧，又大得沒有地方好放。因爲他沒有什麼用處，我乾脆把它砸爛了。」

惠施的話有他的道理，一種理論就像一件器物一樣，應該是有用的，沒有用處，就應該把它拋棄，毫不顧惜。從這一點來說，莊子的理論也是應該拋棄的。

莊子一點都不慌張：「你惠施給我講了一個故事，那我也給你講一個故事吧。」

莊子說：

宋國有一個家族善於調製冬天可以防止不裂手的藥，這個家族的人世世代代以在水中漂洗絲絮爲職業，雖說日子過得不富裕，但吃穿總不發愁。

有一個人聽說了這件事，跋山涉水，找到這個家族的族長，對他說：「把你們的藥方賣給我吧，我給你一百兩金子。」

族長一聽，心就有所動。轉念一想，我們家族世世代代是靠這種藥吃飯的，這可不是一件小事。於是，把家族的人召集起來商議。這個家族的人們聽說有人願意用一百兩金子買這個藥方，全都興高采烈，紛紛說：「我們世世代代漂洗絲絮，通常只能夠得幾兩金子。現在只把一個藥方賣給他，就可以得到一百兩金子，把這個方子賣給他算了，反正又不影響我們繼續做漂洗絲絮的工作。」

這個人得到藥方，用它去遊說吳王，吳王很高興。時值冬天，剛巧又遇上越國軍隊攻打吳國，吳王派他帶領軍隊和越國人在水上作戰。因爲吳國軍隊有防止皮膚凍裂的藥，越國軍

隊不能預防皮膚凍裂而深受水戰之苦，結果被吳國軍隊打得大敗。這個人因爲作戰有功，戰後吳王賞給他一塊很大的封地。

莊子隨後說：「同樣是可以不裂手的藥，有的人用它可以得到豐厚的賞賜，有的人世世代代只能夠漂洗絲絮混一口飯吃，在於善於用物還是不善於用物。你這個惠施，既然有五石大的瓢，爲什麼不讓它在江湖上漂蕩，讓物盡其用呢？」

莊子與惠施的話各有道理，在莊子看來，理論主張和器物在使用上有共通的東西，即要適其用。莊子的理論對於社會來說，像惠施所批評的「大而無用」，他一生講了許多虛浮的道理，但他把不裂手的藥的故事講得很實在，儘管最終不過是想說明自己的理論是怎樣的有用，重新墜入虛浮之中。

同樣的事物，使用的地方不同就會產生不同的效果。現實生活中談經商之道、學問之道、行軍用兵之道，在這一點上是相通的。

同樣是開商場，炒股票，有的掙錢，有的蝕本；同樣是做學問，有的成大學問家、有的成小學問家；同樣是行軍用兵，有的打勝仗，有的吃敗仗，首先是善不善於思考，善於思考往往事半而功倍。如果盲目行事，那就會徒勞無功。像到越國去賣禮帽的宋國人，不知道越國人不蓄頭髮，沒有戴禮帽的習慣，千辛萬苦跑到越國去，滿心指望賺一大把，哪裡知道一頂帽子也賣不出去。

莊子說的物適其性才能盡其用是一條法則，遵循這一法則，可以把一些事情做得更好。

莊子並不追求事物對社會有用，而求事物能夠有用於自身。所以，他在講了宋人善於調製不裂手藥的故事以後，又講了另一則和惠施有關的用物的故事。

用物要在不傷物

惠施學富五車，長於論辯。莊子鄙薄他不善於用物，他則反唇相譏，又給莊子講了大樹的故事。

他說：我有一棵叫做樗的大樹。樹長得高大，可它的主幹臃腫不符合繩墨的要求，它的枝條彎曲不符合規矩的要求。它就生長在路邊，來來往往的木匠倒是不少，但從來就沒有哪個木匠正眼看一看它。不是別的，因爲它雖然高大粗壯，但沒有什麼用途。你莊子的理論就像我擁有的這棵樹一樣，「大而無用」。

莊子則說：你惠施先生口口聲聲說無用，你該見過那野貓和黃鼠狼吧！它們總想有所作爲，東奔西跳，忽高忽低，是很辛苦的。結果呢？紛紛陷於了獵人的羅網，成了人們的口中食。而那犛牛身軀龐大，大得像天邊的雲彩，可是它連一隻老鼠都逮不住。他不求用，才能

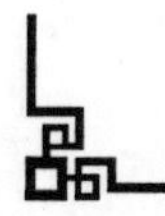

夠長得這麼大，自我保全得這麼好。惠施先生既然有一棵這樣大的樹，爲什麼不把它種在一無所有的地方呢？在那廣袤無垠的原野上，這棵樹自由地生長，沒有工匠砍伐它，也沒有其他的事物危害它，儘管它沒有什麼用處，但它也沒有什麼危害，這不是很好的事嗎？

莊子並不接受惠施的批評，物求其用，你就不知道求其用會傷物，換句話說，無用能夠使物保持本色，這比求用而受傷害重要得多。

莊子的故事當然是在爲自己辯解，你惠施說我的理論沒有用，難道你不知道無用之用嗎？

莊子的理論是很消極的，他以不傷物爲前提思考物是不是當用，意在無用於社會而有用於自我的生存就是很有意義的。

莊子提出的用物要能夠不傷物則是一個很有趣的話題。

物盡其用而能夠不傷物，常理是用物的最高境界。然而，社會的發展決定了任何事物都要與社會同行，而不能夠停滯不前。物的發展，破舊立新是必然的，破舊物而創新物時時都在發生。莊子要保全守眞，順應物的自然就是物盡其用了，這裡「用」的指向不一樣，惠施指向社會，莊子則指向自身。他把生命看得比什麼都重要，以物爲喻說明自己的理論，自然用物就不能傷物。

在使用器物的過程中，當人們要以傷害一物換取另一物或者另幾物的時候自當別論。如

果說器物的使用只希望它是自然的損耗而不是意外的傷害，用物而不傷物也應該是一種法則，就像莊子主張的用物要適物之性一樣。

人們可以認爲莊子的理論是一種活命哲學，是用了生命的自然觀審視社會生活中的萬事萬物，但生活中用物而求不傷物的情形常在發生，大到天上的飛機、地上的火車，小到一家一戶的衣褲鞋襪、鍋碗瓢勺，從來就是希望用物而不傷物。不傷則能經久、則能節儉，艱難的歲月是這樣，小康的歲月也是這樣。它符合物盡其用的原則。

莊子以無用求用，能夠無用，那麼，就沒有人求其用，使它遭到傷害。

莊子是在空想，物的存在總有其用，即使是人讓它無用，也不能夠表明它自身沒有價值。

三、愛物悲劇

財物是人生活的必需，人人都會有愛物之心。

愛物之心的萌生、擴張，必然導致因愛物而貪物，欲望難有止境。

本來，人賴物生存，物足以維持生存就可以了。而爲財富的創造，節儉是理所當然的，但節儉也有尺度；爲財富的積累，收斂也是理所當然的，但收斂也有尺度。忽略了這兩個尺度，愛物反會爲物所害。

沒有人願意愛物而釀成悲劇，老子和莊子告誡人們處理好人與物的關係。

治人事天莫如嗇

節儉是修身之道，也是治國方略。老子以節儉爲他的第二件法寶，用於治理天下，他說，有什麼比節儉更好的辦法呢？

以節儉治國、治天下，是要以較少的財富辦成更多的事業。一分錢掰成兩瓣用，如果需要也是可以的。常聽做事業的人說，又節約了多少錢，是當用而沒有盡用，就把事業給做成了，這該是節儉。

天下財富的創造和消費共存，創造的艱難和消費增長的迅猛往往不成比例。韓非子曾說：古代男的不耕田，草木的果食就夠吃了；女的不紡織，禽獸的皮毛就夠穿了。而今不行了，一個人有五個孩子不算多，五個孩子每人又有五個孩子，祖父健在就有了二十五個孫子，人口與消費迅速增長而財富卻很少。所以古代沒有戰爭，現代卻必然有戰爭。韓非子所處的時代晚於老子和莊子，他探究的社會動亂的根源雖然不是唯一的，但還是有一定的意義。

眞的能夠實行以節儉治天下，西漢的文帝是一例。漢文帝是漢高祖薄姬之子，高祖死後，妻子呂太后專權，一時權傾天下。待呂太后死，丞相陳平、太尉周勃等人立當時爲代王的劉恒爲帝。劉恒在天下經濟歷盡動亂未能復甦之時，率群臣親爲農耕以利農工，皇后則親爲紡織，以利女織。他在位二十三年，宮室苑囿、車騎服御沒有增加。他曾經想造一座露臺，把工匠召來一盤算，要費百金，而百金是當時十戶中等人家的產業，他身爲皇帝，覺得這個開銷太大，就放棄不造了。他平日穿的也是粗布衣服，帷帳不繡花繪鳳，以樸素爲天下人的表率。

漢文帝臨死之時，遺詔生死是自然之理，既然如此，人們對他的死不必悲哀，婚嫁祭祀、飲酒吃肉，該幹什麼還是幹什麼吧。而且，漢文帝對社會上嘉生惡死、破產厚葬、重服傷生很不以爲然，覺得人們有些過分，他死是不必厚葬的。說到底，漢文帝死之日，仍然是以節儉爲本。

漢文帝受道家思想影響較深，他以節儉爲治國之本和對生死的態度，表明了道家思想影響所在。在當時，漢文帝迎合社會的需要，百姓在經歷了多年的戰爭和內亂痛苦之後，需要休養生息，所以他節儉促進社會經濟的恢復，開了「文景之治」的風氣。

這不是說在國家困難的時候需要節儉，就是國家富強了，也需要節儉。漢武帝時代，西漢王朝進入鼎盛時期，國力強盛，天下富足。漢武帝好遊獵，每次遊獵都是大張旗鼓，勞民傷財。奉承漢武帝的辭賦家司馬相如在《天子遊獵賦》中，婉言勸誡漢武帝回到節儉的治國之道上來。

治國必然應該生財，以備一切理當或不虞之需。如果生財即完全消費，無積累發展再生產，社會永遠難以擺脫貧窮。所以，節儉是任何時候都不能夠少的治國原則，治理家庭也是如此。因富足而一擲千金、一擲萬金，即使家藏金山，也經不起折騰，終會貧寒。臺灣著名武俠小說家古龍一生創作了六十套暢銷的武俠小說，在六、七〇年代要風得風，要雨得雨，月進萬金，視錢財如糞土，終致晚年貧寒，生活無以爲繼，對早年生活很有悔意，可惜無濟

於事了。

老子說治國應該節儉，在他還有另外的意義。節儉會使人樸素，樸素則少欲望，容易走到他主張的自然無爲的道路上來。

甚愛必大費

節儉到了吝嗇的程度，當用的不用或者用起來苛刻，日子就不美氣了。

吝嗇，或爲助人，或爲聚財的事也是有的。魏晉時的「竹林七賢」之一的王戎就以吝嗇稱。王戎官至司徒，地位高，家庭也很富有。他的侄子結婚，王戎送了一件單衣，後來還要了回來；自己的女兒出嫁，借了幾個錢給女兒，心裡就不高興，到女兒還了錢，臉上才有了微笑；自己家種下的又甜又大的李子，賣給別人，怕別人得了種子，就把李核鑽穿了再賣。王戎的富有，吝嗇是一個原因。

老子說，太吝嗇會帶來更大的破費，當然不是說類似於王戎的這種情況，而是說當用不用引起的。譬如，建一座橋梁，建一座高樓，因吝嗇而偷工減料，致使橋樑坍塌、高樓崩毀，不能不重新建造，這樣，破費就會更多。一個人的生活其實也是這樣。本來，節儉是一

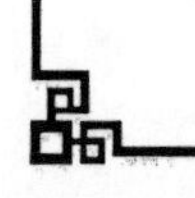

個人良好的品質，從節儉出發待人處事是理所當然的事情。但節儉到不足以維繫人與人的正常關係、不足以使自己有健康的體魄，帶來的是生活的失常、生命力的衰退，本來可以繼續創造財富卻不得不中止，這也可以說是吝嗇到了極點造成了大的浪費。

一向主張節儉的老子當然不是說人們要大肆拋灑，大量揮霍，而是要處理好節儉與消費之間的關係，使節儉得恰到好處，這是一門學問。

這門學問並不容易做，節儉與吝嗇的尺度不好把握，而且人們的看法也不一致。事物的相對性和人們認識的相對性是永遠存在的，這不意味著待人處事沒有一個大體一致的權衡標準。人們完全可以依據一定的時期、一定的環境、一定的工作需求、一定的生活水平認定一個標準，待人處事。

老子這樣說是針對可能發生的情況而不是已經發生的情況。他從過分吝嗇推論出必然會引起大的破費，是說現實的行爲對未來的嚴重影響，提醒人們注意自己的現實行爲，這就不能不使人們對自己的行爲有較多的思考，未雨綢繆，計劃好財富資金的創造、積累和支出。理想的是花很少的錢辦很多的事，成效顯著，這需要人們作較大的努力。

節儉是好的，節儉到造成更大的破費則是不好的。

算節儉的賬，不僅是算現在，而且是算將來，走一步看兩步甚至看得更遠，才是一個眞正精明的人。儘管老子沒有這樣說。

多藏必厚亡

老子說：「多藏必厚亡。」話說白一點，收藏得多丟失得也多。其實，收藏的多少與丟失的多少二者之間並沒有必然性，老子說二者有必然的關係，也因爲確實是有這種情形。

多藏必厚亡將是怎樣一種情景呢？莊子說得很詼諧：

你好不容易積累了一些財富，怕人偷走，總是把它們藏得嚴嚴實實的。你把這些財富藏在箱子裡、藏在櫃子裡，自然不忘把箱子、櫃子鎖得牢牢實實。遺憾的是，強盜來了，連你的箱子、櫃子都懶得撬，扛起來就走，還擔心你的箱子、櫃子鎖得不牢實。

這是一般人多藏的結局。一國之君也有多藏厚亡的時候。

齊國的國君效法聖人，治理國家，州、邑、鄉、閭、里，行政結構井然，宗廟社稷各得其位，鄰邑相望，雞犬之聲相聞，方圓二千里土地的百姓，打魚、種田，生活安寧祥和，齊國財富的積累也是夠多的了。沒有想到的是，田成子把齊國的國君殺死了，自己做了齊國的新君主，那不是把整個齊國都偷走了嗎？多藏必厚亡到這一步，可以說是達到了頂峰。

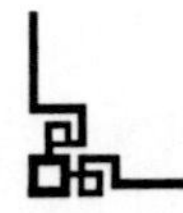

老子說多藏必厚亡和莊子講述的多藏必厚亡的意義是不一樣的。

老子教人知足，知足就不會遭到多藏厚亡的遭遇，這既使多藏者最終竹籃打水一場空，又將蒙受厚亡的羞辱乃至人生的禍患。因爲多藏必多欲，而人之患就在於欲望太多。

莊子則不然。在他看來，多藏是爲盜賊做的工作，你積累、收藏得愈多，則被盜賊偷得愈多，損失就愈大。這一切是聖人造成的。用聖人治理天下，不過是爲盜賊做了好事。聖人用斗斛，盜賊就把斗斛偷走；用權衡，就把權衡偷走；用印符，就把印符偷走；用仁義，就把仁義偷走。莊子說這些話，是要絕聖棄智，社會上要聖人幹嘛？再說，聖人是國家的利器，國家的利器不能夠輕易給人看，怎麼能用他們治理天下呢？

在思想上，莊子比老子更容易走向極端，財富的積累是社會不可少的，但他卻否定這一切，並追尋導致社會產生財富的根源，去其根源。

老、莊的時代及其後，社會財富的積累無時無刻不在發生，多藏以備急難之需和多藏以供創造之需，是財富積累的目的，而不是爲藏而藏，以致使自己成爲典型的守財奴，財富的積累只是爲了心理上的滿足，那麼財富的積累就沒有什麼意義了。

話說回來，財富的積累應該是正當的，也應該防止老子和莊子所說的情形。

不貴難得之物

物以稀爲貴是世人的平常心態，稀則難得，難得則更加強烈地刺激人的欲望，力圖使稀有之物獨爲自己擁有。當今，一枚十九世紀的郵票、一封林肯總統的親筆信可以競價幾十萬美元，無不是因爲難得而珍貴。

難得即爲寶，楚國的和氏之璧、隨侯之珠彌足珍貴，被視爲傳世之寶，都由於是獨一無二，除此就不可再得，人們怎麼會不特別地看重它們呢？但人生以什麼爲寶，不同的人想法不一樣。

秦國想攻打楚國，派人去看楚國的寶物以探虛實。楚王問左右道：「秦國派人來看我國的寶物，可以把和氏之璧、隨侯之珠拿給他們看嗎？」昭奚恤答道：「國家的寶物並不在這些稀有之物，而在賢臣。珠玉玩好是不値得很看重的。再說，秦國派人來看珠寶是假，探底是眞。」秦國的使者到了楚國，楚王對他說：「你不是要看我國的寶物嗎？楚國之寶不在器物而在賢臣，你看：善於理財治民的令尹子西、善於出使排難解紛的太宗子敖、善於防衛鎭守邊境的葉公子高、善於馳騁沙場赴湯蹈火而不辭的司馬子反、善於出謀劃策決勝千里之外

的昭奚恤全在這裡。」秦國的使者一看，怔住了。回去報告秦王，秦王只得放棄了攻打楚國的計畫。

賢臣難得，以賢臣為國家之寶是可以的。

宋國有個人得到一塊寶玉，獻給本城的最高長官子罕。獻玉的人說：「我把這塊玉拿去請玉匠鑑定過，玉匠說是一件寶物，所以我才敢拿來獻給您。」子罕說：「我以不貪得為寶，你以玉為寶。如果你把這塊玉送給我，我有了貪得之名，你失去了寶玉，兩人都失了寶。不如還是你收起來，各懷其寶的好。」

不貪難得，以不貪為寶也是可以的。

老子說不貴難得之物，指的是生活中的物質。

形容人的欲望難以滿足，人們好用「欲壑難填」的成語。欲望像深谷，永遠填不滿。這話聽起來有點刺耳，但對許多人來說，是一種真實。擁有一萬元而想擁有十萬元，擁有十萬元而想擁有百萬元，擁有百萬元而想擁有千萬元以致無窮，什麼時候是一個止境?

人對物質的欲望有不同的層次，初期只是想擁有，凡是能夠占據的就占據，不論是易得之物還是難得之物。當擁有的物質到了一定的程度，必然會追求難得之物，以擁有難得之物為滿足。

老子不希望人有欲望，少私寡欲，甚至是無私無欲，這樣就好。但人在物質利益的包圍

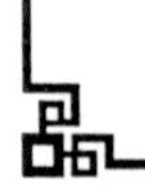

之中，以平常心待物比以貴物心待物好得多。不貴難得之物，人就少了欲求，待物自然，心也自然，人的欲望漸漸地消解了。他說，只有聖人能夠做到這一點，換句話說，能夠無欲的人就是聖人。

四、知己知彼

知己知彼被人們較多地用在軍事上，它的意義則不限於軍事。社會決定了每一個人不是孤立的存在，知己知彼，才能夠眞正地洞明世事，人情練達。

老子常常談論人與己，要人知己知彼，以便處世張馳有度，悠遊有餘。他重知人，更重知己，而人之弊在於不能知己，好自以爲是，是亦如此，非亦如此，以致爲自我蒙蔽，不能知人。不能知己，不能知人，必然進退盲目，得福或遭禍都不知所以然。

知己知彼，是檢驗人的聰明睿智之道。

知己知彼，是自勝與勝人之道。不能勝己，就不能勝人。

人們應該努力知己知彼，以立於不敗之地。

知人者智，自知者明

善於洞悉他人，從他人的一舉一動、一顰一笑中窺見其內心世界是一種智慧，不是所有的人可以作到。而人要想眞正地瞭解自己，知道自己的深淺，並且正視自己的深淺是看起來容易、實際上很不容易的事。所以，老子說的「知人者智，自知者明」是浸漬了人生體驗之論。

歷史上有不少的人可以做到。

春秋時，齊國的管仲和鮑叔牙是很好的朋友，年輕的時候，管仲家裡很窮，兩人一起到南陽做生意，掙了一些錢，管仲總是多拿，剩一點給鮑叔牙，鮑叔牙也不在意。後來，鮑叔牙事公子小白，管仲事公子糾，公子小白和公子糾爭做國君，最後，公子小白即位爲齊桓公，而管仲則成了齊桓公的階下囚。鮑叔牙薦舉管仲，使他爲齊桓公所用。管仲輔佐齊桓公，出謀劃策，使齊桓公成了春秋霸主之一。

管仲功成名就以後說了這樣一番話：從前，我生活艱難的時候，和鮑叔牙一起做生意，得利總是多分一些給自己，鮑叔牙並不認爲我這個人很貪，知道我很窮；我曾經爲鮑叔牙出

主意，結果弄得虧本，鮑叔牙不認爲我愚蠢；我曾經三次做官，三次都被國君趕走了，鮑叔牙不認爲我沒有才幹，而認爲我生不逢時；我曾經三次去打仗，三次做了逃兵，鮑叔牙不認爲我膽小怕死，知道我是因爲有老母親需要贍養；公子糾失敗了，召忽爲他殉節，而我則做了俘虜，鮑叔牙知道我不是不顧小節，而是因爲功名不顯於天下而忍受羞辱。

管仲總結了自己一生和鮑叔牙的交往之後，很感慨地說：「生我者父母，知我者鮑子也。」

鮑叔牙對管仲的瞭解，有較多的理解成分。並非鮑叔牙所有的理解都是對的，像他在戰場上做了逃兵，對家庭是孝子，對國家則不是忠臣。不過，鮑叔牙正是以善知人而享名於後世的。

鮑叔牙有知人之智，同時也有自知之明，他知道自己在治理國家上的才能不及管仲，推薦管仲位居自己之上，自己則甘居管仲之下。

如此的鮑叔牙，能夠忍讓、寬容管仲，是因爲他的胸懷。虛懷若谷，就會對人多幾分理解，從而增加自己的睿智。這個道理不是不容易明白，而是人們在待人接物上，難以眞正地寬大爲懷。所以人們往往不能知人或者是不能自知。

生活中，任何人都有自己的準則，但自己的準則應該和全社會通行的準則相一致。這不是對人的苛求，而是建設和諧的社會環境的需要。但人常常自視過低或者自視過高，由此產

生的矛盾衝突是屢見不鮮的事情，失去了知人或者自知的平和，多了一份情緒，也就少了一份客觀。從而不能知人，也不能自知。

不能知人，就不能以心相交，咫尺千里。

不能自知，則會以荒謬障目，執著迷惘。

兵法上說：知己知彼，百戰不殆，意味著不能知人和不能自知將帶來生活的被動，陷自己於膠著乃至事業的失敗之中。所以每一個人都應該保持清醒的頭腦，在人與人的交往中，勇於知人，也勇於自知。尤其是自知，所以，現在的人們習慣說：人貴有自知之明。因爲不能自知，實際上就不能知人。一葉可以障目，人爲自己所蔽，也就看不清楚外部世界，自然包括了不能夠知人。

自見者不明，自是者不彰

把自知者明的話再深入一步，該是老子說的靠自己的眼睛去看事物，往往看不清楚；自以爲是，常常不能明辨是非。

戰國時，趙國的襄子好酒，有一次，連續喝了五天五夜。

趙襄子很高興，對侍從說：「我喝了五天五夜的酒，還沒有醉意，算得上是趙國的國士。」

侍從優莫說：「您還要努力，您喝酒的勁頭比商紂王差。商紂王喝了七天七夜，您只喝了五天五夜。」

趙襄子一聽，頓時心驚。商紂王因爲荒淫亡國，那麼自己大概也會亡國吧。他緊張地問：「我會亡國嗎？」

優莫說：「不會。」

趙襄子說：「我喝起酒來，比商紂王差不了一點，怎麼會不滅亡呢？」

優莫說：「夏桀和商紂王的滅亡是遇上了商湯王和周武王，現在天下全是夏桀那樣的人，而你是商紂王那樣的人，桀紂並世怎麼會滅亡呢？但很危險了。」

趙襄子開始不以自己貪酒爲非，而以爲是，所以他才在喝了五天五夜的酒以後，很有自豪之感，自譽爲國士。這正是自見、自是的結果。

人的自見、自是通常是人思想、行爲失誤的本源。

個人的見識是很有限的，偉大的科學家牛頓說他的成功是因爲站在巨人的肩膀上，正是看到並承認個人的見識有限而借重於他人，成就自己的事業。而自見、自是者，大多以失敗告終。西楚霸王項羽是很典型的例子。

項羽稱霸以前以武力脅迫劉邦讓出咸陽。他進咸陽以後，有人進言，說咸陽四面地勢險要，中間土地肥沃，是建都稱王的最理想的地方。項羽則說，富貴不歸故鄉，好像是穿著漂亮的衣服在夜晚走路，有誰知道呢？他貪圖虛名，自恃己見，放火燒了咸陽，失去了稱霸的最好基業。

人也應該有執著自見、自是的時候，那就是認定所見、所是的是眞理，於是至死不渝地追求。老子沒有這樣說，但他在衆說紛紜的時代執著於「道」，何嘗不是自見、自是呢？

在通常的情況下，自見、自是都是要不得的，老子說的是常理，而不是特例。

自見、自是同時是在自我封鎖，把衆人的意見和公理排斥在自我之外，實際上也是把自我排斥在衆人和公理之外，自尋孤獨，不僅會守寂寞，而且會孤陋寡聞，以是爲非，以非爲是，那對自我和社會是有害的。

勝人者有力，自勝者強大

人生活在社會上，兩種力量的抗衡總是存在。既包括矛盾的正反兩方，又包括正方或者反方本身力量的比較。事物是相對的，莊子主張相對論，說天下最大的東西是野獸秋天毫毛

的末端（這時候的野獸毫毛是最細小的），最小的是東嶽泰山；壽命最長的是一生下來就死去了的嬰兒，壽命最短的是傳說活了八百歲的彭祖。莊子並不是故作驚人之語，而是說事物的大小、長短都是相對的。那麼，人們彼此之間力量的對比、人自身的矛盾衝突可以說無時無刻不存在，像司馬遷，當社會上的人們議論紛紛，說天與人相互感應，人做了好事天會予以獎勵，人做了壞事，天會予以懲罰。而他心裡就很疑惑，縱觀歷史和現實生活，爲什麼做了好事的人並沒有善終，而做了壞事的人倒是安享天年呢？他想來想去，心裡的疙瘩沒有解開。還有，司馬遷本來是忠臣，他爲李陵辯護，主要是爲了安慰漢武帝，使他食能甘味，寢能安息。沒有想到反而遭了身體虧缺之禍，於是在生還是死上也有過激烈的思想衝突。

正是基於人與人之間以及人自身的行爲、思想的比較、衝突，老子說，勝人者有力，自勝者強大。

勝人者有力，勝人者要有內在的智慧。楚漢相爭，項羽勇武善戰，好幾次把漢王劉邦打得狼狽不堪，彭城一役，項羽以精兵三萬破漢軍幾十萬衆，殺漢兵十幾萬人，把劉邦追殺得四處逃竄，父親、妻兒都顧不上。但最終劉邦以善於用人取勝。他曾經說：運策帷幄之內，決勝千里之外，我不如張良；治理國家，安撫百姓，供給糧草，我不如蕭何；率百萬之軍，戰必勝，攻必取，我不如韓信，我能夠用這三個人，而項羽只有一個謀臣范增又不能用，這就是我之所以勝利，項羽之所以失敗的原因。就此而論，勝人者有力，有階段之勝，也有終

極之勝。常言的誰笑在最後誰就笑得最好，勝人者總是有力的。

勝人者有力並不排斥外在力量的援助，天時、地利、人和都有助於人們取勝，但人最難戰勝的其實是自己。

人性的剛強與軟弱是正常現象，剛強者有軟弱的時候，軟弱者也有剛強的時候。在理智與情感之間，二者的勝與負是交錯發生的。人的理智戰勝情感或者是情感戰勝理智，是一個痛苦的過程。在這方面失敗的經歷幾乎在每個人的人生中都存在過，不過還是要看最終的結果。司馬遷在遭受宮刑以後，痛不欲生，深感自己再也沒有臉面去祭掃父母的墳墓。但他一想到這時候死，沒有什麼意義，想到自己的《史記》還沒有寫完，於是忍受著人生的巨大羞辱，完成了《史記》，成就了他嚮往的「究天人之際，通古今之變，成一家之言」，也使他名垂千古。

自勝者強大，人要能夠戰勝自我，才善於處事不驚或者說從人生的困擾中解脫出來，坦然地面對現實。這不僅是說人在遭遇不幸、坎坷的時候應該戰勝自我，重新確定自己在生活中的位置，而且在事業順心遂意時也需要戰勝自我，以避免高傲滿足，故步自封，人就會不斷地進取。

老子在教育人們這樣處世的時候，不再沈溺於消極的順應自然之中。

為人己愈有，與人己愈多

說人爲自己活著，這話未必就錯。

人們的口頭禪：「一寸光陰一寸金，寸金難買寸光陰」，勸人珍惜光陰，其實是珍惜生命。每個人的生命只有一次，難得的擁有使生命分外貴重。所以，老莊愛教導人們全身避禍，盡可能不使生命受到傷害。因此，人是不是在爲自己活呢？

說人爲別人活著，這話也不錯。

人從呱呱落地的那一刻起，就不單純是屬於自己，而且屬於家庭和社會。人與家庭、社會血肉相連，不可分離。所以，每個人又是爲別人活著。珍惜自己，投身社會服務，也是每一個人應該盡的做人職責。

老子很有意思，既要人注重自我，不要和別人的關係親密，雞犬之聲相聞，老死不相往來該是多好的事情；又說出「爲人己愈有，與人己愈多」的話來，要人關心社會，關心周圍的人們，給人們幫助。幫助別人，自己會更富有；給與別人，自己會更多。

我爲人人，人人爲我，幫助了別人，給與了別人，將會得到別人的回報，於是會使自己

更加富有，財物更加豐足。同時，幫助別人、給與別人，自己的精神將顯得更加充實，獲得新的、更多的滿足。這便爲人己愈有，與人己愈多始終具有物質和精神雙重性。

老子說這樣的話，想的是均貧富，聖人不是不求積累、把自己擁有的無私地分給別人嗎?它的意義卻不限於此，在社會生活中，人人都可能擁有別人不具有的事物，以自己所有濟人所無，是風尚、襟懷，想這樣做的人也許很多，眞正能夠這樣做的人並不多。

這有兩方面的因素。

一方面是想爲人的、想與人的本身爲人、與人的能力有限，心有餘而力不足。

另一方面是具備能力可以爲人的、可以與人的，力有餘而心不足。

只有心力都能及且有這樣境界的人才能做到。

人的生命是有限的，爲人、與人是無限的，將有限的生命投入到無限的爲人和與人之中，生命更能顯示異樣的光彩。老子要人別光顧了自己，也關照關照他人，可見他的胸懷。

五、言與行

言與行，是人品行的表現形式。

言與行，是人能力的表現形式。

所以，人們常說，聽其言而觀其行；言必行，行必果。

生活對人的改造，使言與行有了複雜的表現形態，言行的一致與言行的分離往往交織在一起。去僞存眞是人的願望，但人需要去僞存眞的本事，而且要求別人言行一致的時候，自己也應該言行一致。

人的一生，總有些事情值得一做，而只有抱定一個目標，以決心和毅力貫穿言與行之中，才有成功的可能。人的命運固然有環境和機遇的因素，更重要的是自我的把握程度，做言論的長子、行動的矮子，只會使自己一無所成。

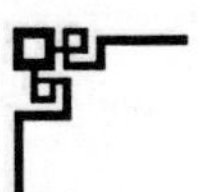

言有宗，事有君

從事寫作的人有一句行話：立主腦。一篇文章應該有一個主要的思想，也就是現在人習慣說的中心思想。文章沒有中心思想，往往會讓讀者不知所云，作者也就達不到自己的目的。

說話也一樣，不管對象是誰，總不能夠東一句、西一句，讓聽話的人忽東忽西，恍恍然無所得。老子雖說距離現在有兩千多年了，「言有宗，事有君」的話，即說話要有一個宗旨，辦事要有一個主宰，仍然讓人時時感到很現實，很有用。

同興道家學說，老子眞的和莊子很有點不一樣。固然是他們兩人都把「道」講得玄虛，講得一些人聽起來就腦袋發暈，但對於生活的態度，莊子把老子消極的一面發展得登峰造極，捨棄了老子在生活中積極的一面。

人們說話辦事有一個宗旨，這樣才不至於離譜或者說離譜太遠。然而，人們往往不能夠言守其宗，事守其君。

言不能守其宗，除了那些好東扯西拉，無主題亂奏曲之外，守其宗的人有時也會失其

宗。韓非子曾經談論遊說國君的困難，其中說：和國君談論大臣的是非曲直，國君則懷疑是在挑撥離間；和國君談論左右地位低下的人，國君會認爲是在出賣自己的權勢；和國君談論他所寵愛的人，國君會認爲是要把這些人作爲自己的靠山；和國君談論他所憎恨的人，國君會認爲是在試探自己。

說話的人想守其宗，聽話的人不知其宗，使說話的人不失其宗也不可能，這是說話人的悲劇。那麼，說話的人應該知道自己的說話對象，確定自己的說話分寸，眞的使言有所宗。

言有所宗是一個人思想清醒、有主見的象徵，而不單純是一個語言表達的問題。一個善於思想且善於表達的人，言有所宗是基本的要求。然而，現實生活中的人們自以爲言有所宗，人們不知道其所宗的事情常常在發生，有時是語言過於混亂，有時是語言過於簡潔含蓄。

老子說話，言約義豐，使他這個主張言有所宗的人，所言有時也讓人難以明白。莊子說話，引喻設譬，本來是言有所宗，人們有時不知其所宗。在後人說不清、道不明中，《道德經》和《莊子》有了深厚的魅力，至今爲人們深愛和孜孜探尋。

言應有宗，以言觀事，事應有君，猶如綱舉目張，工作會更有效率。

信言不美，美言不信

誠實的話不華麗，華麗的話不誠實。老子說這話的時候，文章的樸素是一時風氣，一部《春秋》，雖說備受後人推崇，把它視爲禮義人倫的大宗，治理國家的大法，但它本身實話實說，樸素無華，簡潔明快。《道德經》和《論語》，也是這樣一種風格。

到了戰國，情形就很不一樣，話要說得漂亮、要說得有氣勢，能夠在游說諸侯國君的時候，產生立竿見影的效果。這當然是社會形勢變化了，秦國的「連橫」與齊、楚、趙、魏、韓、燕六國的「合縱」鬥爭，使社會的大舞臺湧現出許許多多的縱橫家爲諸侯國君出謀劃策。這些縱橫家仗三寸不爛之舌，朝爲布衣，夕爲卿相，在很大程度上是依靠美言動人，著名的縱橫家蘇秦、張儀就是如此。蘇秦合縱，掛六國相印；張儀連橫，權傾一時。在那個時代，也有不主張美言的，墨家學派的領袖墨子就認爲說話、寫文章應該質樸無華，以免聽話的人、看文章的人特別喜愛華麗的文詞而忘掉了說話的人、寫文章的人的眞正用心。

老子這樣說，是在傳達有普遍意義的人生經驗，當他說信言不美的時候，就讓人想起民間流行的一句話：良藥苦口利於病，忠言逆耳利於行。逆耳的忠言，就屬於不美的信言。

人自身有很大的弱點，當那直來直去、誠懇無欺的話不牽涉到自己，或者是自己去開導親人、朋友、同事時，都知道信言應該不美，可以理解別人的眞誠，或者是表白自己的眞誠，這樣的情形常常在發生。當輪到別人這樣對待自己的時候，更能接受的不是不美的誠實的話，而是美麗的不誠實的話。

好話讓人心裡舒服，這符合人的虛榮心。項羽、劉邦協力攻秦，劉邦先破秦進入咸陽，並想在咸陽稱王。也想稱王的項羽大怒，憑武力哪有你劉邦稱王的份呢？不行，看我項羽要把你劉邦趕出咸陽，甚至是消滅在咸陽。這一下把劉邦嚇慌了手腳，連忙到項羽的駐地鴻門「請罪」，說是我本來是想讓你先進入咸陽的，沒有想到自己先進入了咸陽。我怎敢在咸陽稱王呢？而是整頓咸陽的秩序，一心等待你來稱王。本來怒髮衝冠的項羽擺下鴻門宴要置劉邦於死地，聽了這話，心裡美滋滋的，寬容了劉邦。氣得項羽的重要謀臣范增把劉邦送來的禮物扔到地上，大叫：奪項王天下的一定是劉邦。果然被他言中了。

信言不美，美言不信，很多人在經歷了慘痛的教訓以後，才能夠明白其中的道理。戰國時楚國的頃襄王寵信奸臣，溺於女色，策士莊辛見了很著急，對他說：「君王左邊是州侯，右邊是夏侯，車子後面跟著鄢陵君和壽陽君，只顧淫逸奢侈的生活，像這樣下去，國家就很危險了。」楚頃襄王哪裡聽得進去，說道：「你怕是老糊塗了吧？故意以妖言惑衆。」直到不久楚國的都城被秦軍攻破，頃襄王才重新想起莊辛的一席忠言，派人把已經去了趙國的莊

辛請回來，向他請教楚國在險峻形勢下的對策，形勢才有了改觀。

信言不美，美信不信，老子的《道德經》五千言，以眞情至理動人，而不以華辭麗藻動人。可是他學說的繼承者莊子則好美言，莊子好編、好講寓言故事，行文汪洋自恣，委曲婉轉，寄眞意於美言，與老子傳授給人的生活經驗有一點背道而馳了。

強行者有志

老子講過一些人要知足的道理，但他又說：「強行者有志」，暗暗寄寓了人不能夠知足，爲了一個目標或者幾個目標的實現，身體力行、堅持不懈。

荀子曾經說過：「鍥而舍之，朽木不折；鍥而不舍，金石可鏤」，並以蚯蚓和螃蟹爲例，說明身體力行還要用心專一方能有所成。這與老子的說法相合，但思想的指向不一樣。老子好道，重的是自然；荀子好儒，重的是禮。

強行者有志，老子、莊子是有志的強行者，他們常勸別人不要有所作爲，說無爲就能有大爲。但他們頑強地宣揚自己的主張，著書立說，使道家學派成爲戰國時期的顯學，使道家思想成爲影響中國人思想意識的三大支柱之一。所以不能輕信他們的話。只說是老、莊身爲

強行者，志在自然無爲，把它作爲人生和社會的終極目標，達到那個目標以後，也許就眞正地自然無爲了。走向這個目標的每一步都是積極地有爲，可是老、莊的目標已經被歷史證明是一場夢想，他們活著的時候沒有實現，死後的兩千多年裡，也沒有人實現過。

莊子曾經給惠施講過一則鳳凰鳥的故事。那時惠施在梁國任國相，有人傳言，說莊子要到梁國取代惠施國相的地位，弄得惠施驚慌失措，派人在梁國的都城搜索了三天三夜。後來，莊子果然到了梁國都城，主動去見惠施。

莊子對惠施說：「南方有一隻鳳凰鳥，從南海飛到北海，沿途不是梧桐樹就不停下來休息，不是竹子的果實就不吃，不是香甜的泉水就不喝。有一隻老鷹找到一隻腐爛的老鼠，見到這隻鳳凰鳥從頭上飛過，急忙轟它走。你現在爲什麼要用梁國來轟我走呢？」

莊子在這則故事裡用鳳凰鳥表現自己的志向，他看不起惠施做的高官，堅守自己的節操，用了三個否定之否定的句子，說明自己的堅定，以見出他的意志和追求。

莊子這則故事是自喻，他並非自喻的大鵬寓言，說大鵬水擊三千里，乘風直上九萬里，以從北海飛到南海，其實大鵬也是志向高遠的強行者。所以，後人常用「鵬志」喻人的遠大抱負。

在那個時代，有志強行的遠遠不止是老子、莊子，當時九流十家所形成的百家爭鳴的社會局面，哪一家不是高舉自己思想的旗幟強行其志呢？孟子曾經很感慨他所處的時代墨家學

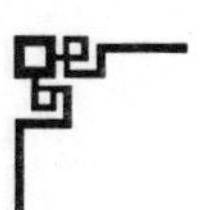

說與楊朱學說橫行天下，使天下的人不歸於楊朱學派就歸於墨翟學派，使孔子的思想主張受到衝擊。孟子心裡很不是滋味，他是孔子學說的繼承者，奮起爲孔子學說辯解，就是強行其志的有力說明。

強行者有志有很寬的適應面，即使是芸芸衆生，也會各懷目的，強行其志。

老子好道，有一些虛浮、連他自己也琢磨不清楚的東西，令想弄明白的人落不到實處。但他說的強行者有志是很實在的話，他以此總結人生，也以此指導人生，與他的自然無爲理論有點背離了。莊子倒是在通往自然無爲的途中講強行其志的故事，比老子消極得多。

用志不分

孔子到楚國去，路過一座樹林，見到一個駝背老人用竿子粘蟬，一粘就是一隻，像在地上拾取一樣。

孔子看了很久，見老人神態若定，讚歎道：「您老人家手眞是巧啊！這是不是有什麼方法呢？」

駝背老人說：「我還眞的是有自己的方法。不過，這方法是通過苦練得來的。開始我在

竿頭疊起兩個丸子，失手的時候很少，直到它們不會掉下來；再疊三個丸子，失手的時候不過十分之一；繼續操練，疊五個丸子而不掉下來，手上粘蟬的功夫也就到家了，只要粘蟬，就會像在地上拾取東西一樣容易。但這只是一個方面。另一方面我精神專注，我站在那兒，舉竿的手臂一動不動，就像沒有生機的枯樹枝。天地那麼大，萬物環繞，我的心不爲所動，只知道有蟬翼而不知道有其他的事物，決不用其他事物分心，你說我粘蟬怎麼會不達到這種境界呢？」

孔子聽了很感動，對弟子們說：「用心專注，聚精會神，大概說的是這位駝背老人吧。」

莊子還講了另一個故事：

大司馬家有個八十歲鍛造衣帶鈎的工匠，掄錘上下，沒有絲毫差錯。大司馬很驚訝地問：「你這樣高超的技巧，是不是有什麼方法呢？」

那工匠說：「我二十歲時開始鍛衣帶鈎，眼睛裡只有衣帶鈎而沒有其他的東西，專心靜意至今，所以至今能夠沒有什麼過失。」

莊子特別注意操練技藝的心態，覺得心無雜念，技藝就會達到很高的水平。不過，他倒不是說人應該掌握某一種技藝，有了這種技藝就是有了謀生的手段，衣食無憂，而是說「道」的修煉只要用心專一是可以達到的。

「道」的修煉是這個理，人生處事也是這個理。

精神的專注、持之以恒是成就事業的基礎，關鍵是人的意志，用心浮躁，三天打魚兩天曬網，無論成就事業的願望多麼強烈，終將是一事無成。

孟子也講過一則故事：

弈秋是全國最好的棋手。他教兩人下棋，一個人專心致志，弈秋教什麼就學什麼、鑽研什麼。另一個人雖然也聽弈秋講棋，但又想有鴻鵠會從窗外飛過，是不是可以用箭把它們射下來呢？兩人都學下棋，智力差不多，最後一個人下得很好，一個人下得平平。原因在於專心還是不專心。

人生雖然由於出生的家庭和社會環境不一，形成了不同的起跑線，有了不同的人生。但人們最終的造就並不完全取決於家庭和社會環境，有些條件好的人無所成就，有些條件差的人反有所成，除了對機遇的把握，能不能專心於事業，堅持不懈也是很重要的原因。

這個道理好說不好做。

專心致志意味著要把別人喝茶、聊天、逛街的時間用於工作。

專心致志意味著要把親情、友情、鄉情貯藏起來，沈迷於工作。

專心致志意味著要準備承受失敗的挫折，在挫折中繼續努力工作。

能夠專心致志的人方有所成，莊子希望人們這樣得「道」。

六、交際之道

交際是人們生活的自然要求，交際有道，其道，並非單純是禮尚往來的方法，而且蘊涵了深厚的人生經驗。

有人善於交際，有人不善於交際，性情的外向和內向固然是原因，和不善於總結人生也有關係。

交際，或為情，或為利，為情不必拘於情，為利不必滯於利。趨利避害是一個大原則，不會有人趨害而避利。

交際宜淡，以淡求長久。

交際宜寬厚，待人寬厚，人也會待己寬厚。

交際宜謹慎，謹慎則不會妄交以致禍。

君子之交淡如水

莊子很愛以孔子做文章，孔子遊說諸侯的遭遇常常成爲他的話題。他說孔子不幸得很，從魯國流亡出來以後，在宋國、衛國、陳國、蔡國不是受人圍困，被人驅趕，就是餓得連飯都沒有吃的，實在可憐。而親人疏遠了他，弟子們也作鳥獸散。這顯然是莊子作了些編造，一編造便有了新的話題：

君子之交淡如水，小人之交甘如醴。

君子淡以親，小人甘以絕。

林回遭難，離鄉逃亡。他家庭小有財富，逃亡之際，攜千金之璧就得捨幼子，攜幼子就得捨千金之璧。林回陷在兩難當中。他沒有猶豫，背起孩子就跑，千金之璧不要了。

有人感到很奇怪，林回怎麼扔下千金之璧而背著一個小孩子逃難呢？爲了財富吧，一個小孩子有多大的價值？害怕拖累吧，小孩的拖累比千金之璧的拖累大得多。於是問道：「你扔下千金之璧，背著小孩子逃命，是爲什麼呢？」

林回說：「千金之璧與我只是利益相合，小孩與我則是天性相連。以利益相合，遇到災

難就會捨棄；以天性相連的，遇到災難就相互包容。以利益相合與以天性相連是距離很遠的。」

以利相合，人們相交之初，就以圖利爲原則，利盡則交疏是必然的。

戰國時，齊國的孟嘗君以善養士與平原君、信陵君、春申君齊名。孟嘗君相齊，有萬戶之邑，一時間門下食客三千。當孟嘗君失勢的時候，這些門客棄孟嘗君而去，當孟嘗君復位，這些門客想重歸孟嘗君門下。孟嘗君很感傷地對馮諼說：「我待這些門客自認爲沒有什麼過失，他們見到我被撤了職，沒有什麼地位，紛紛離去，沒有誰顧念我。現在我恢復了官職，他們又想回到我這裡。他們還有什麼臉面見我呢？等這些人來了，我一定要羞辱他們一番！」

馮諼說：「先生之言錯了。富貴多士，貧賤寡友，世上的事情都是這樣。你沒有見到趕集的人嗎？早上，人們蜂湧到集市上，側著肩膀往門裡面擠，唯恐落在別人後面。到傍晚的時候，人們路過集市，丟著膀子不肯到集市上看一看。並不是人們喜歡早市而討厭晚市，而是早市有利可圖，傍市無利可圖。這些人與你本來是以利相交，你失了勢，無利可圖，他們離去是自然的。現在你重新得勢，他們回來也是自然的。先生不必在意，還是像以前一樣對待賓客吧。」

馮諼把話說得更透，以利相交是普遍的社會現象，失意於以利相交沒有什麼值得奇怪

的。

利益的誘惑往往成為人們結交的媒介，使一些人變得很實在。有利則有情，無利則無情，相交容易，絕交也容易。

莊子視以利相交的為小人，他超然處於利益之外，可以按照自己的意願鄙薄人們以利相交。而希望人人都是君子，君子以道義交，看似平淡，其實情濃。道義勝似利益，道義激發的情感共鳴比眼前的利益來得更加久遠，更加富有韻味。鍾子期與俞伯牙之交、鮑叔牙與管仲之交，可以說是典型的君子之交，方能成為千古佳話，而以利相交的人，得利於一時，終將為歷史所淹沒。所以，與其做酒肉朋友，不如做道義朋友。

以德報怨

「怨怨相報何時了」，人與人之間不可解的矛盾衝突，最易形成怨怨相報。宗派之爭、家族之爭，乃至於錙銖之爭、口角之爭，都有可能引起怨怨相報。

孔子的弟子曾經問他，有沒有一個字可以終生奉行？孔子說有，這就是「恕」，即寬容。雖說寬容本有限度，但在日常充滿親情、友情的生活中待人寬容是人們的必須，只有寬容才

能建立一個和諧的生存環境，使自己的精神放鬆，較好地創造生活、享受生活。

老子是把無爲當作爲、把無事當作事、把無味當作味的人，在這種生活態度中，培養起自己的寬容精神，像他說的：不管別人對我的怨恨有多少，我都用德行去報答。這就是流傳至今的「以德報怨」。老子以平和沖淡的心境看待社會和人生，無羞無惱，然而以人爲主體的社會是相當複雜的。

人與人相處，難免會有矛盾衝突，或者明的，或者暗的。矛盾的調解，彼此氣消心平的事常有。但矛盾沒有得到調解，或者激化也是常有的事。即使人與人之間本來沒有矛盾，因某一方的欲望會引起矛盾，看人怎麼處。

以德報怨，傳說中的虞舜是一個典範。

虞舜的母親早死，父親瞽叟娶了後母，生了個兒子名象。瞽叟愛象總想置舜於死地，舜有一點小錯就嚴加懲罰。待象成人以後，瞽叟和象聯手陰謀殺舜。一次，瞽叟要舜修補倉庫，待舜上了屋頂，瞽叟就在下面放起火來，沒有想到舜舉著兩頂斗笠從屋頂上跳下，得以不死。後來，瞽叟又要舜去打井，當舜下到井底，瞽叟和象在上面填土，把井填得嚴嚴實實，心想舜必死無疑。象與父母商量瓜分舜的財產。象說：「這個主意是我出的，舜的兩個妻子和琴歸我，他的牛羊、倉庫就歸爹媽吧。」這一次他們又沒有想到，舜從井底旁邊的一個通道口出來了。舜雖然知道父親和弟弟要害他，但根本就不放在心上，對父親還是那麼孝

順，對弟弟還是那麼友愛，以德相報。

人們為利益驅使，為尊嚴驅使，懷怨而不報怨，不是容易做得到的事情，更何況以德報怨。

以德報怨，最應具備的是做人的胸懷。唯有胸懷坦蕩、寬厚的人才有可能達到這樣的做人境界。

當老子這樣說的時候，是在勸人在矛盾糾葛中，淡化名利，以致淡化自我受到傷害的尊嚴。所謂退一步海闊天空。明代的洪自誠曾經這樣說：「處世讓一步為高，退步即進步張本；待人寬一分是福，利人實利己之基。」這得了老子以德報怨的精髓，老子崇尚無為而無不為，以德報怨仍是以退為進之術，與其以怨報怨害人也害己，當然不如以德報怨的利人也利己。

話說回來，以德報怨終有限度，對以國家、人民為敵、害國害民的人並不能以德報怨，否則害國害民也害己。

輕諾必寡信

一諾千金是許多人的人生準則。

「一言既出，駟馬難追」，也在表明已諾必誠。

守諾，其實是守信，守自我待人的眞誠，守自我的人格。小則關係自我，大則關係治國。

相傳曾參的妻子到集市上去，她的孩子拉著她的衣襟，哭著也要去。曾參的妻子說：「孩子，你別去吧，等我回來殺豬給你吃。」曾參的妻子從集市上回來，曾參去殺豬。他的妻子說：「你幹嘛當眞呢？我不過是跟他開個玩笑。」曾參說：「對小孩子不能夠隨便開玩笑，他們的一言一行都向父母學習，你現在答應了又不去做，那不是教孩子也學會欺騙嗎？你欺騙了他，他不相信你，你以後對孩子的教育就會落空。」於是，曾參和妻子眞的把豬殺了，弄給孩子吃。

晉文公有一次率領軍隊去攻打原地，進軍以前就與將士約好，三天，一定要把原地攻下來，如果攻不下來，就撤兵。原地本來是一個很小的地方，但原地的人在強敵面前並不示

弱，拼死抵禦，使晉文公的軍隊遲遲沒有進展。三天時間一晃就快過去了，晉文公下令準備撤兵。這時候有間諜報告說，原地的人已經精疲力竭，糧食也快吃完了，您只要再堅持一天，一定可以攻克原地。晉文公卻說：「我不能因爲一個小小的原地而失信於民，撤兵！」因此，原地的人主動投降了。

曾參、晉文公以誠信教人，這使曾參成爲孔子之後儒學的重要傳人，使晉文公成爲春秋五霸之一。

人們應該對自己的行爲負責，說「是」、「好」、「行」、「可以」等等都只是一瞬間的事，但它包含了自己對某一個問題或者某一件事的思考，權衡可行還是不可行，辦得到還是辦不到，輕率地應允，實際上辦不到而失信於人就不奇怪了。

在嚴峻的社會生活中，人們的任何行爲都要受制於客觀環境，而不可能使行爲絕對地個體化，我說行就行、我說可以就可以是很有限的。輕率地答應必然導致說到而做不到，失信於人。所以，老子的輕諾必寡信之說，飽含了人生的經驗。

於是，他給人們提出兩個方面的問題。

一是人不可輕「諾」。人們對自我能量的把握，應該視生存環境與自我爲一個整體，不可爲而爲之，雖然顯得勇氣可嘉、有一點悲壯的色彩，但有悖事物自身的規律和可行性，並不可取。

二是人不可輕信「諾」。有些事情按照常理明知不可行而輕信，則是信「諾」者的悲哀。秦始皇、漢武帝先後要方術之士爲他尋找仙人和成仙之道，一般人都明白是虛幻，永遠不會成爲現實，他們卻相信得如醉如癡，終究是一場夢。其他不可行而被說成行的事情也普遍存在，在人誠信上的打假是應該引起注意的。

當然，輕諾必寡信不能成爲人自我禁錮的枷鎖，以致於事事猜疑，事事難成。人應該有所思而形於諾，有所思而信於諾。

以人言善我，也會以人言罪我

在社會生活中人與人之間關係的處理不很容易，幸福會因人而發生，災禍也會因人而發生。其實承受幸福和承受災禍的人並沒有變化。

莊子講過一個列子的故事：

列子家裡很窮，常常上頓吃了沒有下頓，他和妻子都餓得面黃肌瘦。這被他的一個朋友知道了，心裡很不好受。

一天，列子的這位朋友去拜會鄭國的國相子陽，對子陽說：「列禦寇是很有道術的人，

在你們鄭國連生活都維持不下去，是不是你這個人不喜歡賢能的人，對列禦寇這種人的貧困視而不見，聽而不聞呢？」

子陽回答道：「不是你說，我真的不知道。這樣吧，我馬上派人給他送些糧食去。」

第二天，子陽的使者帶著幾袋糧食到了列子家裡，進門之後就對列子說：「國相子陽先生聽說你的生活很艱難，特地派我給您老人家送些吃的來。這幾袋糧食，就請您老人家收下吧。」

列子聽了這話，向使者作了兩個揖，淡淡地說：「子陽先生的好意我知道了。糧食可不能收，你還是帶回去吧。」

使者說：「糧食我已經送來了，您還是收下吧。」

列子不再說什麼，讓人把幾袋糧食重新搬到使者的車上，硬是把使者打發走了。

當列子回到家裡，他的妻子正不高興地等著。他的妻子看著他、捶著胸說：「我聽說深明道術的人的妻子生活很安逸，但我連飯都吃不飽。現在鄭國的國相派人送糧食來，這不是很好的事嗎？可是你又堅持不接受。看來，我們只好認命守窮了。」列子笑了，然後對她說：「這你就不懂了。鄭子陽並不是親自考察我的家境，而是聽別人說我很窮，這才送糧食給我。這就留下了一個隱患，如果有一天，他聽別人說我做了壞事而要處罰我，那不是很糟糕的事嗎？所以，我沒有飯吃也不能接受他送來的糧食。」

無獨有偶，韓非子也講了一個類似的故事：

戰國時，魯丹遊說中山國的國君，多次都無濟於事。魯丹想來想去，實在想不出能夠直接打動中山國君的辦法，就花了五十兩金子賄賂中山國君左右的人，請他們在國君面前美言幾句。這一招眞靈，等他再去見中山國君的時候，中山國君沒有說什麼就把他視爲上賓，以豐盛的筵席招待他。

魯丹拜會了中山國君，出了王宮，沒有回到旅館裡，而是對他的車夫說：「快點，我們離開中山國。」

他的車夫感到很奇怪，就對魯丹說：「你這次去見中山國君，他不是待你很好嗎？爲什麼要這麼快就走呢？」

魯丹說：「中山國君並不是聽從了我遊說之詞親近我的，而是聽了別人的話。他聽了別人說我的好話把我視爲上賓，也會聽別人說我的壞話對我嚴加處罰。我們還是趕快離開中山國的好。」

不料，魯丹還沒有出中山國的國境，中山國君的公子就對他父親說：「魯丹這次來中山遊說你，是爲趙國離間中山，沒有懷什麼好意。」中山國君一聽，怒火中燒，不加考察，就派人去追捕魯丹，把魯丹抓回來關進了監獄。

人生有很多教訓，列子和魯丹都懂得「以人言善我，必以人言罪我」的道理，魯丹從喜

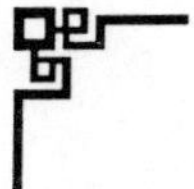

劇墜入悲劇，命運的突然變化，並不是這個道理本身出了問題，而是說魯丹好話與說魯丹壞話的人時間的間隔太短，來不及迴避災禍就降臨了。

莊子和韓非子講的故事都是勸人善於處世，按莊子的思想，人生活在社會上，要力求避禍全身，爲此，自己忍饑挨餓也是值得的。

七、建功自全說

老莊的自然無爲觀，使他們對爲社會建功立業持排斥的態度。人所要的是平、和的生活，在平和中安享天年。老子不像莊子那樣激烈，對功業的捨棄也是顯而易見的。而莊子對功業表現出來的厭倦，貫穿了一生。他比老子更多地談論無須建立功業，以免因功業而妨害了性命。但在現實生活中，功業總需要人去建立，也總會有人建立，於是沒有建功立業的老莊，爲人設想建功立業之後怎樣才能夠自我保全。

功成而不居功，功成而身退就成了重要的全身之道。他們這樣爲人指示路徑，是在功業與自我保全二者之間勸人淡化功業，以自我保全爲人生的最高宗旨。

建立了功業而淡化功業甚至是放棄功業是痛苦的，人應該戰勝自我。

功成不居

功成不居功，不自以爲了不得而懷有一顆平平常常的心，是一種胸懷。老子和莊子本不主張人建功立業，因爲建功立業有悖他們自然無爲的主導思想，但他們很稱道建功而不居功的人和行爲。

春秋戰國時代，劇烈的動蕩爲人們創造了許多建功機遇，一些善於謀略的讀書人紛紛遊說諸侯，往往得到諸侯的重用，以致社會上流行「朝爲布衣，夕爲卿相」；「士別三日，當刮目相待」。力圖建功的人各有各的打算，免不了爲名聲利祿。功成而不居之所以爲老、莊看重，在於立功者對名利的淡泊，這很符合老莊的人生精神。

老子說，功成不居是聖人之道，把它推崇得這樣高，眞的是希望平凡的人們成爲聖人之徒，也能夠功成不居功。莊子不像他把話說得這麼抽象，而是講述了一個宰羊人的故事。

楚昭王當位時，吳國伐楚，攻破了楚國的郢都，楚昭王倉皇逃命，跟隨他出逃的人中，有一個名「說」的屠羊人。

楚昭王後來返回郢都，認爲跟隨他流亡的人都是有功之臣，大加賞賜，屠羊說也在其

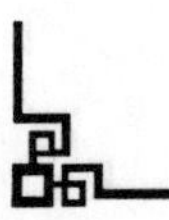

中。屠羊說對行賞的人說：「大王失去國家都城的時候，我也失去了宰羊的職業；現在大王回到了郢都，我也回到了宰羊的崗位上，我的『爵祿』就算是恢復了，還有什麼必要得到您的賞賜呢？」

楚昭王也很有意思，他想跟隨我流亡的人都受賞，你屠羊說怎麼能夠不受賞呢？於是對大臣說：「命令他接受賞賜！」屠羊說又說話了：「大王失去郢都，不是我的罪過，如果要因此殺我，我是不會伏罪的；大王回到了郢都，也不是我的功勞，所以我不敢接受賞賜。」

楚昭王聽了大臣的轉述，爲屠羊說的節操感動，傳令接見他。屠羊說說道：「楚國的法令很明確，一定是立了大功、得了重賞的人才能夠受到接見。我知道自己智慧不足以保全國家，勇力不足以消滅敵人。吳國的軍隊攻入郢都，我是害怕災禍臨頭，逃避敵寇才跟隨大王流亡，並不是有意跟隨大王，大王怎麼能夠廢棄國家的法令接見我呢？我也不願意通過您的接見揚名天下。」

楚昭王深深感動了，對司馬子綦說：「屠羊說地位卑賤，所說的道理卻很高明。你爲我去把他請來，我要封他爲公卿。」屠羊說說：「公卿的位置比我的屠宰場要高貴多了，萬鍾的俸祿，比我宰羊的利益要大得多。但我怎麼能夠貪圖爵位而讓國君得到隨意封官的名聲呢？我實在不能接受，還是讓我回到屠宰場去吧！」最終還是沒有接受。

屠羊說的故事很動人，面對唾手可得的厚祿顯爵，心不爲所動，淡泊名利仕途到了極

點，和莊子樂道的不求名利的聖人、神人可以說是一流了。

功成而不居功，功之所以成，是需要認眞思考的。晉國的介之推也曾有過功成不居的優秀表現，說不能「貪天之功以爲己功」。即使是自己建立的功勞，也不要輕易歸到自己的名下，而要看到事物的運行規律和他人的作用，也就會淡化自己的居功意識，做一個屠羊說那樣的人。

功成身退

和功成不居功有些聯繫的是功成身退。

老子稱「功成身退是天之道」，天之道即自然之道，在口口聲聲談論自然的老子來說，是功成之後的最高境界。人應該有這種自覺的意識。

功成身退，是人功成之後自全的重要生活方式。

漢高祖劉邦手下有兩個很重要的人物：武將韓信和謀臣張良，二人都有開國之功，命運迥然不同。

楚漢相爭，韓信爲劉邦所用，多次爲劉邦解圍救困，以致於一時間的天下形勢取決於韓

信，韓信向漢則漢勝，韓信向楚則楚勝，如果韓信自立爲王，則天下三分，楚、漢、韓鼎足而立。齊國人蒯通洞悉了天下形勢，遊說韓信，勸韓信背漢自立。韓信不從，他說漢王劉邦對我很好，把他的車子給我坐，把他的衣服給我穿，把他的食物給我吃，我怎麼能夠向利背義呢？劉邦自知攻城野戰不及韓信，韓信也自以爲功高。西漢立國以後，韓信知道劉邦忌諱他的才能，雖時時注意，但在劉邦面前也不掩飾自己的情緒。劉邦曾經和韓信談帶兵之道，他問韓信：「像我這樣的人可以帶多少兵呢？」韓信說：「陛下帶兵不過十萬。」劉邦反問他：「你能帶多少呢？」韓信回答：「我是愈多愈好。」也許韓信自知失言，馬上奉承劉邦，說劉邦雖不善於將兵，但有天授之力，善於將將，所以像我這樣的人都在陛下的麾下。韓信功高震主，西漢開國以後日子過得很不開心，他戰戰兢兢，終於有了反心。劉邦在第一次逮捕他的時候，韓信很感慨地說：「常人說，『狡兔死，良狗烹；高鳥盡，良弓藏；敵國破，謀臣亡。』現在天下已經平定，我理當被殺頭。」儘管劉邦沒有殺他，最後，韓信還是被劉邦的妻子呂后殺了。

張良則不一樣。他爲劉邦效犬馬之勞，運策於帷幄之內，決勝於千里之外。項羽的鴻門宴上，劉邦得以安然脫身，張良功不可沒；劉邦在滎陽被項羽打得狼狽不堪，情勢萬分危急，張良與陳平策劃，使劉邦脫險；滎陽之戰後，劉邦和項羽以鴻溝爲界，鴻溝以西歸漢，鴻溝以東歸楚，張良勸劉邦乘勢奪取天下，使楚軍困於垓下，進入末路。所以，劉邦在分封功臣的時候，儘管張良沒有攻城野戰之功，劉邦說：「運籌帷帳中，決勝千里外，子房功也。自擇齊三萬戶。」張良卻說：「我起於下邳，和陛下相遇於留這個地方，這是天意。陛下用我的計策，有幸計策沒有什麼失誤，您只把留這個地方封給我就行了，我不敢承受有三萬戶的封地。」後來，他回顧自己的一生，從他家世世代代是韓國貴族，韓滅亡以後他在博浪沙伏擊秦始皇，為劉邦謀臣，功成以後封萬戶位列侯，可以說是一個平民生活的頂點，心裡已經很滿足了。從此不想過問世事，修行道術，生活清淡，得以善終。

張良早年有刺殺秦始皇的非常舉動，晚年功成身退，和他好道術有關係，他隱於下邳與一位教誨他讀《太公兵法》，成為帝王老師的老人相遇的時候，老人就對他說：「十三年以後，你在濟北見我，穀城下的黃石就是我。」老人語藏玄機，冥冥之中引導著他的人生，十三年後，他果然在濟北穀城山下見到一塊黃石，並以那個地方為他人生的最後歸宿。

功成身不退與功成身退不一定會有韓信或者張良那樣的人生結局，但功成身退無疑比功成身不退更能夠保全自己。老子之所以要人們功成身退，主要是求自我保全，生命的意義首先是存在，活著就好。

建功自全的技巧

老子說的功成不居、功成身退，思想的精髓是要人善於自我保全。建功本來是許多人企盼的，假如有所建樹卻因為建樹而喪失了性命，那人還有什麼必要去建立功勞呢？老子和莊子很重視人的生命，孟子說，為道義可以捨棄生命，老、莊絕不會說出這種話。以無為求有為，根本的宗旨是養命。

秦王嬴政手下有一員大將，名叫王翦，曾受命攻打趙國、燕國、魏國都大獲全勝，很得秦王嬴政的信任。嬴政轉而想去攻打楚國，召見年輕的猛將李信和老將王翦。嬴政問李信用多少兵力可以破楚，李信說：「不過二十萬人。」轉而問王翦，王翦說：「非六十萬人不可。」嬴政笑了：「王將軍年邁，心裡害怕了。還是李將軍壯勇，他說得對。」於是派李信和蒙恬率二十萬眾攻楚，而王翦稱病，告老還鄉，回頻陽修身養性去了。

李信與蒙恬先勝兩仗，不料在城父這個地方為楚軍追殺，潰不成軍。秦王嬴政又惱又氣，無奈只好到頻陽去見王翦，向他賠禮道歉，請他出兵救秦。王翦先是推辭，不得已仍然說：「大王一定要我出兵，我還是那句話，非六十萬軍隊不可。」秦王嬴政答應了。

王翦統帥六十萬大軍出征，秦王嬴政送他到灞上。臨行之際，王翦說：「大王，我率兵出征，爲您效命沙場，您應該賞賜我一些良田美宅、園林清池才是。」秦王嬴政笑了，說道：「你放心去吧，難道會讓你生活貧困嗎？」當場就下令行賞，滿足了王翦的要求。

王翦率兵走到函谷關，又先後五次派使者去找秦王嬴政要良田美池。有人說：「王將軍像這樣討賞，也太過分了吧？」王翦說：「不是你們說的這麼回事。秦王這個人暴虐多疑，現在把全國的軍隊都交給我一個人統領，我不多要些良田美池，表示我雖在外作戰，但我的子孫還在家裡，我時刻在爲他們考慮。那麼秦王嬴政就不會懷疑我有反心了。否則的話，秦王嬴政一定會起疑心，那我的人頭恐怕都保不住了。」

就王翦出征來說，顯然是在有爲，儘管他有些不得已。他後來大勝而歸，名垂後世。但王翦爲自己及家庭的設計，時時在顯示胸無大志，在社會上已經不想幹什麼事業了。這並不是他的本心，本心是擔心過於張揚，顯露志氣，會給自己及家庭造成很大的災難。他在無爲中，還是有所爲的。

王翦這樣處事，很符合老莊精神。他把自己放在無能、不想有所爲的地位，這樣性命就無憂了。

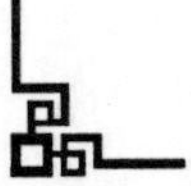

八、隨波順流

屈原被楚襄王流放到湘江，身體乾瘦，面容憔悴。一天，他在江邊漫步，遇到一個打魚的老人。老人問道：「你不是三閭大夫嗎？怎麼弄成了這個樣子？」屈原說：「社會一片混濁，只有我一個人乾淨；大家都醉了，只有我一個人清醒。所以我才會這樣。」老人說：「這你就不懂了，聰明人不執著於物，隨社會的變化而變化，大家混濁，你也混濁；大家醉了，你跟著醉不就行了。何必苦了自己呢？」

打魚老人的一席話，就是勸屈原隨波順流。

隨波順流，是要人以衆人的意願爲意願，不要執著於自我的品性。想超脫世俗的莊子，在超脫不能的時候，也勸人隨波順流，順應社會生活的自然。他認爲，人要能夠順應社會生活的自然，就可以自得自如了。

生於陵而安於陵，生於水而安於水

生於山陵則安於山陵，生於水澤則安於水澤，這出自莊子的一則寓言：

孔子在呂梁觀光，欣賞飛流直下的瀑布。那瀑布高懸二十幾丈，其下水流湍急，魚鱉都無法游動。令人驚訝的是，一個男子在水中游，孔子心想：他是不是有什麼苦愁故意投水自盡呢？於是，孔子對弟子們說：「你們快去把他救起來。」他的弟子順流而下，正要去救他，只見那男子已經從水裡上岸，披著頭髮在堤岸下唱歌。

孔子上前問道：「開始我認爲你是鬼，後來仔細一看才知道你是人。你在這樣的急流中游泳有什麼方法嗎？」

那男子說：「沒有什麼方法。我最初是守常，久而久之，就養成習性，最後就順應自然。我在急流中順水而下，水勢浮則浮，沈則沈，隨順而不逆水性而動。僅此而已。」

孔子不能明白，又問：「什麼是守常、習性和順應自然呢？」

那男子說：「生於山陵而安於山陵，就是守常；生於水而安於水，就是習性；不知道所以然而然，就是自然。」

這樣說，生於陵而安於陵，生於水而安於水是要人隨遇而安。不同的生存環境造成了人不同的心態，見異思遷，得隴望蜀雖被人們非議，人們仍然是時時見異思遷，得隴望蜀。人心的不安定、不知足，會給自身帶來煩惱、痛苦，其中孕育的或者是貪婪，或者是進取，都不甘於隨遇而安，使生於山陵而思水澤，生於水澤而思山陵是常有的事。這與莊子的思想可以說是異途而趨，要讓莊子說，有什麼必要這樣呢。

莊子本來主張人與萬物都應遵循自然規律，各守本性。也就是說，人不必去改造萬物，萬物也不必去改造人。但他說生於陵而安於陵，生於水而安於水的時候，人的本性因為要適應環境被改變了。在這裡，人的生存環境占了主導地位，人與生存環境的不和諧，最後以人適應環境而告終。

有一句流行的話：靠山吃山，靠水吃水。這和莊子說的有很大的差異，靠山的人要吃山，靠水的人要吃水，總要從山水中挖出可以養命的東西來，「吃」中就有改造。

莊子要人們在生活環境中求得新的自然，但這種自然無異於削足適履，有什麼委曲也就認了。這表面上看起來有些痛苦，時間長了，養成習性，痛苦並不復存在了。人既然應該生於陵而安於陵，生於水而安於水，那麼在生活中就不必執著於自己的生活態度。莊子曾虛構過堯和一個華地戍邊人的一番對話，華地戍邊人祝堯長壽、富貴、多子，堯一一辭謝。於是華地戍邊人說堯：「以前我認為你是聖人，現在看來你只是一個君子。蒼天讓你長壽你就長

壽，讓你富貴你就富貴，讓你多子就多子，隨順自然好了。天下有道，你就和萬物一起昌盛；天下無道，就修身養性，不會有什麼災禍屈辱。像你這樣不能夠隨遇而安，眞只是一個君子。」

莊子勸人安於命運，又勸人安於環境，人的行爲雖然消極，但內心平和，悠然自得，如此聊過一生。

彼且為嬰兒，亦與之為嬰兒

面對人生的無可奈何，認爲是命運中的冥冥安排，不去激化生活中的矛盾，更不用說想辦法解決生活中的矛盾，也是一種生活。但莊子還有其他的考慮，設計人的處世方式。

他有一個很有趣的說法：「一以己爲馬，一以己爲牛」或者是「呼我牛也而謂之牛，呼我馬也而謂之馬」這就是你把我看作馬我就是馬，你把我看作牛我就是牛，人生是無所謂的。

人生本不該這樣冷漠，沒有一點情感的衝動，但這樣才能夠保持莊子所期望的心性自然，人也就不會因爲別人待自己怎樣失去了內心的平和。當把這種關係顚倒過來，在對待別

人中操作自己，莊子也沒有表示出積極的態勢。

顏闔將去做衛靈公太子的老師，臨行前向蘧伯玉請教道：「現在有人天性殘暴，如果和他相處不守法度，就會危及國家；如果和他相處遵守法度，就會危及自身。像這樣應該怎麼辦呢？」

蘧伯玉說：「這可得謹慎。首先得端正自己，不要躁動不安。你表面上不要太親近，內心疏導他不要太顯露。太親近會使人感到威脅，遭致毀滅；太顯露會使人覺得你是爭名，降臨禍患。最好的是他如果像嬰兒，你也就像嬰兒；他如果處事沒有界線，你也就沒有界線；他如果沒有拘束，你也就沒有拘束。然後把他引導到正確的思想軌道上來。」

蘧伯玉的這番話看似教人怎樣以退爲進，先保護自己不受傷害，從而達到意欲達到的目的，其實達到目的遠沒有自我的保護重要。所以他在告訴人們怎樣處理這種關係的時候，以螳臂擋車、養老虎、愛馬的故事形象地作了說明。

螳螂沒有自知之明，用臂膀去擋滾滾的車輪，哪裡知道力量不能及，結果被車輪輾得粉碎。善良的人與不善良的人行爲的阻礙，就像螳臂擋車一樣，只會自取禍患。

人們不敢用鮮活的、完整的食物餵養老虎，害怕激起老虎嗜殺的天性。所以常在老虎饑餓的時候，順著它的性子餵養，這樣老虎就會很馴服。否則，老虎是會傷害人的。

愛馬的人，當蚊虻叮馬的時候，他撲打蚊虻，馬突然受驚咬斷勒口、掙斷轡繩，愛馬的

結果是沒有得到馬的愛。

莊子所說，歸根結柢是人處世的行爲應該以適人之性爲原則，別人的性情是什麼樣子，你就隨順他是什麼樣子，在別人的性情中消磨自己的性情，以求自我的保全。把這推演開來，必然是隨波順流，處世者生命的意義全在生命肉體的存在，除此，別無所求。

知其不可奈何而安之若命

給人的印象不太正視現實的莊子，時時在正視生命的現實。相反地，他倒是認爲世上的人們輕看了生命，忽略了生命的存在。

有一個主持宗廟祭祀的官吏穿戴著整整齊齊的禮服到豬圈去，對圈裡的豬說：「你們爲什麼討厭死亡呢？我打算把你們餵養三個月，然後戒十天、齋三天，再把你們放在鋪有白茅的雕花板上，你們願意嗎？」

這看起來顯得很尊貴，其實是宰了豬作祭祀祖先神靈的供品。豬當然不願意。

主持祭祀的官吏說：「要我替你們想，我也不願意。我寧可就在豬圈裡，吃粗糙的糟糠度日，活得再痛苦也比死了要好得多。」

於是，莊子說：人爲自己考慮，活著的時候希望能夠做高官、享厚祿，死了以後，希望能夠躺在雕花的棺槨裡。但人爲豬考慮，不希望過富貴的生活，不希望在死後享受華美的待遇。

人爲豬考慮遵循了豬的生命法則。

人爲自我考慮違背了生命的自然法則。

莊子對社會現實的尖銳批評，在於人應該珍視生命，尋求生命的存在，而不是爲種種欲望妨生害性。可是現實又常在束縛著人的生活，使人表現出對生活的無可奈何。

知其不可奈何而安之若命，莊子把話說到這個份上，入俗就到了極點。

對於沒有辦法的個人境遇，認作是命中注定，是天生不可變化的。這種思想在民間流傳，經久不息。它足以化解人內心的不平之氣，使人把不得志、吃虧上當都認爲是理所當然的事情。東漢的趙壹在《刺世疾邪賦》裡就發了一通牢騷，說奸邪之人受重用，而正直有才華賢德的人受到冷落，眞是命中注定的。

不過，莊子的這種思想並不尋常，因爲他說只有具備德行的人才能夠做到知其不可奈何而安之若命。他有時也發牢騷，像監河侯不願借糧食給他，婉言推諉，他就說如果是那樣的話，我早就餓死了；惠施死了以後，他感歎再也沒有論辯的對手了。但他總體上處事平淡，知其不可奈何而安之若命就是化心理上的不平衡爲平衡之術。

知其不可奈何而安之若命是很消極的，然而受這種思想影響的人並不少。生活中人的坎坷大多少不了，遇了挫折而以命中注定討得自我安慰不失爲一種解決心緒不好的方法。莊子這樣教導別人，他自己也走這條路。知其不可奈何而安之若命，說到底還是爲了養命。

鳧脛莫續，鶴脛休斷

日中則移，月盈則虧，是事物發展的規律。事物發展到自身的頂點，就會產生自然的變化，善於把握它們的變化，則有利立於不敗之地，這是人們所嚮往的。這一點很容易爲人忽視，人們在工作的進程中，有時不考慮事物自身的「度」，不是達不到「度」就是過「度」，想求盡善盡美是不可能的。

東野稷以擅長駕車去拜見莊公，並當場駕著車子讓莊公親眼看一看他駕車的本領。

東野稷駕著車，時進時退，進退的車轍筆筆直直；左轉右轉，轉彎的弧線好像圓規劃的一樣。莊公看得很有興致，要東野稷駕著車轉了一百圈。

這時候，顏闔來了，看著東野稷駕車的情形，顏闔對莊公說：「東野稷的馬將會失敗。」莊公默默不作聲。

過了一會，東野稷的馬果然沒有轉完一百圈就回來了。莊公問顏闔道：「你怎麼知道東野稷的馬會失敗呢？」顏闔說：「東野稷的馬已經精疲力竭了，但他還是一個勁地抽打，要馬加油跑，那怎麼不失敗呢？」

東野稷馬的失敗，顯而易見是超過了馬力量的限度。

站在現實的土地上感受或想像時空，時空彷彿無窮，所以莊子也常說游於無窮的時空。然而，這畢竟距離人們的生活太遠，生活的每一天、所要做的每一件事是很實在的。老子和莊子通常要人們順應自然，順應自然對於處事則是遵循事物本身的規律，既然遵循規律，也就不存在過度的問題。

沒有無度的事物。

人的耐熱、耐寒力有度，心理承受力也有度。爲什麼有人死在酷暑、嚴寒之下；爲什麼有的人在艱難面前承受不了，甚至是自我毀滅，就是艱難超過了他能承受的程度。

務農經商、做工求學，事事都有度。莊稼成熟了不收穫就會腐爛，商品不適用就會滯銷，機器不停地動轉就會磨損，學不致用就會成爲冬烘先生。對於人們來說，凡事守度，不過也無不及，該是多麼重要的事情。

莊子講東野稷的故事，固然是告誡人們，凡事不可過度，但他主要是教人適物之性。物性不可動搖，「鳧脛雖短，續之則憂；鶴脛雖長，斷之則悲」，違物之性是物的悲哀，也是人

的悲哀。物之敗，同時也意味著人某種行爲的失敗，這不能不引起高度的警惕。

所以，鳧脛莫續，鶴脛休斷。

【用世篇】

始與終
善戰者
柔弱勝剛強
欲擒故縱
治國之弊
治民之技
絕棄之術
無爲韜略
理想世道

不要說老莊是不入世的，他們的生命之道、修養之道、處世之道，表面上是超脫塵俗，本質上就是入世之道，不過是老莊的表述不同，注重的入世方法不同。他們力圖用自己的思想方法改造現實社會，就像儒、墨、法用各自的方略改造社會一樣。

就用世說來，老子和莊子不全一樣，老子有一些切實的入世方法，莊子則偏於玄虛，所以老子之術更多地爲社會生活中的人們運用。但他們在根本上還是共同的，即用棄絕的方法改造社會。

棄絕仁義、聖智、巧利，人就可以恢復原始本性，順應自然，無所作爲，社會就治理好了，這就是無爲而無所不爲，是在以不求爲社會所用的方式尋求爲社會所用。所以有人說他們治理社會採取的是「棄絕」之術。

對於社會現實，淡泊的老莊內心有太多的不滿，也有太多的無奈，他們最終要棄絕整個現實社會重建一個新的社會，一個絕對自然自由的、人與物和諧相處的社會，使之成爲他們用世謀略的極致。

他們知道，人們從無爲到無不爲，要走過一段漫長的修身養性的道路，老莊鼓動人們走過去，進入人生和社會的佳境，眞正有多少人能夠走過去是一回事，他們的理論是另一回事。

他們自己朝著這個方向努力，也希望人們朝著這個方向努力。

一、始與終

事情的開始與結束是一個整體，人們常說有始有終，就是從整體的角度考慮的。有始有終是一般的要求，理想的應該是善始善終，有好的開始，也有好的結束，而不是虎頭蛇尾。

當人們強調處事要善始善終的時候，注重的是處事者的能動作用。然而事情有自身的運行規律，人的作用與事情規律的吻合是善始善終的必要條件，否則，有始可能無終，或者是善始而無善終。

老子從事情的規律出發，告訴人們要從一點一滴做起，尊重事情的運行規律，不輕忽開始，也不輕忽結束，把二者有機地聯繫起來。

知易行難，人要善於從始至終，不是很簡單的事。

難事作於易

清代彭端淑在談論學習的道理時，說了一句很動人的話：天下的事情有難有易，只要人們去做，難的也會變得很容易；如果不去做，容易的也會變得很難。人們學習也是這樣，只要有決心學，難的會變得容易；如果不下決心學，容易的也會變得很難。

彭端淑鼓勵人們面對困難時，應該具備戰勝困難的勇氣，要敢於去做，才會度過難關。那麼，人們要善於認識自我，時刻揚起生命的風帆。

然而，不論人主觀上怎樣認識外部世界，怎樣說難與易是相互轉化的，困難的事與容易的事總是相比較而存在。孟子遊說齊宣王，說齊宣王不施行仁政是能夠做到而沒有去做。他打了一個比方，挾泰山跨越北海，是困難乃至不可能的事情；爲老年人鞠躬，是容易而可能的事情。而施行仁政，就像給老年人鞠躬一樣。

孟子有點誇大其詞，生活中的難與易是人們常常可以看到、可以親身體驗的。老子倒不主張把難事看得很容易，看得太容易了，就會遭到更多的困難。而只有重視困難的人，才能夠克服困難。他說聖人正是如此，所以常常可以避免重重困難。

老子的時代比彭端淑的時代早多了，他與彭端淑對難與易的認識，是兩個不同的方向，一是從人的自身看事情的難與易，一是從事情本身看事情的難與易。各有各的道理。

老子說，天下的難事從容易做起，是一個常理。事物的發展往往有一個從易到難的過程，棄易而向難，可能是形勢所迫，或者是個人的意願，但事情從容易做起更符合事物本身的規律。

春秋時代，辯證地、發展地看問題的並不只有老子，早於《道德經》的《周易》就充滿了辯證、發展的思想。這也許對老子產生了很大的影響，使他處事也用辯證的、發展的眼光，而不把事物視爲一成不變的。事物既然在變，不論易與難怎樣相互轉化，從易到難是事物自身決定的，處事首先要能夠認識易與難，才能夠正確對待易與難。

可以說：

從易到難，把握事物的內在規律，便於化難爲易。

從易到難，循序漸進，可以事半功倍。

從易到難，自我的磨練，將使難事不難。

老子希望人們穩健行事，不要操之過急。

再說，困難的事情產生於容易，不從容易入手，把可能產生的困難解決在萌芽狀態中，反會增加困難的程度，天下難事必作於易，就此而言，也是有道理的。

大事作於細

和處事的從易到難相一致，老子還說了一句：天下大事必作於細。幹一番大事業，應該從小事情做起。

東漢陳蕃十五歲時，閒居一室，房間骯髒凌亂，院子裡雜草叢生。一天，他父親的朋友薛勤來探望他，見他的房間、院子髒亂得不堪入目，就對他說：「你這小子爲什麼不打掃打掃、整理整理，讓房間、院子都乾淨、清爽一些，自己住著舒適，也好接待賓客？」

陳蕃卻說：「大丈夫活在世上，應該打掃天下，打掃一間房子幹什麼呢？」

陳蕃胸有大志自然値得嘉許，後來他做了太守、刺史、尙書、大鴻臚等官，實踐他打掃天下的抱負。最後在激烈的黨爭中，死於宦官的刀下。但他最初不願掃一屋而奢談掃天下，並不符合一般的處事法則。所以，有人借此說：不掃一屋，怎麼能夠掃天下呢？

遊戲也有規則，何況是幹一番事業。

天下大事必作於細，是說事業本身具有法則。大事中包括了無數的小事，方方面面構成

大事的基石，沒有小事就談不上大事，不做小事就做不成大事。成就大事業的人必然要從小事情做起，老子說聖人是這樣的，看起來他們不做大事，但把小事做完之後，大事也完成了。

而且，幹大事業的人必然要經過辦小事的磨練。任何人都不是社會生活的天才，要在具體的小事中積累經驗，經受挫折，才有可能使大事必然成功。不是依靠偶爾的機遇和一時的運氣。

天下大事必作於細，這話好說，事並不容易做。胸懷大志，也要有做小事的平和、耐心、細緻。做小事時想著大事，卻又是把小事當事紮紮實實地做。

然而，人們往往缺乏做小事的毅力，不是認爲小事太小不值得去做，就是面對小事敷衍塞責，導致大事幹不了。走不出這一怪圈的人被人們稱爲「眼高手低」，終究一事無成。

能夠做小事，善於做小事，而不把自己的胸懷束縛在小事之上的人，最終才會有所作爲。在這個意義上，忽略小事、不願意幹小事的人貽誤的是自己的前途，遺憾的是人們身處小事，難免陷於「小」的迷惘，隨隨便便地止步不前，或者是跨過去，不幹只當是已經幹過，騙了自己。

千里之行，始於足下

合抱之木，生於毫末；
九層之臺，起於累土；
千里之行，始於足下。

萬事萬物都有一個開始，人的行爲亦然。當老子說「千里之行，始於足下」的時候，所重的是事情要從一點一滴做起，從自身做起，不是別人可以替代。

荀子曾說，不積跬步，就不能到達千里遠的地方。這話的意思和老子說的「千里之行，始於足下」相近，只是荀子意在學習需要不斷地積累。

應該注意，老子不是隨意地說說而已，而是從「道」的修養談論這個問題，道家自然無爲精神的培養，應該從自身下功夫，腳踏實地，而不是以想像達到所欲達到的目標。假如是這樣的話，「道」的修養不可能成功。

「千里之行，始於足下」的意義遠遠超出了「道」的修養，適用廣泛的社會生活。在社會

生活中，人們任何高遠目標的實現都需要「始於足下」，不是空談能夠解決問題。

一步而達千里，一口吃成大胖子，人的願望能夠這樣實現，沒有誰不願意就此實現。實際上，這超越了人的正常能力而成爲不可能的事情，人們不能不面對現實採取正確的對策。

千里之行，始於足下，一則是思，二則是行，思而不行與思而即行是迥然不同的。上面提到的彭端淑在《爲學》裡說到兩個和尚，一窮一富。兩人都有去南海一遊的願望，最後完成了宿願的是窮和尚而不是富和尚。道理很簡單，窮和尚思而即行，富和尚思而不行。

既然致千里始於足下，足下的每一步都顯得十分重要。欲達千里的人應該走好每一步。行得正、走得穩，才能走得遠。不然，深知千里之行始於足下也不能夠到達千里。

生活是實實在在的，在實在的環境中取虛浮的態度，既不能利人，又不能利己。

慎終如始

《詩經》中有一句常爲後人引用的詩：「靡不有初，鮮克有終」，它本來是說人們行善，無不有開始，但很少有結束。後來，它的意義漸廣，用來說人們處事，很少能夠善始善終。

善始善終，是人處事的基本要求，然而處事之始，常有人戰戰兢兢，如臨深淵，如履薄

冰，久而久之，麻木者有之，輕率者有之，致使事敗垂成。

於是有人提出，「愼終如始」，對待事情的結束應該像對待事情的開始一樣愼重。老子是其中一人。

愼終如始，是治國之術。春秋時期，子太叔詢問鄭國的子產怎樣治理國家，子產說，治理國家就像從事農業生產一樣，日夜都要想到它，想到怎樣開始，怎樣完成，然後一刻不懈怠地去做，行爲不超越思想，就像農田有疆界一樣，那麼治理國家的失誤就很少了。

這幾乎成了一國之君治國的基本原則之一，唐代的魏徵給唐太宗上的《諫太宗十思疏》，論說國家安寧應該把德義作爲根本，居安思危，戒奢以儉，其中勸唐太宗在懈怠的時候，一定要想到愼始敬終，也就是自始至終都要十分謹愼，不能夠放鬆自我。

愼終如始，是處世之道。當人們朝著預定的目標努力，把事情開始時候所持的審愼態度堅持到事情結束之時，的確需要很大的耐心和毅力。從始到終的過程，也許是一帆風順，也許滿是荊棘坎坷，承受一帆風順，是人容易做到的事；承受荊棘坎坷，是人不容易做到的事。前者的愼終如始，要戒輕浮；後者的愼終如始，要戒遇挫的頹喪。人們應該有這樣的準備：目標愈高遠，遇到的艱難會愈多，付出的心力會更大，愼終如始會更不容易。但這並不是做不到的，人們應該對自己充滿信心。

從這裡說，愼終如始是一個人性情、修養的標誌。性情的堅韌、修養的深厚，有助於人

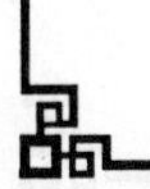

的慎終如始。

但浮躁、惰性總是人的大敵，人們往往不是被外在的力量戰勝，而是敗在自我的浮躁或者惰性之下，使善始不能善終。結果影響到人們事業的成功，到頭來後悔莫及。

二、善戰者

老子和莊子在社會的劇烈動蕩之中，目睹此起彼伏的諸侯戰爭有各自的思考。他們不希望有戰爭而想過平靜安寧的生活，但社會現實是不以他們的意志爲轉移的，他們想與不想，不能夠影響戰爭的發生和平息。只是他們的態度有所不同。老子曾說，兵器是不吉利的東西，誰都討厭，但他在不願意存在戰爭的情況下，對戰爭之術有過深入的研究，所以有人把《道德經》視爲兵書。莊子則不然，他本心厭惡戰爭，鄙視戰爭，對戰爭有過批判，欲避之唯恐不及，就不像老子那樣，不僅思考戰爭之術，而且對戰爭之術的思考切於實用。這不，老子說善戰者不武、不怒、不驕，對於善戰者的這些要求，就是戰爭的取勝之道。

善戰者不武

論將兵，楚漢之際的韓信享有盛名，他輔佐劉邦與項羽爭奪天下，戰則勝，攻則克，劉

邦稱之爲「人傑」，說是「連百萬之軍，戰必勝，攻必取，吾不如韓信」。

韓信出道以前，受胯下之辱爲人口耳相傳。他當時在淮陰，處境艱難，淮陰有一個殺豬的少年當衆羞辱他說：「別看你身體高大，總是好攜帶刀劍，其實是虛張聲勢，內心怯懦。如果你不怕死，就把我殺了；如果你怕死，就從我胯下爬過去。」韓信盯著他看了一會，然後從他胯下爬過去。圍觀的人都笑韓信膽小怕事。

這雖然是一件小事，但韓信有勇武而不逞勇武是在這時候就有所體現。後來，他在井陘大敗秦將陳餘，不因此而逞勇武，反而向俘虜、曾爲陳餘獻奇策而不用的李左車請教北攻燕、東伐齊之術。所以，韓信能夠常勝。

爲帥而逞武者，以失敗爲結局也是歷史上經常上演的一幕。

楚漢相爭，楚方統帥項羽以善戰而逞勇武爲家常便飯。他在巨鹿之戰時，破釜沈舟，背水一戰，大敗秦軍，使諸侯大軍的將領們懾服。日後，他與劉邦爭奪天下，在廣武相持，他以煮死劉邦的父親脅迫劉邦決一雌雄，劉邦知道他的短處，以「寧鬥智，不能鬥力」婉言相拒，避免與項羽的正面武力衝突，只派一神射手樓煩據營壘射楚軍的挑戰者。楚壯士三番被射，項羽親自披甲上陣，瞪圓大眼，厲聲呵叱，使樓煩目不敢視，箭不敢發。在垓下之圍，項羽被追殺得只剩二十八騎，而身後有追兵數千人。在這危急關頭，項羽聲稱爲手下將士斬漢將、刈漢旗，說著衝入漢軍陣營，漢軍披靡。

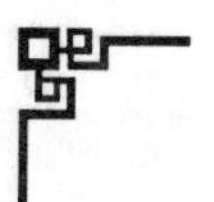

項羽一生經七十餘戰，所當者破，所擊者服，不曾遭遇失敗，但他最終卻失敗了。他把自己的失敗歸結爲「蒼天亡我，不是我不善戰」，殊不知他一生得力於勇武，又失於太好逞勇武，在人生的末路上，勇武之氣也不稍減。

爲帥者好逞勇武，則輕忽了對手，既不能知己，又不能知彼，戰而欲勝是很困難的事情。

爲帥者好逞勇武，往往疏於計謀，不能深謀遠慮，舉一反三，失敗也是不可避免的。

爲帥者好逞勇武，災難不限於個人，戰爭的勝負，小則關係許多人的身家性命，大則關係國家前途，爲帥者應該全局在胸。

老子說善爲帥者不武，也許是對春秋時期諸侯之戰的經驗總結，對爲帥者是一句絕好的忠告。

善戰者不怒

善戰者不怒，是因爲怒則易出破綻，被對手鑽了空子。

《三國演義》道：司馬懿兵敗上方谷之後，任蜀兵挑戰，堅守不出。諸葛亮欲逼司馬懿一

戰，派人給他送去婦人的頭巾、衣服，並修書一封，說司馬懿身爲大將，統帥中原之衆，不思決戰疆場，而龜縮土巢，以避刀箭，這和婦人有什麼區別呢？如果還有羞恥心，有男子漢胸懷，就應該應戰。司馬懿閱信之後，壓住怒火，盛待來使，他手下的將領們欲戰，司馬懿執意不准，把身居五丈原的諸葛亮弄得無可奈何。

司馬懿是善戰者，此舉應了老子「善戰者不怒」的格言。

善戰者不怒，決非他們缺乏情感，司馬懿初讀諸葛亮的信，見他送來的婦人衣物，怒從心生，但很快就平靜下來，並且借魏主曹睿壓制怒髮衝冠的諸將，終於沒有中諸葛亮的激將計，而靜待諸葛亮心勞力竭，說諸葛亮「食少事煩，豈能長久」，果然。

善戰者不怒，如果善戰者怒，少有不因憤怒的衝動，使舉止失措，失敗、災禍接踵而至。

還是說《三國演義》。

關雲長敗走麥城，成了階下囚，爲孫權所殺。劉備、張飛念桃園三結義的手足情份，怒而興兵。未及交鋒，張飛即因鞭督部將製白衣白甲，以便掛孝伐吳，結果被部將割了首級，投東吳而去。劉備更是火上澆油，執意伐吳，終被東吳一把大火，火燒劉備七百里連營，敗歸白帝城。

以怒興兵，善戰者亦不能戰。怒則爲義氣所動，少了沈靜地思考，易以己爲是，以人爲

非。像劉備本當聽取諸葛亮的意見，進兵宜慎之又慎，況且有馬良進言，勸他把安營紮寨的形勢畫成圖本呈諸葛亮一閱，但劉備說：「我也很懂得兵法，何必問諸葛丞相呢？」只是很勉強地要馬良自己去辦。而他在密林處安營，犯了兵家之大忌，必敗無疑。原本對諸葛亮言聽計從的劉備，這時候則自恃其能，兵敗是必然的了。

善戰者應該多一些沈靜，多一些忍耐。不能忍一時之忿，則會偏聽偏信，連「兼聽則明」的常理也被忽略不計或者是不屑於採納，一意孤行，最終會為自己的怒戰付出慘重的代價。

善戰者不怒。

善戰者不驕

善戰者不驕，驕則輕敵。兵法，輕敵是大忌，恃強攻弱，兵驕將傲，是自取禍敗的根源。

戰爭對於人的錘煉，始終在勝與敗之中。強者本弱，從弱至強，一旦強大，強者的胸懷、意志會隨之發生變化。以博大胸襟，戒驕戒躁的人，才有可能抵達人生最輝煌的頂點。

然而，行軍用兵，輕敵之事常在發生，災禍也常常降臨到輕敵者的身上。

春秋時，齊國和晉國發生了一場著名的「鞍之戰」。戰前，齊軍的統帥齊頃公率軍攻打魯國的龍城，三天激戰之後，攻克龍城。隨之就有了鞍之戰。齊頃公率兵攻克龍城本不足道，因爲魯國和齊國相比，是一個小國家，龍城是一個小地方。但是，攻打龍城的勝利使齊頃公和部下都異常興奮，自以爲戰則必勝。當他們和晉軍對壘的時候，也不把勢均力敵的晉軍放在眼裡。先是齊頃公手下的部將高固在兩軍還沒有正式交鋒時，一個人衝入晉軍陣地，抓了一個俘虜，繳獲一輛兵車，然後在晉軍陣地上拔起一棵桑樹拴在車後，大模大樣地回到自己的軍營裡來，高聲嚷嚷：「想得到勇氣的人，來買我剩下的勇氣。」有這種情緒的並不是高固一人，就連齊頃公本人也是趾高氣揚。他在兩軍交鋒之初揚言：我把他們消滅了再回來吃早飯。結果可想而知，齊國的軍隊被打得大敗。

驕兵必敗，是兵家名言，眞正能夠銘刻在心才能立於不敗之地。軍事上驕兵輕敵之禍遍布了每一個時代，戰國時的龐涓敗於孫臏，秦朝末年的項梁敗於章邯等都是例證。不過，這遠不限於軍事，項羽輕視劉邦，爲楚漢之爭種下了禍根。本來，在反秦之戰中，項羽、劉邦是同盟軍，當劉邦率部首先攻入秦朝都城咸陽，形勢就起了微妙的變化。

劉邦本想在咸陽稱王，卻懼怕同樣想稱王的項羽，不得已赴項羽的「鴻門宴」，拱手以咸陽相讓。項羽的謀臣范增一再進言殺死劉邦，甚至誇大其詞，說劉邦頭上盤旋著五彩的龍虎之氣即天子之氣，不能夠心慈手軟，以免劉邦取了天下。但項羽已經爲可以稱王於天下而陶

醉，並不把劉邦視爲未來強勁的對手。「鴻門宴」上，讓劉邦得以脫身而去，從此，項羽就沒有安寧的日子，直到他自刎於烏江之畔。

善戰者不驕，雖然說的是戰爭之事，從廣義上看，在現實生活中輕視所從事的工作或者是面臨的困難招致失敗乃致災禍也時有發生，不論從事的是什麼行當。在這個意義上，人們處事不能夠掉以輕心。

三、柔弱勝剛強

老子說：

人活著的時候，身體柔弱；人死的時候，身體僵硬。草木生長的時候，枝幹柔弱，死了以後枝幹枯槁。

堅強意味著死亡，柔弱意味著生存。

天下沒有什麼比水更柔弱，攻擊堅強沒有什麼東西可以勝過它，沒有其他東西能夠代替它。

軍隊強大了就會失敗，樹木強大了就會摧折，堅強不如柔弱。

所以，弱能勝強，柔能克剛。

柔可克剛

以柔克剛，你來硬的，我來軟的。

晉文公聯合秦穆公去攻打鄭國，因爲晉文公做公子流亡到鄭國時，鄭文公沒有給他很高的禮遇，加上鄭國和楚國親近。晉國和秦國的大軍壓境，把鄭國的都城圍得嚴嚴實實，鄭國形勢危急。

這時候，鄭文公派燭之武去遊說秦穆公，以解鄭國之圍。

燭之武夜裡用繩子從城牆上吊下來，悄悄地到秦國的軍營，拜見秦穆公。秦穆公一副傲慢的樣子，厲聲說：「你這將要亡國的人，來見我幹什麼？」

燭之武不慌不忙地說：「秦國和晉國的大軍包圍了鄭國，鄭國已經知道馬上就要滅亡了。如果滅亡了鄭國對秦國有好處，我們就請您把鄭國滅亡了算了。不過，跨越晉國而以鄭國作爲秦國的邊境，您知道這是很困難的事情。既然是如此，您何必用滅亡鄭國來增強晉國的勢力呢？晉國的力量增強了，豈不是秦國的力量削弱了嗎？如果您不消滅鄭國，而讓鄭國作東道主，秦國使者的來來往往，鄭國還可以提供飲食、住宿，這不是很好的事情嗎？再說

晉文公是個朝三暮四的人，他流亡到秦國的時候，見您對他那麼好，還把自己的女兒嫁給他，就答應回國以後，把焦、瑕兩個地方送給秦國，但他一回國就在這兩個地方修建防禦工事。晉國的野心很大，滅鄭國向東擴張之後，還會向西擴張，如果不削弱秦國，他怎麼達得到目的呢？削弱秦國以幫助晉國，請您好好考慮一下吧。」

秦穆公一想，這話眞有道理，秦國來打鄭國，是想自己撈一把，如果自己撈不到反而幫助了晉國，那不是很糟糕嗎？於是顧不得許多，第二天就和晉國撕毀了盟約，而和鄭國結盟。這且不說，秦穆公還派了杞子、逢孫、揚孫三位大夫到鄭國去幫助他們防衛，增強了鄭國的力量。這樣一來，晉文公只得無功而返。

鄭國只派了能言善辯的燭之武去對付刀已出鞘的晉秦大軍，以一席話瓦解了晉秦聯盟，以柔克剛，不戰而屈人之兵。

柔可克剛，老子還有一句意思相近的話：用「慈」攻守，戰則勝，守則固。

慈爲仁厚。以之爲戰，勝在攻心；以之爲守，固在人和。

齊桓公爲建立霸業，率領諸侯大軍去攻打楚國，大軍壓境，楚成王不免有些恐慌。先派了使者去見齊桓公，想請他退兵。讓管仲出面以威嚇把楚國的使者給打發了，並且進軍到陘山，更顯得氣勢奪人。楚成王又派屈完去遊說齊桓公。齊桓公知道屈完要來，讓諸侯的軍隊擺成強大的陣容，有意讓屈完巡視這些軍隊，並且說：「我率這些大軍打仗，誰能夠抵抗得

了？用他們攻城，什麼城池不被攻克？」屈完則說：「您如果用德安撫諸侯，那麼誰能不服？您如果用武力，楚國以方城爲城，以漢水爲池，您軍隊再多，也沒有用處。」

屈完說要打的話，楚國有方城、漢水，足以抗擊諸侯大軍，氣勢昂揚。其實，他說話的重心在於您齊桓公最好用德安撫諸侯，何必用武力呢？您用武力，楚國不服；您用德，楚國就服了。齊桓公聽了他的一番話，把本準備用的武力置而不用，用德安撫。那麼，實際上在這次矛盾衝突中，勝利者不是齊桓公，而是楚成王。不戰而使敵人屈服是最高明的用兵方法，不戰，並非眞的不戰，而是以攻心爲戰，戰不血刃。以柔克剛，就是施攻心術。

弱可勝強

強弱力量的對比，強之勝弱，是人們通常的觀念。所以，人們習慣於奮發圖強，要在一個「強」字。

老子說弱能勝強，並不是虛話，他以水爲例，像水滴石穿，就是弱能勝強的最好說明。

天下的人們都知道弱可勝強，往往以此鼓勵弱者，希望弱者不畏強而能勇敢前行，但不是說凡弱必定能夠勝強。

老子說的人活著身體柔弱，死後身體變得堅強（僵硬）；草木生長枝條柔軟，死後變得枯槁乾硬。這給予他柔弱勝剛強的啓示，並不能夠作爲社會公理，因爲以強淩弱，使弱者蒙受羞辱、失敗以致痛不欲生的情形時有發生。所以弱者欲強，強者欲更強。如果從弱可勝強中引伸出弱必勝強的結論，甘居於弱而期待勝強，那就很荒謬了。

柔弱勝剛強的事在自然界和人們的社會生活中屢見不鮮。

春秋時的齊國和魯國的「長勺之戰」就是弱可勝強的著名戰例。齊國自恃其強，在魯莊公十年去攻打魯國，兩軍對壘，戰於長勺，曹劌自請爲魯莊公謀臣。當齊軍三次擊鼓下令進軍之後，曹劌才下令擊鼓進軍，以他的「一鼓作氣」戰術，大敗齊軍，並乘勝追擊，使齊軍狼狽不堪。

以弱勝強，需仗天時地利人和。魯軍能夠在長勺戰勝齊軍，就是依靠了人和。而三國時的赤壁之戰，就不單純是人和，還靠了天時地利。

當時，北方豪強曹操率大軍南下，劉備時在江夏，形勢緊急。諸葛亮謀劃與擁兵柴桑的東吳孫權聯合，以深謀遠慮、捷口雄辯說動孫權，利用曹操的北方之兵不習水戰和長江天險，火燒赤壁，大敗曹軍。

以弱敵強，弱可勝強，是弱者有所強，強者有所弱，以己之強攻敵之弱，則強敵易破。決不是以己之弱對敵之強，如果是這樣的話，弱者必敗。可以想像，如果在齊魯長勺之戰

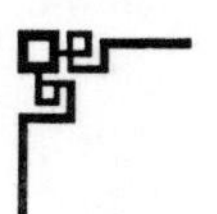

中，齊軍擊鼓進攻的同時，按魯莊公的想法也擊鼓應戰，本來就弱的魯軍就沒有取勝的可能。而在赤壁之戰中，劉備不聯合孫權，硬性地以實力相拼，也是必敗無疑。

弱能勝強，關鍵是要知己知彼，因勢利導，不能抱定這一用兵原則，忽略了自己實際上所處的地位，那是很危險的事。

以奇用兵

柔能克剛，弱能勝強，很重要的一點是以奇用兵。

治國與用兵，本有相通之處。對於二者的處理方法，老子採取了不同的態度：以正治國，以奇用兵。

用正大光明的方法治理國家，用超常出奇的戰術用兵，二者有不同的對象。對待百姓當然不同於對待敵人，治民的坦蕩磊落是要以心交心，相互信任著共赴前程；而對待敵人務必致勝，超常出奇的戰術正是取勝的有效方法。

善戰者，無不以奇用兵。出其不意，攻其不備。

戰國時，燕攻齊，包圍了齊國的即墨城，即墨城岌岌可危。田單臨危受命，他一方面散

布流言，說即墨城馬上就投降；一方面在城內收集了一千多頭牛，給牛穿上大紅絲綢衣服，畫上彩色的龍紋，兩角紮上鋒利的尖刀，把灌了油脂的蘆葦捆在尾巴上，然後把城牆挖了幾十個洞。這一切準備停當，夜晚，掘開城牆洞，令士兵點燃牛後的蘆葦，縱牛衝向燕軍。五千即墨城壯士隨牛後殺向燕軍。牛尾燒熱，怒而前衝，夜火之下，燕兵見牛的模樣，無不驚恐，而觸牛者不死即傷，燕軍慘敗。田單因為挽回了敗局，齊襄王封他為安平君。

田單如果不用這種戰術，弱小的即墨就不可能取勝。

韓信曾率幾萬軍隊在井陘與陳餘率領的號稱二十萬趙軍交戰。韓信派兩千輕騎每人拿一面紅旗，伺趙軍空壁追逐漢軍的時候，進入趙軍營壘，拔掉趙軍的旗幟，插上漢軍的紅旗。然後自己率萬人先行，背水列陣，趙軍見狀，大笑，果然空壁出追。韓信退軍入水中，將士生還無路，拼死一戰，趙軍欲勝不能。

待趙軍退兵，見營壘滿是漢軍紅旗，大為惶恐，以為趙王成了俘虜，軍心頓亂，敗走。漢軍追擊，大獲全勝，陳餘也丟了性命。

韓信善用奇兵，後來受命攻齊，楚令龍且率二十萬衆救齊，而韓信只有數萬人。兩軍隔濰水擺開陣勢，韓信夜間派萬餘人把上流河水用沙袋堵起來，引兵半渡，進攻龍且軍。龍且應戰，韓信迅速敗退。龍且大喜，以為韓信膽怯，渡水追擊韓信。這時，韓信令上流決口，大水猛至，龍且軍措手不及，大敗。

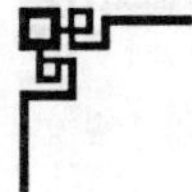

當然，以奇用兵並不是弱者勝強者的專利，勢均力敵的雙方也常常出奇兵致勝，這在軍事史上是很平常的事。

四、欲擒故縱

欲擒故縱，是兵家常用之法。

老子說：欲收先張，欲弱先強，欲廢先興，欲取先與。處事如此，是欲擒故縱之術：擴張是假，收斂是眞；增強是假，削弱是眞；興起是假，廢除是眞；給予是假，奪取是眞。

老子的陰謀之學就在這裡表現得最爲充分。

並非只有老子才是如此，其實老子是理論家，他有政治、軍事方略，很少能夠眞正付諸實踐，因爲他畢竟缺少實踐的條件。然而，社會上的政治家們、軍事家們則往往這樣做，以鞏固自己的權勢地位或者是謀求權勢地位。

欲收先張

老子說：將要收服它，必須暫且擴張它。聽起來就讓人感到暗藏殺機，送上門的好果子是吃不得的。但是，總有人來吃這送上門的果子，也就總有人要用這種謀略，使一些人上當受騙。

戰國時期的楚國本是強國，與秦國並立天下。在楚懷王當權的時候，天下縱橫相爭，有「縱成則楚王，橫成則秦帝」之說，可見楚國力量的強大。

秦國最想削弱的是楚國，秦惠王採取遠交近攻的戰略，派張儀到楚國爲相，乘機遊說楚懷王。張儀對楚懷王說：「如果楚國和齊國絕交，秦國將奉上商於之地六百里，並且把秦國的美女嫁給你做小妾。這樣，秦國和楚國就是兄弟了，楚國不是更強大了嗎？」

楚懷王心爲所動，不用一兵一卒而得到六百里土地，眞是很好的事情。群臣聞訊都表示祝賀。唯有陳軫說：「如果楚國和齊國斷絕了關係，楚國就孤立了。而張儀回到秦國以後，一定不會兌現他的諾言。不如假裝答應，先派人到秦國接受了土地再和齊國斷絕關係也不遲。」

楚懷王哪裡聽得進去，任命張儀爲相，還送給他一大筆財物。同時，和齊國斷絕關係。

張儀回到秦國以後，假裝從車上摔了下來，三個月不上朝。楚懷王自認爲大概是秦國看到楚國和齊國斷交還不徹底，又派使者去辱罵齊王，使齊王大怒，轉而與秦國聯合。這時候，千呼萬喚的張儀才上朝。他對楚國的使者說：「我有六里封地獻給你們大王。」

楚使者說：「我受命於王的是商於之地六百里，沒有聽說六里。」於是氣得回去報告楚

懷王。

楚懷王大怒，發兵攻秦。結果秦國和齊國聯合共同攻打楚國，楚軍大敗，八萬將士魂喪沙場。楚懷王再次發兵攻秦，仍然是大敗而歸，並且割讓兩座城池給秦國，求一時的和平。這兩戰大傷楚國元氣，從此楚國一蹶不振。「縱成則楚王」成爲夢想。

張儀詐楚，以商於之地六百里滿足楚懷王的擴張野心。楚懷王得了張儀的許諾，自以爲滿足了秦國的要求，必有六百里土地的收穫，他哪裡知道張儀打的算盤，斷了和齊國的關係之後，一個與秦國並肩的大國竟然受秦國的擺布，加上在兩次戰敗之後，國力削弱，楚國從這個時候開始大踏步走下坡路。

欲廢先興

欲廢先興，採取這種謀略，和欲收先張一樣，要深富心計。

這「興」是一時的假像，骨子裡還是打削弱它的主意，不過是選擇時機而已。春秋時期，鄭莊公與弟弟共叔段之間有一場權勢之爭。他們的母親姜氏有心立共叔段爲國君，此計不成。待鄭莊公即位以後，姜氏慫恿共叔段以武力奪取政權。先是不顧祖宗法度，要京城作

爲共叔段的封地；隨後要共叔段擴張地盤，積極備戰，姜氏則準備作爲內應，以助共叔段。

鄭莊公知道共叔段的用心而佯裝不知。當大臣祭仲進言說：「共叔段的封地不合法度，如果不採取措施，就很難控制。」鄭莊公平靜地說：「我母親姜氏要這樣，我有什麼辦法呢？共叔段幹不合道義的事情，會搬起石頭砸自己的腳。」

當共叔段要鄭國的西部和北部邊境地區既屬於鄭莊公，又屬於自己，公子呂勸鄭莊公除掉共叔段。鄭莊公說：「不用管他，他會自取滅亡。」

共叔段乾脆把鄭國的西部邊境和北部邊境占歸己有，並且擴張到廩延。公子呂再次要鄭莊公除掉共叔段。鄭莊公只是說：「他對國君不義，對兄長不親，土地擴大了也會崩潰。」

鄭莊公一連串的忍讓和放縱，直到共叔段準備攻打國都的前夕，鄭莊公才一舉粉碎了共叔段的奪權陰謀。

鄭莊公並非能夠聽任共叔段的舉動，而是放縱共叔段之後，爲自己贏得道義上的支援。說他虛僞也好、狡詐也好，鄭莊公的政權終於得到鞏固。

欲廢先興，讓對手失了警惕，然後攻其不備。或者是讓對手不知會遭人暗算，不知不覺地中了機關，命運也就從此改變了。

戰國時，魏王送給楚懷王一位美女，楚懷王愛其嬌美，視爲掌上明珠。夫人鄭袖知道楚懷王喜愛這位美女，顯得比楚懷王更愛，衣服器物、宮室臥具，只要是這位美女喜歡的，都

爲她置辦，連楚懷王都很感動。

楚懷王說：「妻子侍奉丈夫靠的是容貌，妒嫉是她們的本性。而鄭袖知道我喜歡新人，愛新人勝過了我。這猶如孝子侍奉父母，忠臣侍奉君主。」

鄭袖知道楚懷王認爲她沒有妒意，於是對新人說：「君王愛你的美貌，但不喜歡你的鼻子。你如果再見君王，就把鼻子掩上。」

這以後，新人見楚懷王就把自己的鼻子掩上。楚懷王很疑惑地對鄭袖說：「新人每次見我，總是把鼻子掩上，是爲什麼呢？」

鄭袖說：「我知道。」她有意停頓了一下，裝出一副難言的樣子。楚懷王則急不可耐地說：「即使是再難聽的話，一定要說。」鄭袖說：「她好像是討厭大王身上的氣味。」楚懷王一聽，二話不說，命人把新人的鼻子割掉了。

鄭袖欲廢先興，滿是妒意卻掩飾自己的妒意，最後使楚懷王廢了新人，一人享有專寵。

欲廢先興，知此，人們處世應該睜大眼睛。

欲奪先予

將要奪取它而暫且給予它。這給予不是出於情感，而是一種方略。

戰國時，智伯向魏宣子要土地，魏宣子不願意。

任章問魏宣子：「智伯找你要土地，你爲什麼不給他呢？」

魏宣子說：「他無緣無故地找我要土地，我幹嘛要給他呢？」

任章說：「智伯無故索要土地，鄰國一定會感到害怕。他貪得無厭，天下的人都會感到害怕。你給他土地，他一定會驕狂輕敵。鄰國害怕他就會彼此搞好關係，輕敵的智伯必然遭到失敗。前人說了：『將欲敗之，必姑輔之；將欲取之，必姑予之。』你不如給他土地，讓他驕傲自滿，讓天下的人來對付他，沒有必要使我們國家成爲智伯的對頭。」

魏宣子一聽，這話很有道理，於是給智伯居住有一萬戶人家的土地，智伯非常高興。於是又找趙國要土地，趙國不給，兩國交兵，韓國、魏國和趙國聯合起來攻打智伯，智伯就這樣被消滅了。

欲奪先予，智伯的貪欲使任章之謀得以施行，智伯之敗就成爲必然。

欲奪先予，既然是要先給予，在很大程度上是要滿足對方的欲望，對方在物質利益上的欲求通常是這一謀略的基石。老子和莊子要人少私寡欲，淡泊世事，如果像他們那樣不爲物質利益所動，欲奪先予的謀略就沒有用武之地了。然而，實際的情形是私欲常使人想有所得。晉獻公伐虞也是很有趣的故事。

晉獻公想向虞國借路去征伐虢國，又擔心虞國不會同意，於是徵求大夫荀息的意見。荀息說：「這很好辦，把我們晉國擁有的屈馬和垂棘之璧送給虞國，虞國的國君一定會借道給晉國。」

晉獻公說：「屈馬和垂棘之璧都是我國的寶貝，怎麼能夠送給他呢？」

荀息說：「其實並不是真的送給他，不過是暫時換一個地方存放罷了。放在虞國，就像放在我們外面的倉庫一樣，沒有什麼關係。」

於是晉國把這兩件寶物送給虞公，虞公十分高興，馬上答應借路給晉國，大夫宮之奇勸阻也不行。晉國借路，滅了虢國的下陽。

過了兩年，晉國又向虞國借路去攻打虢國。這一次，虞國的宮之奇站出來堅決反對。他說：「虢國是虞國的屏障，虢國滅亡了，虞國隨後就會滅亡。再不能借路給晉國勾動他們的野心，否則虞國就會滅亡了。」虞公想到得過晉國的好處，那屈馬和垂棘之璧至今都是他的愛物，但又不好直接說貪了便宜，就找出種種理由來搪塞宮之奇。他說：「晉國和虞國同

宗，難道還會害我們嗎？再說，我們祭祀神靈的供品又多又乾淨，神靈會保佑我們。」宮之奇說：「您這兩條都是站不住的。別人的教訓告訴我們，連兄弟都相爭奪，何況是國家之間。而神靈只親近有德的人，如果晉國滅了虞國以後，顯揚道德，祭祀神靈，神靈難道會拒絕他們的供品嗎？」

宮之奇好說歹說，虞公就是聽不進去，還是堅持借路給晉國。

晉國滅了虢國之後，返回的途中，乘機襲擊虞國，滅了虞國，連虞公也成了階下囚。荀息找到當年晉國送給虞國的兩件寶物，呈獻給晉獻公，晉獻公笑著說：「垂棘之璧還是老樣子，屈馬倒是長大了兩歲。」

欲取先予，當然是要有利可圖，仿佛垂釣，以餌引魚上鈎，如果釣魚的人捨不得魚餌，那麼怎麼會釣得起魚呢？

五、治國之弊

治理天下，應該是不行賞賜百姓就很努力，不施刑罰百姓就很害怕。行賞罰而百姓仍然不能夠按照統治者的意願有仁有義，德行衰落，刑罰會更加嚴厲，社會的動亂也就是從這時候開始的。

社會動亂自然需要治理，在當時的形勢下，不同的諸侯國有不同的政策，不同的思想家有不同的方略，或者是囿於一國，或者是窺視天下，攻與戰，仁與義、律與法，欲用者無不盡心力而用之。

老莊不以爲然。

天下的諸侯都不善於治國。

天下的思想家都不明白眞正的治國之道。

所以，他們到處看到的是治理國家的弊端，希望人們興利除弊。

民之難治以其上有為

治理國家是一項艱巨的工作，怎樣治理得好，使百姓安居樂業是很大的學問。老子的時代，諸侯的權勢、土地之爭，導致社會動盪，人心散亂。老子俯視天下，思前想後，很感慨地說：百姓難得治理，是因爲統治者有所作爲。

社會與自然賦與人的生活並非只需要人一味地享受而不必創造。其實人一旦邁入社會，就意味著創造，不創造，人們就永遠只能夠停留在原始社會，連刀耕火種都不必要。正因爲創造，人類才有了不斷的進步，而創造也就是有爲。

社會本身決定了人人有所作爲，這是生存之際人生命的需要，包括物質與精神兩個不同的方面。不過，老子所說有特殊的含義，即統治者有太多的私欲，以此爲百姓的先導，使百姓也懷有私欲，那怎麼治理得好百姓呢？

上行下效，統治者居其位理應是百姓的表率。

然而，在春秋戰國時代，社會大分化、大改組，權利的再分配時時刻刻牽動著統治者的心，讓他們蠢蠢欲動，個性的張揚，好利而不能止。對利益的追求自然成爲統治者「有爲」

的重要表現形式，無非是不同的統治者追求的程度不同。

私欲是人的禍根，也是社會的禍根。

商紂王之治天下，民不堪命，終致周武王滅商，商紂王在鹿臺投火而死。其實，商紂王是一個很有能力的人，他思維敏捷，才力過人，知足以距諫，言足以飾非，於是滋長了他的傲氣，以爲天下沒有誰比得上他。他的私欲也就特別強烈，好聚財，加重賦稅，廣羅天下奇珍；好飲酒，以酒爲池，懸肉爲林，作長夜之飲；好女色，愛妲己，以妲己之言爲處事準則。有誰不從，則以嚴刑相加。如此，導致奸臣當道而忠臣遭難。

商紂王貪淫暴虐以滿足自己的私欲，怎麼可能治理得好國家、治理得好百姓呢？商朝的滅亡是必然的。

老莊奉行的清靜自然，無爲無欲，是針對社會現實狀況提出來的。他們按照自己的構想評價社會，評價統治者的作爲，把統治者的有爲歸結爲社會動亂的根源是不奇怪的。但社會永遠會尋求有爲，統治者治國理民必然會有種種欲望，問題是怎樣處理好其中公與私的關係。統治者爲公，應該產生富國強民的欲望；統治者爲私，不應該產生害國害民以利己的欲望。

法度治國如蚊負山

雖說歷來治理國家之道講究恩威並重，恩威中有情感的因素，但法度是不可少的。在這一點上，韓非子說得最明確：不以智慧累心，不以私欲累己，以法術保障社會的太平，以賞罰處理人事的是非。總而言之，治天下必須用法。

韓非子在治理國家上排斥智慧、私欲的干擾，與老子、莊子絕聖棄智、少私寡欲論並非沒有一點相似的地方，但在治理國家的基本方針上是完全背道而馳的。韓非子說要用法度，而老子、莊子是不用法度的。

楚狂人接輿是有些名氣的隱士，孔子顛沛遊說諸侯的時候，曾經在楚國碰到過他。接輿也沒有說什麼，若無其事地唱著歌從孔子身邊走過：「風啊風啊！你的德行怎麼這樣衰微。過去的事情不能勸說，未來的事情可以防止。算了吧，算了吧！現在的執政者都很危險了。」言外之意是要孔子不勞心費神地想在政治上幹一番事業，做一個隱士是爲人的上策。

莊子借楚狂接輿之言表示自己對以法治國的意見。

楚狂接輿問肩吾道：「日中始給你說過什麼呢？」

肩吾說：「日中始教導我，國君應該根據自己的意見制訂法度，有了法度，那還會有誰敢不聽從？有誰不因循法度改變自己呢？」

接輿淡然地說：「這是欺騙。用法度治理天下，就像徒步下海開鑿河道、像蚊蟲背負大山一樣，不但不能夠成功，而且會給自己釀成悲劇。徒步下海，自然會被大海吞噬；蚊蟲背山，會被大山壓成粉末。聖人治理天下，不能治理外表，而要以自我的道德完善去感化他人的性情，讓人們順應自然。」

接輿講了這一通道理之後，鄙薄肩吾道：「鳥高高飛翔，以避免箭的傷害；小老鼠深藏在神壇下的洞穴裡，以避免煙熏掘穴之害，你這個人怎麼連鳥和小老鼠都不如呢？」

莊子以這個故事表明對治理天下的基本認識，非法度而崇尚自然。既要順適人的性情，又要自我保全。如果做不到這兩點，人生所具有的就只能是痛苦。從這裡出發，他認為談論治理天下都是羞辱，把人們同化於自然，無所謂治理，也無所謂不治理，那麼天下才真正地得到了治理。

莊子對以法治國的非議，顯然是因為以法治國違背了自然，違背了自然就不可能真正地治理好國家。

伯樂治馬

唐代韓愈有一篇關於伯樂與千里馬的《雜說》膾炙人口。他說，世上先有伯樂，然後才有千里馬，千里馬常有，伯樂卻很罕見，以致於一些千里馬吃不飽、力不足，雖有日行千里的才能，也和一般的馬沒有什麼區別，至死不爲人識，不能盡千里之才。韓愈是有感而發，他以千里馬喻人才，說能夠發現人才的人是很少的，導致了人才往往被埋沒。這既是爲社會上懷才不遇的人鳴不平，又是在爲自己鳴不平。所以這篇小文讀起來讓人感到壓抑和悲憤。

韓愈並不是因爲這篇文章而享有盛名，但伯樂卻是因爲這篇文章廣爲人知，以致於以他喻善識英才的人。相傳伯樂是春秋時期的秦國人，姓孫名陽，以善於養馬，識別馬享譽於世。莊子卻對伯樂善於治馬很不以爲然。

伯樂說他善於治馬，怎樣善治，用烙鐵烙馬皮，用剪子剪馬毛，用利刃削馬蹄，給馬套上絡頭、繫上轡繩，關在馬槽裡，結果是十分之二三的馬死在馬槽裡。再加上他馴馬，讓馬跑跳奔馳，饑渴交加，前有絡頭、轡繩的束縛，後有鞭子的抽打，馬會有一半死在這樣的痛苦中。伯樂善治馬，其實是害馬之性。馬在陸地上生活，餓了就吃草，渴了就飲水；高興起

來，相互親昵；生氣起來，相互踩踢，這就是馬的本性，哪裡用得著伯樂治馬，把馬弄得死去活來呢？

莊子的伯樂故事本意不是告訴人們怎樣養馬，而是通過伯樂治馬講述治理天下的道理。伯樂違背馬的性情，使馬遭受了種種災難；如果治理天下的統治者違背人的性情治理國家，那麼人們就會遭受很多災難。

按照莊子的想法，人的性情，因爲饑寒的關係，織布穿衣，耕田吃飯，無知無欲，完全保持著自然的本色，天下安寧太平。自從聖人出現以後，情況發生了很大的變化，聖人治民類似於伯樂治馬，倡導仁義、禮樂，使仁義、禮樂對人的束縛就像絡頭、韁繩對馬的束縛一樣。於是問題接踵而至，人們以仁義來完善自己的道德，遵守禮儀、法度，喪失了自己的本性。

本來，仁義、禮法是治理國家不可缺少的，莊子和老子一樣，對治理國家方略策劃，是以無智謀爲智謀，以求國家在和平安寧中同時保證對人的性情沒有傷害，所以，他們排斥仁義、禮法，排斥人的一切智慧謀略。

老莊並非完全不知道人有社會性和自然性，但他們比較多地看到的是人的社會性對自然性的侵犯，於是崇尚遠古時代百姓不知道要幹什麼，沒有一定的生活目的，一邊吃著東西一邊遊玩，或者是吃飽了飯以後，腆著肚子逛來逛去，自在自得，該是多麼快活的事情。

伯樂治馬，是一種治世方法。在莊子眼裡，是治國之弊。

莊子否定伯樂治馬，注重順應馬的性情，也是一種治世方法。他不主張用禮樂法度治國，視禮樂法度治國爲害國。

屠龍之技

世上有葉公好龍的傳說。

葉公子高喜歡龍，家裡的門窗、棟樑，凡是可以繪畫、雕刻的地方，都畫著或者是雕著龍。這情況被眞龍知道了，從天上飛到葉公家裡，頭從窗戶裡伸進去，尾巴則在院子裡擺動。葉公見了眞龍，喪魂落魄地逃走了。

人們通常用這個故事批評口頭上說得到，實際上做不到的人。這個故事說有龍，其實龍早在幾千萬年以前就滅絕了，有史以來，哪裡有龍的蹤跡。

莊子說，有一個叫做朱泙漫的人拜支離益爲師學習殺龍的技術。他學了三年，把千金家財花完，終於學得一身殺龍的本領。本領學好以後，卻沒有地方可以施展，因爲天下沒有龍。

學仁義以兼濟天下，拯救百姓，無異於學「屠龍之技」。有屠龍之技無龍可屠也無害，而仁義不僅不能救世，而且擾亂了人心，使社會更加混亂。莊子說的天下混亂渾濁，就有仁義在其中發生作用。

以仁義救世將會像螳臂擋車一樣，治不了國家而會自陷於危險之中。

老子和莊子對仁義治國的鄙視，是基於動亂的社會現實。並不是社會動亂的時候不需要仁義，而是仁義平息不了動亂，解救不了社會。那時節，推行仁義的孔子沒有能夠救世，繼之而起的孟子也沒有能夠救世。到戰國末期，荀子集儒學之大成，想以儒學救世也淪於空談。春秋戰國時仁義作爲統一天下之術的不合時宜，不光是老子、莊子持這種觀點，就連司馬遷都說：「當是之時，秦用商君，富國強兵；楚、魏用吳起，戰勝弱敵；齊威王、宣王用孫子、田忌之徒，而諸侯東面朝齊。天下方務於合縱連橫，以攻伐爲賢，而孟軻乃述唐、虞、三代之德，是以所如者不合。」孟子不爲社會所用的癥結，同時也是孔子、荀子不爲社會所用的癥結。

仁義有適合社會所用的時候，所以，孔孟在春秋戰國時期學說不行而能大行於西漢以後，對中華民族產生了深遠的影響，這是另外的話題。老莊不可能知道儒學奉行的仁義在後世會有這麼大的作用，但他們在當時，實在是看不起以仁義爲治國之術。

仁義應該遭到棄絕，做人不能要，治國也不能要。

老莊有自己的治國之術，他們治國之術的命運和儒學的命運差不多，同樣是不合時宜，不爲人所用。

莊子譏笑儒學的仁義是「屠龍之技」，殊不知自己主張的清靜無爲之術也是「屠龍之技」。

六、治民之技

治理百姓總會有方法，老子和莊子也不例外，像清心寡欲，無爲而無不爲就是方法。

這是老莊治民之技的根本，是一種韜略，在具體治理國家上，他們還有所考慮，如老子說的「治大國若烹小鮮」，老莊都說過的「國之利器不可示人」，其中融合了他們對人生和社會的經驗，無心治理社會的老莊，不斷地表現出他們對社會的有心。

治大國若烹小鮮

老子說：「治理大國要像煎小魚一樣，不要經常翻動。」他的話中有話，但沒有展開，韓非子爲他展開了。

韓非子說：

工人三天兩頭改變工作，就做不成什麼事情；農夫三天兩頭換種農作物，就沒有收成。

如果一個人每天損失半天工作時間，那麼十天就相當於五個人少做了一天；如果一萬人工作，每天少幹半天，那麼十天就相當於五萬人少幹了一天。這就是說，一個人變換的職業愈多，變換職業的人愈多，虧損就愈大。國家的法令也是這樣，法令的改變表明利與害的關係變了，利與害的關係變了，百姓就總想改變現狀；改變現狀就像工人、農夫改變工作一樣，改變工作愈頻繁，所取得的成效就會愈小。在這個意義上，管理大衆的法令反覆莫定就很難取得成功，收藏的珍貴器物多次搬遷就容易損傷，煎製小魚翻來翻去會弄得稀爛。同樣的道理，治大國如果多次改變法令，老百姓就會感到手足無措。所以，眞正有辦法治理國家的人，重法令制度的穩定，不經常改變。這便是「治大國若烹小鮮」。

韓非子是重視以法治理國家的人，他從法的角度解釋老子這句話，說以法治國是應該十分慎重的。實際上，老子倒是沒有說要以法治國。他說，要絕聖棄智、要少私寡欲，既然這樣，治國要法幹什麼呢？不過，韓非子在解說「治大國若烹小鮮」時，用了「貴靜」，倒是得了老子之說的精髓。

老子貴靜，重視人們保持自然純樸的心理狀態，以此實現社會的太平。治國理民如果經常擺弄百姓，倒過來反過去，百姓不寧，國家也就不安寧了。他所想的既不是韓非子說的用法治國，也不是孔子、孟子說的用仁義道德治國，而是自我追求的自然。

老子、莊子的時代，韓非子還沒有出現，社會上流行的先後是孔子、孟子、墨子、楊朱

的治國方略和養生理論。楊朱重「爲我」，拔一根汗毛有利於天下也不願意去做，因爲拔一根汗毛也就傷了身，和老莊的重身、養身有很相近的地方。而孔子、孟子、墨子的仁義之術和諸侯之法把整個社會都攪亂了。

仁義之術擾亂本來就容易躁動的人心，人與人之間的猜疑、欺詐、責難頻頻發生。於是又用法治民，以種種刑罰處置他們，讓他們蹲大牢、戴枷鎖，甚至是掉腦袋，天下不就亂了嗎？

「治大國若烹小鮮」，不是儒、墨和諸侯的方略可以做到，唯有自然素樸才是良方。這一點雖然不容易做到，但老子的理論中告誡治理國家的人應該慎重行事則無論在何時何地都是很有意義的。它的意義不限於治國，人們在日常生活中，重大的決策和行爲都應該持慎重的態度，翻來覆去，決策與處事會失去了本來的味，出現偏斜。

記取「治大國若烹小鮮」，處世可以減少疏漏和失誤。

國之利器不可示人

韓非子雖說是戰國末年法家學派的集大成者，他受老子思想的影響很深，他的許多理論

本源於老子，從老子的思想中生發出自己的法治理論。

老子說：國之利器不可示人，就像魚兒不能夠離開江河一樣。魚離開了水，無異於離開生命之源，只有死路一條了。莊子講的涸轍之鮒如果沒有斗升之水活命，就會是這樣的命運。相形之下，如果把國家的利器示人，國君就會走投無路了。老子自己沒有解釋他說的「國之利器」是什麼，但從把國之利器示於人帶來的嚴重危害看，這國之利器該是君主的權勢。君主只有把權勢示於人，才會有這樣的惡果。

莊子則說：聖人是國家的利器。聖人已死，大盜不起，天下太平而無變故；聖人不死，大盜不止，天下失去了太平。因爲天下以聖人示人，所以天下盜賊橫行，盜竊財物、盜竊仁義、甚至盜竊國家的權力。在這種情況下，人們對軒冕之賞、刀斧之威都無動於衷，莊子說，這可是聖人的罪過。

韓非子則說：賞罰是國家的利器，君主掌握了它就可以控制大臣，大臣掌握了它就會蒙蔽君主。君主要行賞，大臣會借君主的賞賜顯示自己的恩德；君主要行罰，大臣會借君主的刑罰顯示自己的威嚴。所以，賞罰不能夠輕易地給人。賞罰關係人的命運，行賞罰與被賞罰都是大事。因爲賞罰太爲人看重，君主依靠它們建立威權，表示恩德。賞罰是法家之法的重要體現，韓非子繼承了商鞅、愼到等前輩的思想，把法發揮得淋漓盡致。

說聖人是國家的利器，老子也常說聖人，他說的聖人是超世俗無智慧的大智慧者。莊子

這裡的聖人，是世俗智慧的化身。

說賞罰是國家的利器，老子這個被後人推崇爲道家學派領袖的人，從不說賞與罰的事，但他的國之利器不可示人中隱含的權勢不可示人，就有賞罰的因素。無賞罰哪會有權勢呢？

老子之術，好以退爲進，以守爲攻。但國之利器不能示人卻是治國者的通則。哪個統治者能夠輕易地把權勢讓人呢？大權的旁落是統治者的悲劇，周天子的大權旁落，故有諸侯紛爭；漢獻帝大權旁落，故有魏、蜀、吳三國角逐。

春秋時，彌子瑕輔佐衛靈公，在衛國專權，人們眼裡只有彌子瑕，沒有衛靈公；戰國時，楚襄王的大臣州侯，得寵而專斷，襄王起疑，但左右的人害怕州侯，沒有誰敢對襄王說眞話；秦朝時，趙高專權，指鹿爲馬，順我者昌，逆我者亡，秦二世身爲皇帝卻連自己的命運也掌握不了。

國之利器不可示人。

行不言之教

教育素來有言教與身教之分，有身教重於言教之說，而身教就是不言之教。孔子說：身

正，不令而行；身不正，雖令不從。他說的也是不言之教與言教的關係，身與言應該統一，言而必行，行而必果。萬一能行不能言或者是能言不能行，應取的是前者而不是後者。

老子很看重不言之教，把不言之教和他奉行的「無爲」相提並論：

聖人處無為之事，行不言之教。

不言之教，無為之益，天下希及之。

行爲的效果勝過言論的效果，是常有的事。傳說春秋時期，齊桓公喜歡穿紫色的衣服，全國的人看在眼裡，都穿紫色的衣服，使紫色的綢緞價格昂貴，五匹白絹也換不了一匹紫綢。

齊桓公急了，對管仲說：「我愛穿紫色的衣服，引得全國的人愛穿。紫色的綢緞這麼貴，怎麼行呢？」

管仲說：「這事很好辦，百姓愛紫色，是因爲您喜歡紫色。如果您表示自己不喜歡，並且從此不穿它，老百姓就會改變服飾的習慣。」

剛巧，有個大臣穿著紫色的衣服來拜見齊桓公，齊桓公裝出滿臉的不高興，對那位大臣說：「你往後站，我討厭紫衣服的氣味。」

風聲一傳開，滿朝文武沒有誰再穿紫色的衣服了，日子一長，全國的百姓也不穿紫色的

衣服了。

不言之教就有這樣大的力量。

老子說不言之教，是要人無爲。無爲，包括了不行和無言，以達到「爲」的目的。這和他習慣於辯證地看問題有關係。

天下有美，這才有了醜；有善，才有了不善。天地間的萬事萬物相互矛盾而又相互依存：

有與無對立而產生；

難與易對立而形成；

長與短對立而顯現；

高與下對立而依存；

聲與音對立而和諧；

前與後對立而相隨。

那麼，有爲與無爲也是對立而存在的，無爲不就蘊涵了有爲？所以人們應該處無爲之事，行不言之教。

不越俎代庖

人各有其技，各司其職，行本不當行或者是本不善行的事，則會使自己受到傷害，不能不引起人的注意。

老子是就當時社會上不在其職而行其事，任意懲治人的現象而言的。執行法律有專門的機構和官吏，怎麼能夠任人所爲呢？於是，他告誡統治者，代替執法的人行使法律，很少有不傷害自己的。

莊子在講述堯讓天下給許由的故事時，不願接受天下的許由也說過一句話：廚師不去做飯，主持祭祀的人也不會代替他去做。也是說各人有各人的職責，每人守自己的職責就可以了。

職權不宜隨意超越，這本身就是一種管理法則，包括制訂法律和執行法律的人。

韓非子講過一則故事：

一天，韓昭侯喝醉了酒，昏昏沈沈地和衣倒在床上。他身邊有個掌管帽子的侍從擔心國君會著涼，就給他蓋上一件大衣。

韓昭侯一覺醒來，發現自己身上蓋的大衣，高興地問左右的人：「是誰給我蓋上的衣服？」

有人恭敬地回答：「是掌管帽子的侍者。」

韓昭侯的臉頓時沈了下來，二話不說，下令處罰掌管衣服的侍者和爲他蓋上衣服的掌管帽子的侍者。

掌管衣服的侍者當韓昭侯應該蓋上衣服的時候，沒有爲韓昭侯蓋上衣服，理應受到處罰。而那爲他蓋上衣服的掌管帽子的侍者，完全出於一片愛心，結果得到的不是賞賜而是處罰，冤枉得很。

韓昭侯不這麼想，人們應該各司其職，不要超越自己的權限。應爲他蓋上衣服的侍者沒有盡到職責應該受到處罰，不應該爲他蓋上衣服的侍者超越職權也應該受到處罰。

這不就是老子說的代替別人辦事容易使自己受到傷害嗎？

君臣或者是群臣彼此超越權限，法令制度就會形同虛設。韓非子說的是人人守職盡責，以使法令制度始終保持它們的嚴肅性。而老子是要人不去幹非本份的工作，否則就會傷害自己。兩人的立足點不一樣，但韓非子講的這個故事會給人們同樣的啓示。

虛心實腹，弱志強骨

老子希望建立的小國寡民，重心還是百姓，百姓的心理狀態和行為表現決定了這個國家將會成為一個什麼樣子。在老子的時代，天子的地位衰落，諸侯相互爭奪，戰爭頻繁。各國紛紛任用賢才，晉國用叔向，鄭國用子產，齊國用管仲，使國家富強。老子則反天下之道而行，說任用賢才是很不妙的事情。

任用賢才是為了治理百姓，但一旦把人分成了賢與不賢，或者說有德無德、有才無才，都會引起百姓彼此之間的競爭。加上社會以稀有之物為貴，使有的人為了得到它們不惜採取盜竊的手段。用人與重物上的這種情況，自然激發了社會的動蕩不安。

要解決這樣重大的社會問題，老子說有一個很好的辦法：愚民。他把自己的想法以「聖人」的名義表述出來，說出來真讓人有點吃驚：「虛其心，實其腹，弱其志，強其骨，常使民無知無欲。」也就是讓百姓吃飽肚子，身體強壯結實，但沒有思想、沒有意志，沒有知識、沒有欲望。有時，老子甚至只說要百姓吃飽肚子就夠了，不要用歌舞聲樂、名譽利祿弄花了他們的心思，使他們求知而有欲望。

以愚民來治民，百姓愚昧地以統治者爲絕對的軸心，一言一行，一舉一動，以統治者爲轉移。那麼，統治者的指揮棒就很靈便了。

老子想得很美妙，認爲像他這樣治理國家，國家一定會治理得很好。他是一介平民，沒有能力來實施自己的政治方略。不過，他的愚民術後來有人用過，這就是平定了六國、建立了大一統秦王朝的秦始皇。

秦始皇統一天下以後，對於子子孫孫能不能保持秦王朝的江山很憂慮，修建金城湯池仍然覺得忐忑不安，於是就想愚民。秦始皇大權在握，又實行絕對的專制，操作起來還是很容易。他居天下之尊，面對儒生批評他不效法古代就不能長治久安很惱火。他的重臣李斯站起來說話了。說是五帝誰走了前人的老路？夏、商、周三代哪有代代因襲？時代不同了，國家的政策就不一樣，有什麼必要效法五帝三王呢？你們這些儒生道古傷今，說假話攪亂現實，弄得私學昌盛，非議橫行，時間長了，必然會降低始皇陛下的威嚴。我看乾脆只保留秦國的史書和醫藥、卜筮、種樹一類的書，把《詩》、《書》及百家的論著統統燒了。有敢於談論《詩》、《書》的殺頭示衆，有敢於以古非今的滅族。秦始皇覺得很有道理，下令三十天之內燒書，敢不燒的，罰他去做苦役。

這是秦始皇愚民的重要一步，這一步使中國文化遭受了一場空前的浩劫，不僅是當時天下的百姓很少有書可讀了，而且一些典籍的毀滅影響到以後的幾千年。事隔一年，又有新的

事件發生了。方術之士侯生、盧生爲秦始皇求仙，不能忍受秦始皇的暴虐驕橫，說了一通秦始皇的壞話，逃之夭夭。秦始皇氣急敗壞，遷怒於批評他的儒生，抓了四百六十名，在咸陽活埋了。從而把「愚民」推向了新階段。

秦始皇還不放心，下令把天下所有的兵器收集起來，在咸陽熔煉，鑄成十二個碩大的鐵人；又大肆修築長城，派精兵良將把守。這樣，他心裡稍安，以爲子子孫孫可以享有帝王之業了。

秦始皇以專制、愚民治天下，天下終不能治。他當然不會想到自己死後才三年，秦王朝就覆滅了。

愚民，並不是眞正地治民，也不可能使民心眞正地順服。但老子津津樂道，並且說，拋棄所有的聰明才智吧，人沒有了聰明才智，反而會獲得百倍的利益。

七、絕棄之術

老、莊感到最可怕的是人失去本性，然而喪失本性有五種情況：一是五色擾亂眼睛，使眼睛看不清楚；二是五聲擾亂耳朵，使耳朵聽不清楚；三是五種氣味薰鼻，使鼻子嗅覺不靈敏；四是五味攪亂了口味，使舌頭受到傷害；五是取捨的欲望攪亂了心，使心神飛揚。

這種事情時時在老莊的眼皮底下發生，令他們不得安寧。莊子就曾說：自從虞、夏、周三代以來，天下的人以物改變性情。平民爲了利益可以捨命，士人爲了名譽可以捨命，大夫爲了家庭可以捨命，聖人爲了天下可以捨命。這些人的追求不一樣，但在捨命中妨害了人的性情則是一樣的，這背離了人的自然之道。莊子還打了兩個比方：有兩個人放羊都使羊走失了，一個是因爲讀書，一個是因爲遊戲，但羊走失了是一樣的；伯夷死在首陽山上，盜跖死在東陵山上，兩人死的原因不同，但殘生害性是一樣的。所以，對一切殘生害性的東西都必須排斥，這裡有人們崇尚的聖、智、仁、義、巧、利，老莊想，把這些都拋棄了，人就可以回到本性上來了。

絕聖棄智

秦始皇實行專制，是強迫百姓絕聖棄智，老子則提出要百姓自覺地絕聖棄智，使自己成爲無知無欲的人。老子把這一行爲的結果說得很動人，如果能夠做到這一點，可以得到百倍的利益。這雖然是一種誇張的說法，但在老子的話音裡面，很明顯的是人有聰明才智，還不如沒有聰明才智。

老子的這一思想和常人的思想完全背離，常人誰不希望有聰明才智，都想因爲聰明才智創造財富、被人稱道。社會本身也是這樣，所以才會有重視賢才、任用賢才的主張和行爲。老子的時代就是重視賢才的時代，稍晚於他的墨家學派的代表人物墨翟，就鮮明地高舉「尙賢」的旗幟，以重視賢才爲治理國家的根本。因爲賢才不僅具備治理國家的才能，而且賢才不結黨營私，夙興夜寐，吃苦耐勞等等。當時的諸侯國君，無一不是招賢進士。

戰國時的燕國，有一則很有名的故事。燕昭王在內亂外患之後，放下一國之君的架子，用重金招納賢才。他問燕國的名士郭隗應該怎樣做，郭隗跟他講了一通大道理之後說：「我聽說古代有一位君王喜歡千里馬，用千金求購，三年都沒有買到。他的一個侍從主動要求去

買。這位侍從帶了許多錢，花了三個月的功夫找到了千里馬。不幸的是，這匹千里馬已經死了。這位侍從沒有猶豫，用五百金買了千里馬的骨頭，回來向君王報告。君王很生氣，大聲吼道：『我要買的是活著的千里馬，要死千里馬有什麼用呢？居然還花費了五百金！』這位侍從說：『您別生氣。您買死千里馬都花了五百金，何況是活千里馬呢？天下的人一定認爲你肯花本錢買千里馬，千里馬很快就會送上門來的。』果然，不到一年時間，就有人送來三匹千里馬。」郭隗講完這個故事，接著說：「您誠心招賢的話，就從我開始吧。那麼，比我有才幹的人就會不遠千里而至。」燕昭王聽了很高興，眞的從郭隗開始，不久，樂毅、鄒衍、劇辛這些賢才紛紛來到燕國。

在老子心裡，人們是不必這樣做的。他主張捨棄聰明才智，表面上看起來是說繽紛的色彩讓人眼睛瞎了，精妙的音樂讓人耳朵聾了，佳美的食物讓人口味喪失了，聰明才智給人的是什麼呢？不是一場場災難嗎？他感到人們面對這些災難無動於衷，殊不知這些「災難」是他的虛構，以便奉勸人們不要有所作爲，有爲則有害，人們有什麼必要以此和自己過不去呢？

莊子則把人們的聰明才智視爲多餘的東西。他有一個很形象的比方：人的智慧就像是身上多生長出來的枝指和贅瘤一樣，人們把枝指、贅瘤割除之後，才會恢復正常；人們把聰明才智捨棄了，才會回歸人的本性。毫無疑問，人的本性比起聰明才智還是重要得多。

老、莊的著述告訴人們，他們自己是很有聰明才智的人，對自然、社會、人生思考的深刻，在那個時代眞正能夠和他們相比的只有孔子和孟子。他們有聰明才智並沒有首先拋棄，做百姓的表率，而是把自己的聰明才智展現在人們面前，然後說你們應該怎樣去做，未免有一點滑稽。

老、莊要人們成爲傻子，社會則要求人成爲精明的人，不單是一般的精明，而且是愈精明愈好。老、莊要人們捨棄聰明才智，達到這個目的，他們與社會之間的尖銳矛盾衝突就不存在了。

在一個可以說是瘋狂地追求權勢利祿，不惜訴諸武力的時代，要人們奉行自然無爲，類似於孔子、孟子在這個時代要人們奉行仁義道德一樣，都是汙腐的。

絶仁棄義

老子說「慈」，本義和仁愛還是很接近，他這個人還是很講道義的，但說起「仁義」來，深惡痛絕。他對仁義有一個基本的思想，就是天地把萬物作爲祭祀時草紮的狗，臨時用一下，不需要就扔掉了，哪裡講過仁義；聖人也是一樣，他們把百姓視爲草紮的狗，想用就

用，不想用就拋棄了。

天地、聖人不講仁義，人們還要仁義幹什麼呢？究其根源，是「道」被廢棄之後，才有了仁義。他說的「道」即自然，人們失去了自然才有了「仁義」，這本是人類社會的進步，使人不再是自然的人，而是社會的人。但老子的思想上，人保持自然本色比人社會化還是好得多。

人社會化了以後，各種事務尤其是權勢利祿激發相互之間的矛盾糾葛，使孝慈成爲做人的要求。要求孝慈，是因爲失去了孝慈。不論別人怎麼看，老子認定絕仁棄義，才能夠使百姓重新回到孝慈上來。老子是不是眞的想百姓孝慈，其實不是，而是以孝慈之說表明人是可以回到他們本性上來的。

老子的這一思想給了莊子很大的影響。莊子說，人要仁義幹什麼？在社會上倡導仁義的人，是要消除人的自然本性，爲自己撈取名聲。現在一些仁義的人，放眼社會爲百姓的災難憂心忡忡；不仁義的人拋棄本性，貪圖富貴。仁義與不仁義都傷害人的本性，所以從夏、商、周三代以來，天下人爲了權勢利祿爭戰吵嚷不休。

莊子還虛構孔子和老子來談仁義，孔子說經書的要義在仁義，並以仁義爲人的性情，仁義是什麼呢？仁義是公正、無私、兼愛，老子卻說，無私就是有私，要想統治天下，治理百姓，日月星辰、野獸樹木依自然之性而立，人有什麼必要捨自然之性而求仁義之德呢？求仁

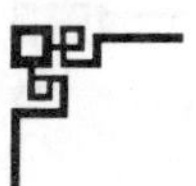

義的結果便是擾亂了人性。

莊子把話說得正兒八經，像老子把孝慈歸於仁義的產生一樣，他則把不仁義的產生歸於仁義。仁義的人本來想用仁義教化不仁義的人，卻不知道自己首先失去了本性。

世人用規矩繩墨正曲直方圓，使各適其度。但是樹長得筆直則筆直，長得彎曲則彎曲，樹本身就是這樣，以繩墨使其彎曲的變直，以曲尺使筆直的變彎曲，都違背了物的性情。仁義違背人的性情和這是一樣的道理。

齧缺遇到許由，見許由慌慌忙忙的樣子，問道：「你到哪裡去？」

許由說：「準備逃避堯。」

齧缺驚訝地問：「你這是什麼意思呢？」

許由說：「堯一個勁地推行仁義，我怕他會導致天下人食人。對於百姓，愛他就會親近，給他好處就會到來，表揚他就會更加努力，給他厭惡的東西就會離去。愛、利出於仁義，生活中捨棄仁義的人很少，喜歡仁義的人很多，一施行仁義，人貪的是利祿，就喪失了眞誠。堯自以爲是在爲天下做好事，不知道是在殘害天下。」

莊子視仁義爲溫情的毒藥、野獸，時時侵害著人的性命，表面上倒顯得很可愛，而知道仁義危害的人不多，那麼很多人就要深受其害。

絶巧去利

人捨棄聰明才智、仁義道德，做人的根本幾乎就不存在了。老子、莊子還覺得不能滿足，還不能達到他們理想的返樸歸眞境界，又說應該「絕巧去利」。

老子和莊子說，捨去了機巧和私利，社會上就沒有盜賊了。

這依然是老、莊的理想境界。

孔子的弟子到楚國去，返回晉國的時候，路過漢水南岸，看到一個老人正抱著瓦罐在澆灌菜地，費勁而且效力很低。

子貢很同情這位老人，上前去對老人說：「現在有一種澆灌機械，一天可以澆灌一百塊田地，用力很少而效力很高，你老人家不想試一試嗎？」

老人抬起頭來問道：「這是一種什麼機械呢？」

子貢說：「這種機械叫桔槔，用木製成，前輕後重，從井裡打水，便利快捷。」

老人譏笑道：「我的老師教導過，有機械就會有機巧的事，有機巧的事就會有機巧的心。一個人有了機巧的心，就會受世俗的感染而不純潔。這並不是什麼小事，人的心地不純

潔，就會精神不定；精神不定的人，就不會得『道』了。你說的桔槔我並不是不知道，而是我以這樣做爲羞辱。」

一席話把子貢弄得滿臉愧色，低著頭一句話也說不出來。

子貢的神情沮喪了好久，然後對弟子們說：「我的老師孔子說，辦事求可行、求成功，事半而功倍，這是聖人之道。現在看來，聖人之道是德行完備、身體健康、精神充實，悠然遊世而無功利機巧之心。」

後來，子貢把這件事講給孔子聽，孔子很感慨地說這位老人是修渾沌之術的，自然眞樸，他和子貢都不能及。

從這則寓言來看，老子和莊子說的捨去了機巧和私利還不光是沒有盜賊的問題，而是有機巧、私利就失去了「道」，人就沒有了自然性情。機巧、私利與老、莊之「道」的對立，是兩種不同的世界觀。莊子在這裡講述編造的孔子及弟子子貢的故事，是有意識地鄙薄孔子及其儒學，宣揚自己自然無爲的理論。

在社會生活中，機巧與私利活生生地存在著，並不以老子和莊子的意願爲轉移。他們所企盼的天下無私，要以人們生活的全面倒退爲代價，儘管爲的是以退爲進，但確實遠離了生活現實。機巧與私利使人的欲望沒有止境，邪惡從而產生，以私求私，假公濟私層出不窮。即使是滿嘴仁義道德的儒學之士，也幹著一些見不得人的勾當。他曾講過的兩個儒生盜墓的

故事就是例證。在那個故事中他道出儒生虛僞的一面，同時揭示了人性情的複雜。如果人捨棄了機巧和私利，那麼人的性情統一於自然素樸，就不會出現這種情況了。

說出「絕巧去利」的老子和莊子，也許他們自己就很痛苦，也很無奈。

去小智而大智明，去善而自善

老子、莊子要絕聖去智、絕仁去義、絕巧去利，按他們的說法，現實生活中的人最好是沒有知識、沒有道德、沒有技巧，人類的各種矛盾不復存在，返樸歸眞就實現了。他們把這一點看得很重要，視爲人們自我修養的境界，社會一統的前提。但你要說老莊這麼做，不是把人弄得很愚昧，昏昏噩噩，什麼智慧也沒有，什麼道德也不要，那人算是什麼呢？老莊會說，你這種想法不對，你捨棄的知識、道德、技巧是些微不足道的東西，將會得到更有意義的知識，更良好的道德和技巧。

宋元君半夜做了一個夢，夢到有人披散著頭髮在側門窺探，並且對宋元君說：「我來自宰路之淵，爲清江出使河伯，不料打魚的余且抓住了我。」

宋元君醒來，令人占卜，看晚上夢中的人是誰。

占卜的人測算了一陣，告訴宋元君說：「這是一隻神龜。」

宋元君問道：「有一個叫余且的漁父嗎？」

左右的人說：「有。」

宋元君說：「要他明天來見我！」

第二天，余且來見宋元君。宋元君問道：「你捕魚捕到了什麼？」

余且回答道：「我捕到了一隻周圓五尺的白龜。」

宋元君說：「把這隻白龜獻上來！」

宋元君得到這隻白龜，又想殺它，又想養活它，一時間心裡拿不定注意。於是又讓人占卜，看是殺了好還是養活好。占卜的結果是殺了好，宋元君就讓人宰了這隻白龜，用龜甲占卜，占了七十二次都非常靈驗。

孔子知道了這件事很感慨地說：「這隻神龜晚上能夠夢到宋元君，而不能躲開余且的魚網；能夠占卜七十二次沒有一點失誤，不能夠避免殺身之禍。智慧是有所局限的，神妙也有達不到的地方。人能夠捨棄小智慧，才能夠有大智慧；能夠去掉自以爲的善，才會有眞正的善。」

神龜智慧的局限以喻人智慧的局限。

人智慧存在局限是客觀的，但莊子把它和人的死亡之患聯繫在一起，彷彿是人有智慧就

有意外的死亡，既然如此，人這樣的智慧還有什麼不能夠捨棄的呢？

捨棄小智慧才有大智慧，丟掉自以為是的善才有眞正的善，這大智慧、這眞正的善，究其根柢是無智慧的智慧，無善的善。

包括人在內的萬物，無用則無患。智慧、道德、技巧是人生存必須，捨棄這一切，人就不再會有危及生命的禍患。老子、莊子這麼想。

社會是別人的，生命是自我的。不管別人的社會，只顧自我的生命，老子、莊子的思想夠狹隘的了。不過，在他們的思想中，人人顧惜自己的生命，不求有用於社會，社會就太平安寧了。

八、無為韜略

人不能修身就不能治天下，捨棄了內在的精神，超越於形骸之外，才可以談論治理天下。所以人要捨棄功名心，守自我的眞性，只有這樣才能夠治理社會。

莊子曾說：

聖人之治，舉賢授能，野無遺賢，行使職權沒有不適宜的；體察事情認眞按照自己的意願去做，化育天下，揮手而百姓匯集。

德人之治，居無思想，行無謀劃，內心不存在是非美醜，四海之內人人能夠分享利益就高興，共同付出就安樂，悲傷的時候像嬰兒失去了父母，悵惘的時候無所適從，財富、飲食有餘但不知從什麼地方來。

神人之治，神人駕御著光輝，沒有形跡，照耀空曠，窮盡生命和性情，與天地同樂，萬事消亡而萬物回復到本來的性情，天地混同。

他這裡說的神人和至人相類，至人無爲而無所不爲，至美而遊於至樂。

老莊爲統治者設想，最佳的韜略就是無爲。

自然無為的偉力

鄭國有一個很會占卜的人，名叫季咸，人稱「神巫」。他能夠預測人的生死存亡、災禍幸福、長命短壽，可以測算到哪一年、哪一月、哪一天。鄭國的人很害怕他，見到他來了，避之唯恐不及。

只有列子見了季咸，相見恨晚，如醉如癡。他回來告訴老師壺子：「我以前認爲先生的『道』是最高明的，沒有想到還有比先生您更高明的。」

壺子說：「我還只教給你『道』的表面道理，還沒有教給你『道』的精髓。你這樣去見季咸，當然就會迷戀他的『道』而輕看了自己。你把他請來，讓他給我看相。」

第一天，列子陪著季咸來見壺子，季咸看過壺子的相以後，出來對列子說：「你的老師不行了，臉上沒有一點生氣，十天內就要死。」列子一聽，傷心的淚水往下掉，把衣服都濕透了，抽泣著告訴壺子。壺子說：「我剛才閉塞自己的生機，內心寂然不動，面如濕灰，一點生氣都沒有。你再請他來看吧。」

第二天，列子又陪著季咸爲壺子看相。季咸看完走出門，對列子說：「你先生遇到我，

眞是走了運，他閉塞的生機開始活動，有活路了。」列子很高興，趕緊告訴壺子，壺子說：「我給他看的是天地之間的生氣，名利不入心，生機從腳後跟升起，他大概是看到了我這一線生機。你明天再和他一起來。」

第三天，列子和季咸又來了。季咸看了半天，出來對列子說：「你的先生神情不定，我無法給他看相。等他的神情穩定下來，我再給他看相。」列子又進去把這種情況告訴壺子，壺子說：「我給他看的是流動不居的太虛境界，他看到了我生機平衡的徵兆。你再讓他來給我看相。」

第四天，季咸又來給壺子看相，一進門，人還沒有站穩，就驚慌失措地轉身逃走，列子追都追不上。只好回來對老師說：「季咸已經跑得無影無蹤了。」壺子說：「我剛才還沒有把自己的『道』展示給他看，只是隨順他變化，像隨波逐流，他實在是看不出什麼，就嚇得逃走了。」

不過四天時間，列子好像做了一場夢，眞正地知道老師壺子的本事，不敢懈怠，三年不出家門，做飯、餵豬，而且餵豬就像餵人一樣，質樸自然，沒有偏私，終生保持著純眞。

壺子使神巫季咸失「神」，使列子眞正地追求人生的返樸歸眞，所行使的不過是自然無爲。

「道」的無窮無盡的力量，不僅在於創造萬物，而且在於創造萬物之後，永不停止地改造

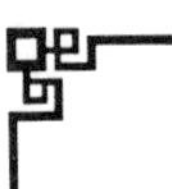

萬物。莊子希望人們主動地去接受「道」的感化，以求自我性情的完美。而人一旦獲得「道」，他將可以坦然地面對外部世界，無往而不勝。

莊子講這個故事並不是作泛泛之喻，重在表現治理天下應該採取的基本方略：「遊心於淡，合氣於漠，順物自然而無容私，而天下治矣。」壺子和列子的人生道路就是昭示。

無為則無敗

老子和莊子奉行自然無爲，在他們看來，自然無爲最大的好處是不會有什麼過失。就像老子說的「無爲，故無敗」。這並不是一時把事情看得過於簡單，而是他們對社會人人有爲的現狀深思熟慮，尋找的一條新的社會出路。

無爲則無敗，反過來說，有爲則有敗。

老子說的其實是一句大實話。

現實生活中常常也是如此。不幹活就不會犯錯，幹活愈多的人往往錯誤也愈多。人們習慣於批評後者，而對前者不持異議。

人類的進步永遠建立在出現的錯誤之上，沒有錯誤，大概永遠不會有經驗以及因此帶來

的不斷發展。那麼，無爲固然在一般意義上沒有錯，但人們只能夠保守、維持現狀，殊不知這是人類最大的錯誤，將會在這種思想的禁錮下，束縛自己的手腳。

莊子演繹老子的無爲則無敗的思想，反反覆覆地說，有爲則有害，無爲則無害，人們還是不要有爲的好。

南海大帝名儵，北海之帝名忽，中央之帝名渾沌。

三位大帝各鎮一方，相安無事。

有一天，南海大帝和北海大帝外出遊玩，興致很高，在中央大帝管轄的地方不期而遇了，兩人非常高興。

渾沌很快得到南海大帝和北海大帝光臨的消息，急忙令人設宴，要盡地主之誼。

兩位大帝被渾沌請到宴會廳上，開懷酣飲，各敘民情風俗。渾沌對南海大帝和北海大帝的友好態度，使二位深受感動。

於是，南海大帝和北海大帝商量道：「渾沌大帝對我們這樣友好，勞神費力，我們用什麼來報答他呢？」北海大帝說：「人都有眼睛、耳朵、鼻子、嘴巴七竅，以吃飯、呼吸、看事物、聽聲音，渾沌大帝卻沒有。我們爲他開鑿七竅作爲報答吧。」

南海大帝覺得這是個不錯的主意，兩人說幹就幹，一天爲渾沌鑿一竅，鑿到第七天，七竅是鑿成了，渾沌也死去了。

無爲無害，有爲不是有害嗎？所以莊子說：

不要求名而得名。

不要劃謀而有謀。

不要幹事而事成。

乾脆，不要做智慧的主宰，這樣，人就可以心境淡泊，順應自然而無所作爲了。無所作爲怎麼會遭受渾沌那樣的命運呢？

無爲則無敗，也包括了無爲也無害，對人對己都是如此。老子和莊子眞是想得很透。

莊子以渾沌之死爲治理天下的君主敲警鐘，治理天下應該有爲還是無爲呢？他不再置一詞，何去何從是很明顯的。

無為而民自化

老子說：

我無為而民自化，

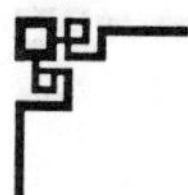

我好靜而民自正，
我無事而民自富，
我無欲而民自樸。

無爲、好靜、無事、無欲，歸根結柢是要人無爲。

有爲與無爲在老莊看來是人道與天道的問題，人道違反自然的作爲與天道順應自然的作爲形成尖銳的矛盾，他們反對前者力主後者，要求人們在社會生活中能夠順應自然，不要去幹與自然相背離的事情，這樣，天下的事情就好辦得多了。其中特別是治理國家。以無爲教化萬物，莊子比老子說得更生動、更具體，少不了給人們講一個故事：

雲將東遊，在神樹扶搖的旁邊遇上了鴻蒙，鴻蒙一跳一跳地玩得正高興。雲將停下來，恭敬地說：「我有一件事想請教您。」

鴻蒙抬起頭來，很隨意地「哼」了一聲。

雲將說：「天氣不和諧，地氣鬱結，陰、陽、晦、明、風、雨六氣不調，春夏秋冬四時失去了本來的順序，我想融合六氣的精華養育萬物，不知道行不行？」

鴻蒙拍著大腿，掉頭而去，很不耐煩地說：「我不知道！我不知道！」

雲將茫然無措。

過了三年，雲將東遊，在宋國的原野遇上鴻蒙，非常高興，快步走上前去問道：「您忘記了我嗎？您忘記了我嗎？」一邊叩頭行禮，一邊向他請教三年前的問題。

鴻蒙說：「你自在地游逛，不知道追求什麼；隨心所欲，不知道去哪裡；在紛紜雜擾之中，觀看自然的本相，我還知道什麼呢？」

雲將說：「我自以爲隨心所欲，百姓就跟著我走；我不得已親近百姓，百姓卻仿效我。我眞的不知道怎樣做才好，請您指教。」

鴻蒙說：「擾亂了自然，違背了萬物的眞情，自然就得不到保全，將導致野獸分離、鳥兒夜鳴、禍及草木、昆蟲。這都是治理百姓有所作爲的過錯。」

雲將說：「那我應該怎麼辦呢？」

鴻蒙說：「你中毒太深，回去吧。」

雲將懇切地說：「我遇上您不容易，您好歹賜教吧！」

鴻蒙這才說：「你回去修養心性，忘卻形體，捨棄聰明，渾同於自然，無所作爲，萬物會自然而然地回歸本性，任性生長。不用心智才能夠治理好天下，如果用心智，只會給天下萬物帶來災禍。」

雲將頓時悟了過來，行禮表示感謝後告辭，用鴻蒙之道去治理萬物。

老子和莊子生在一個人人自以爲有治國興邦韜略的時代，他們主張自然無爲以治國興

邦，如果人人能夠自然無爲，天下不就太平了嗎？

在他們看來，帝王之德要在自然無爲，以此治理天下百姓，犯不著忙忙碌碌，爲天下殫思極慮，如果要有爲的話，那全身心地投入都不夠，結果還不如無爲能治天下。在自然無爲上，莊子有時作了區分，帝王和大臣不同，帝王必須是無爲，大臣必須是有爲，如果帝王和大臣都有爲，那麼帝王就不像帝王；如果帝王和大臣都無爲，那麼帝王也不像帝王，正確的關係是帝王無爲而大臣有爲。這樣一來，帝王無爲而無不爲實際上是通過大臣的有爲得到實現的。

無用而有用

莊子講過兩則很有趣的故事。一則是：

相傳，春秋時期，社會上興鬥雞之風。紀渻子受命爲周宣王養鬥雞，十天以後，周宣王問道：「鬥雞養好了嗎？」紀渻子回答說：「沒有。那雞自恃鬥志旺盛，浮躁驕狂。」

過了十天，周宣王問：「鬥雞怎樣了？」紀渻子說：「不行。那雞聽到響動就鳴叫，見了影子就來勁，直想往上撲。」

過了十天，周宣王又問養鬥雞的事。紀渻子說：「還不行。那雞目光迅疾，意氣沒有消退。」

過了十天，周宣王對紀渻子說：「你養鬥雞的時間已經不短了，難道還沒有一點成效嗎？」紀渻子說：「我正要向您報告呢，鬥雞養得差不多了。其他的雞在鳴叫，鬥雞卻無動於衷，看起來呆若木雞。它的德行訓練得很完善了，與其他雞子相鬥時，其他雞子看到它轉身就跑，不敢回應。」

另一則是：

黃帝到赤水的北岸遊玩，登上崑崙山向南望去，山巒起伏，天地開闊，不覺賞心悅目。回來的路上，不知怎麼回事，遺失了珍貴的玄珠。

黃帝很著急，派最有智慧的知去尋找，知找來找去，沒有找到。

黃帝派眼睛最明亮的離朱去找，離朱走了一趟，也沒有找到。

黃帝又派善辯的喫詬去找，仍然沒有找到。

最後，黃帝派沒有智慧的象罔去尋找，象罔找到了這些聰明人沒有找到的玄珠，使黃帝大為驚訝。

鬥雞本應有鬥志，無鬥志何以叫鬥雞呢？莊子認為，鬥雞消解了鬥志反顯出鬥志來，無鬥志、無能耐就最能鬥。

有用的知、離朱、喫詬理應比象罔更能找到黃帝遺失的玄珠，他們卻一無所獲，而無用的象罔最有用。

這些不合常規的現象被莊子作爲無用方有用的佐證。

治理國家也是同樣的道理，施行無爲而治，國家才能夠得到治理。

天地自然無爲而天覆地載，萬物自然無爲蓬勃生長，遠古的統治者治理天下，之所以能把天下治理得很好，就是因爲自然無爲。可惜很少有人懂得這個道理，以遠古統治者爲榜樣治理現實社會。

所以莊子不憚煩地繼續講著類似的故事和道理。

無心治世而世治

宋元君招聘畫匠畫畫，通告一出，畫匠從東南西北紛紛趕來應聘，一個個恭恭敬敬地站在門外，舔著筆，調著墨，躍躍欲試。一會兒，又來了一個應聘的畫匠，他不慌不忙，接受畫畫的任務以後，不是像那些畫匠一樣恭候，而是回到客館裡去了。宋元君派人去看他在幹什麼，使者到客館，只見那畫匠脫了衣服，盤著腿坐著。使者向宋元君報告，宋元君很感慨

地說：「這才是眞正的畫匠。」

研究藝術的人對這則故事很感興趣，藝術家的最高境界就是無心而自然，超脫於名譽功利之上。可莊子講這則故事並不是教育人們怎樣畫畫，而是用它說明治理天下的人應該採取怎樣的方略。

莊子的心中，辦事和治國的道理是相通的。

那畫匠畫畫的無心自然，可以使畫畫得出神入化。

百里奚養牛的無心自然，可以使牛餵養得肥肥壯壯。

那畫匠沒有參與治理國家，百里奚則治理過國家。秦穆公把餵牛的百里奚聘請去出謀劃策，百里奚輔佐秦穆公成就了春秋霸業。

莊子恐人不相信，於是又講了周文王任賢的故事。

周文王在臧水畔見到一位釣魚的老人，老人無心垂釣又總在那裡釣著。周文王記住了他的模樣，想用他治理國家，又怕臣下不服，於是對臣下說自己做了一個夢，夢見臧水邊的一位老人，如果把國家交給他治理，一定會治理得很好。於是他的大臣們根據周文王的夢，把臧水老人請來，文王眞的把朝政託付給他。

臧水老人不改變現行的政策制度，不發布激烈的法令，順應人們的性情治理國家，三年以後，周文王去巡視，朋黨不復存在，長官不炫耀功德，就連度量衡都不再使用，上下一

心，國家太平。

臧水老人的治國之術，是無心自然之術，他順應社會生活的自然，順應人性情的自然，國家就治理得很好了。周文王爲此感動不已，以致想任命臧水老人爲太師，把他治理國家的經驗推廣到天下。

治理社會的無心自然之術是老子、莊子最根本的治理社會的方法，他們以此消解社會上的各種矛盾，讓人們在自然無爲中求得和平。

無心自然的治理國家之術，需要人人有順應自然之心，人人能夠不求有爲。

然而，社會不以他們的意志爲轉移，奉勸以武力相搏才能夠解決問題的人們自然無爲，無異於白日之夢，不可能實現。假如人們眞正的按照莊子指示的方向去做，那麼社會上不存在爭鬥，自然會歸於一統。

九、理想世道

老子和莊子對社會的關注以及提出的改造社會的方法，決定了他們必然有理想的世道模式。老子的小國寡民，莊子的建德之國、至德之世就是理想的世道模式。與現實社會完全不同。

人們的理想作爲人生的奮鬥目標，是建立在可能實現的基礎之上的，所以許多人的理想得到實現。而老莊構想的理想世道，是建立在他們希望人人忘卻自我，無欲無爲而人人都不會忘卻自我，仍然在有欲有爲的基礎之上的，使得他們的理想世道只可能是一種虛幻的想象。

不可能實現的理想仍然不失爲理想，如果它能保持朦朧的狀態，那麼也能成爲人們永遠的航標，引導人前行。但老莊的理想世道一眼就會被人看破，知道是不可能的事情，就失了理想本應有的魅力，而老莊以此引導人們前行，也就乏力得很。

天下應該是自然的發展

人最理想的性情是不爲外界所動的自然性，最理想的社會是萬物都順應自然的社會。老莊爲實現這樣的社會出謀劃策，就是要人們放任天下的自然發展，而不要有改變天下的想法。

放任天下的自然發展，是不要因爲天下的事物攪亂了人心，改變了人的自然本性，如果人的自然本性被改變了，那天下就不可能是自然的發展。人是社會的主體，人人保持自然本性，是建立自然社會的基石。

老莊這樣想是一回事，人們在社會生活中怎樣才能夠守住自己的本性是一個難以索解的問題。人的情感特性必然導致喜、怒、哀、樂的時時發生，既然是這樣，無論是具備其中的任何一種情感，都會失去人的自然性。莊子就說，唐堯治理天下的時候，天下的人欣欣然；夏桀治理天下的時候，天下的人憂愁勞苦，這對人的性情有所影響，高興會傷害人的陽氣，憂愁會傷害人的陰氣，二氣交織則會傷害人的身體。這且不說，還會使人放縱自己的行爲，沈溺於所喜愛的聰明、智慧、仁義、聲色之中。

因此，老莊堅執人不能違背自然，否則根本就治理不好天下。

黃帝帶了七位聖人到具茨山去拜訪大隗，到襄城外的曠野上，大家迷失了道路，連問路的人都沒有。

一群人好不容易遇到一個放馬的少年，黃帝問道：「你知道具茨山嗎？」

放馬少年說：「知道。」

黃帝又問：「你知道大隗住的地方嗎？」

放馬少年說：「知道。」

黃帝很驚訝：「這少年眞了不起，居然知道具茨山和大隗居住的地方。」於是很恭敬地向他請教怎樣治理天下。

放馬少年說：「我從小遊於天地之間，頭暈眼花；現在病好一點，準備遊於天地之外，哪裡有心情管治理天下。」

黃帝執意再問，放馬少年說：「治理天下不就像放馬一樣嗎？把那違反本性的馬去掉就行了。」

這比喻很貼近人的生活，既然治理天下是去掉違反本性的馬，那麼，治理天下的人本身就必須守自然本性，上行下效，才會更有力度。治理天下的人和被治理的人都守自然本性，不庸置疑，天下就趨於順應自然。

小國寡民

老子面對紛亂、蕪雜的社會現實，眞是苦惱得很。他宣揚自然無爲、清心寡欲，希望統治者身爲表率，以自己的這些行爲帶動整個社會，那麼社會上複雜的矛盾衝突就很少、甚至不存在了。

他獻計獻策，思想其實搖擺得厲害，總的指導方針是一回事，而在人們行爲的一招一式上又是另一回事。他一方面勸人們無爲，另一方面又在教導人們怎樣才能有爲。

當然，老子對社會的思考也有一個終極的目標，即把社會建設成一個怎樣的社會。他生活的時代，已經出現擁有上千輛、上萬輛兵車的國家，諸侯國的人口也不少。他想來想去，感到社會上之所以問題多、矛盾尖銳，主要是國家太大，不好管理，百姓太多，也容易相互衝突。如果國家小一點，百姓少一點，就會是另一種情形。所以，他提出「小國寡民」。

國家要小，百姓要少。這是一個大的思想框架，怎樣來治理國家，老子說：百姓看重生命，堅守故土，不遷移到遠方；不是沒有船隻和車子，而是有車船而不需要乘坐；車船之外，各種各樣的器具要有盡有，但不必使用；社會沒有戰爭，鎧甲、戈矛無處陳列。老子把理想中的小國想像成這樣，人與具有現代化氣息的器物保持了很遠的距離，人在心理上、在生活中不需要這些器物，實際上是自然的排斥，排斥的結果是人回到遠古結繩而治的時代。

老子把那個時代想得十分美好，這倒不是環境經過人刻意的修飾，人在其中可以充分享受自我創造的生活。相反地，環境是純自然狀態，甚至包括人的自身也是自然的人，沒有經過社會生活的感化，或者是曾經受到過感化但返樸歸眞了。

在自然的環境中，人們以十分平和的心態面對生活。儘管是原始狀態，然而，人們茹毛飲血覺得很香，獸皮裹體覺得很美，巢居穴處覺得很安逸，粗俗陋習覺得很快樂。

由於國家小，許多國家和平共處，說到這裡，老子給後人留下了一句很有名的話：「鄰國相望，雞犬之聲相聞，民至老死不相往來。」那麼，在老子的理想社會裡，雖然存在國家形式，但百姓的生活是個體化的，不具有任何群體性質。人們不交往，在老子思想上是不需要交往，只要自己的生活過得自在就行了。

老子沒有說他是以遠古什麼時候的生活作爲現實生活的模式，讓現實社會中的人效法，莊子說了。

莊子說，那是容成氏、大庭氏、伯皇氏、中央氏、軒轅氏、祝融氏、伏羲氏、神農氏等的時代，莊子列舉的這些人，是傳說中的部落首領，那時候，眞正的國家建制沒有形成，百姓的生活就像老子所描述的一樣。莊子在這裡沿用了老子小國寡民的社會理想，說那時候的

社會得到了最好的治理。他乘機鄙薄現實生活中的一些人，說他們一聽說什麼地方有賢能的人，就背著糧食去投奔，內棄其親，外棄其主，把天下都搞亂了。

老子主張回到遠古樸素的生活中去，莊子也懷著老子一樣的思想。他比老子走得更遠，思考得更透澈。他不提小國寡民，而稱之為「建德之國」、「至德之世」，即具有最高道德的社會。除了類似於老子社會理想的這種形式之外，他還有另外形式的「至德之世」，讓人看到老子和莊子在社會理想上的差異。

建德之國

小國寡民是一種社會模式，在這種社會中，人們生活的幸福取決於人自身所持的態度和方式。雖然莊子步老子的後塵，也說「小國寡民」的話，但他在這個基礎上，有建德之國一說。

市南宜僚拜會魯侯，見魯侯面有憂色，問道：「您有什麼著急的事情嗎？」

魯侯說：「我繼承先王的事業，學習他的治理國家的方法，敬奉鬼神，尊重賢能，身體力行，絲毫不懈怠，結果還是有禍患。你說我能夠不發愁嗎？」

市南宜僚說：「你消除禍患的方法太差勁了。你看那皮毛豐美的狐狸和花紋絢麗的豹子，生活在山林，居住在洞穴裡，十分安靜；夜晚出來活動，白天則睡大覺，十分警惕；餓了就到山邊湖畔求食，生活的方式十分穩定，仍然未能避免中了獵人的機關，送了性命。它們有什麼罪過呢？什麼罪過都沒有，就是因爲狐狸的皮毛豐美、豹子的皮色絢麗。您好好想一想，魯國不是您的皮毛嗎？如果您不要這個魯國了，去掉你的智慧和欲望，遊於無窮的曠野，那您還會有憂患嗎？」

魯侯沒有說話。市南宜僚停頓了一下，接著說：「南方有一個國家名叫建德之國，那裡的人民愚昧純樸，少私寡欲，知道種田耙地，而不知道收藏糧食；喜歡施捨予人而不求回報。他們不知道什麼是義，也不知道什麼是禮，隨心所欲，行爲符合道，生則快樂，死則安葬。您要想沒有禍患的話，就應該使自己的行爲合於道。」

魯侯被市南宜僚的話打動了，說道：「南方的道路遙遠艱險，江山阻隔，陸行我無車，水行我無船，那怎麼去呢？」

市南宜僚很平靜地說：「您不要高傲，不要墨守成規，這不就可以作爲車船，還要其他的車船幹什麼呢？」

魯侯又問：「我沒有糧食，又怎麼能夠到哪個地方去呢？」

市南宜僚說：「只要減少您的消費，削弱您的欲望，沒有糧食也是很充足的。」

市南宜僚看似為遭憂患的魯侯指點了迷津，讓他去建德之國過自由自在、無憂無患的生活，而他說的捨棄高傲守成之心、少私寡欲就可以作為車船或者糧食，是虛幻的清談，人的物質需求和精神需求是不同的，他卻把這二者等同起來。

市南宜僚並非眞的要魯侯去所謂的建德之國，而是說您魯侯哪裡都不用去，就能夠保全自己無災無患。這裡主要的方法是去掉人間的一切累患，與人世相隔絕或者是忘卻自我，悠遊於世，也就沒有什麼禍患了。如果是這樣的話，魯侯不去南方的建德之國，就可以無患；而魯國的人民都這樣，那魯國也就類似於建德之國了，所有的人都無禍患。

這時，人要做的主要是改造自我。

至德之世

莊子在社會理想上，始終懷著自然無為的思想，這和老子在思想上是很一致的。他常為動亂的社會尋找出路，消除戰爭，使天下重歸一統。

就此，莊子多次說到「至德之世」，即具有最高道德的社會。這有兩種指向，一是步老子後塵、在上面說過的小國寡民，另一就是人與自然渾然一體的社會，更誘惑他的是後者。

總是把話說得很生動、很奇妙的莊子是這樣描述那人與自然渾然為一的「至德之世」：

山上草木繁茂，沒有一條人穿行過的小路；湖泊裡沒有船，也沒有橋。萬物叢生，彼此相連；禽獸成群，草木茁壯。人可以用繩子牽著禽獸遊玩，可以上樹隨便看鳥鵲的巢穴。

在這裡，國君不尚賢，不使能，國君如樹梢，無心居上而居上，百姓像野鹿行為端正而不知道什麼是義，彼此相愛而不知道什麼是仁，誠實而不知道什麼是忠，行為妥當而不知道什麼是信，無心活動相互支撐而不認為是恩賜，行為沒有痕跡，事成也不會流傳後世。

這種景象是自然、人與自然的高度和諧。一切都是最原始的狀態，不僅人與禽獸、與萬物群居在一起，沒有區別，而且人與人之間也沒有等級的差異，大家無知無欲，保持著原始的性情。

莊子的至德之世其實是現在人說的原始社會，那時候人還不是真正意義上的人，沒有與自然相分離，表明他的至德之世與現實世界是完全隔膜的。

人本來少不了自然，但人在超越了自然之後，就不可能再回到自然狀態中。陶淵明在不願為五斗米折腰歸於田園後寫過一組《歸園田居》的詩，在第一首中自明心志：

少無適俗韻，性本愛丘山。
誤落塵網中，一去三十年。

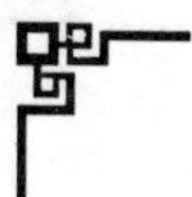

羈鳥戀舊林，池魚思故淵。
開荒南野際，守拙歸田園。
方宅十餘畝，草屋八九間。
榆柳蔭後簷，桃李羅堂前。
曖曖遠人村，依依墟裡煙。
狗吠深巷中，雞鳴桑樹顛。
戶庭無雜塵，虛室有餘閑。
久在樊籠裡，復得返自然。

陶淵明這番對田園生活的描述，很有一點野趣。他自己明明白白地表露志在自然。而把他「三十年」（當為十三年，陶淵明出仕到歸隱，其間近十三年）的仕途生涯視為人生的失誤，說是「久在樊籠裡，復得返自然」，很有一點像莊子寓言中的湖泊裡的野雞，不願意被餵養在籠子裡，而想過走十步啄一下食，走百步喝一口水的自由生活。

陶淵明性愛自然，又回到了自然，所得是他本來就想得到的，理應滿足。但他在田園生活中，常有懷才不遇的牢騷，與莊子理想中的「無己」至人不能同論。他所想像的社會生活就與莊子的至德之世絕然不同。

逍遙遊

老莊說了這麼多，在他們理想的社會裡，人們生活的最高境界是逍遙遊。

莊子在《逍遙遊》中描繪了逍遙遊，像通常一樣，表述的時候也兜了一個圈子。他先說什麼不是逍遙遊。大鵬高飛九萬里，看起來逍遙，其實並不逍遙，它要依賴大風，因爲憑藉的風大，才有可能飛得很高。列子駕風而行，輕飄飄十分美妙，十五天才回來，也不逍遙，因爲他不是飛於無限的時空。

眞正的逍遙應該是無己、無爲。

有人說：「無己，所以爲逍遙遊也。」

莊子說：「逍遙，無爲也。」

無己的忘卻自我，無爲的無所作爲，都要順應天地的自然精神，陰、陽、晦、明、風、雨，天地變則變，天地不變則不變。

逍遙遊，有著行爲的絕對自由。

逍遙遊，有著精神的絕對自由。

逍遙遊，絕對地超越了世俗。

這一切不過是順應自然，有用則不自然，有用則會有害；求無用無爲的是避害，歸於自然。

莊子把能夠逍遙的人稱爲「至人」，他誇張至人的行爲潛水不溺、蹈火不熱、乘雲氣、騎日月，遊於四海之外，生死不變心，實質仍然是順應自然。

莊子在講述至人無己的時候，引譬設喻，解說過「逍遙遊」的實在意義，在廣袤的空間，徘徊彷徨，無所作爲，也不受傷害。這和他在建德之國、至德之世表述的人的生活一脈相承。

老莊看到了在現實社會中要達到人生的逍遙遊境地的不可能，因此從整體的社會環境入手，老子的小國寡民、莊子的建德之國、至德之世爲人們構想了超世俗的社會環境，在這樣的環境中，人就可以完全順應自然了。

然而，這樣的社會環境是人建造的，如果人們不能成爲至人，哪裡會有這樣的社會環境？

無論老莊把個人修養以得道說得多麼容易，好像得了道就可以成爲至人。實際上道不易得，至人也不能成，他們理想的世道更顯得虛無飄渺，莊子推崇的逍遙遊也是一句空話。

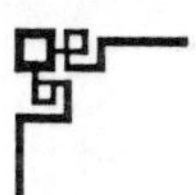

◎結語

老莊的思想世界是一個充滿矛盾的世界，無論是談論社會還是談論人生。他們思想的複雜和豐富難以爲人盡說。

在這裡，說不盡的老子和莊子，不能不暫且劃上一個句號。

老莊對世事的淡漠蘊涵了對人的深厚感情，他們爲人們構想的現實與未來生活正是出自這種感情，否則就犯不上對社會的種種狀況絮絮叨叨，宣泄內心的不滿並表現出對百姓的同情。

可以理解老莊爲什麼會這樣，他們爲社會、爲百姓尋求的生活出路是基於社會的動亂和流行的儒、墨之術不能救世。他們很想救世，卻不是站在社會風雲的舞臺上，指點江山，而是在僻靜之所嘀咕自己的方略是最好的救世方略。這些方略他們自己不能站出來推行，有誰能夠爲他們樹起一面旗幟，讓人們自動地聚集在這面旗幟之下呢？

很經意的老莊在這個問題上並不經意。

直面複雜的社會生活，老莊認定的是退縮，要以退爲進。

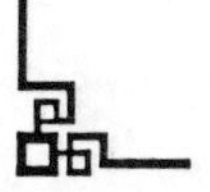

以退爲進本不失爲一種處世方略，但老莊在以退爲進中是以消解人的智慧、人的道德、人的社會性爲代價的。全社會返樸歸眞下的太平相對於社會動亂來說，也許這種太平現象是動亂現象的進步，根本上則是社會的倒退。倒退本不可取，他們寧可取倒退也不要進步中的動亂，這就注定了老莊哲學的悲劇。

老莊在避禍全身上並不是太迂腐，在治理社會上就太迂腐了。在戰爭頻仍的時代，諸侯積極有爲尚嫌不足，而他們讓人自然無爲，二者完全不相融。況且，人們重實用、重言行的立竿見影，與他們玄妙的理論背道而行，有誰願意沈溺於那虛幻的烏托邦中呢？

老莊眞心希望人們能夠遵循他們的理論路線，具有他們那樣的思想境界，從而開創社會生活的嶄新局面。

所以，他們非常清醒地把改造社會建立在改造人性之上。人性是可以改造的。既然仁義、聖智、巧利可以使人的欲望膨脹，使人的本性喪失，那麼，人的欲望是可以去掉的，人的本性是可以恢復的，只看如此的根源在哪裡，採用什麼方法。

對此，老莊很敏銳，從改造人性做起，人人可以自行改造，修煉得不要仁義、不要聖智、不要巧利，人就沒有了欲望，到那時候，人的本性得到恢復，純樸的社會就來到了。

這樣的思想邏輯使老莊的哲學在根本上是社會哲學。

他們的自然哲學歸宿於社會哲學，他們的人生哲學爲的是社會哲學。

在這個意義上，老莊其實是當時社會的策謀之士，以不屑於策謀的態度在策謀，行爲的個性化也與社會生活保持了相當遠的距離。

在當時的社會生活中，老子和莊子的灑脫與孤獨相伴，他們不入仕途，在野而言朝政，不圖富貴，清貧自守，日子過得並不自在，所幸抱著無可無不可的生活態度，隨順自然，也許多少可以減輕一點內心的痛苦。

常常哀憫別人的老子和莊子，自身也是值得哀憫的。

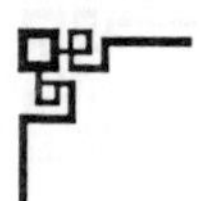

◎後記

醞釀了許久的「道家智謀」開始付諸實施，是桂香嫋嫋的時節，如今已是寒氣襲人；當初窗外清晰可見的南湖倩影，此時在濛濛陰霧的籠罩下有了幾分神奇。節候的變化，總易讓人生發縷縷思緒，爲過去、爲現在、也爲將來。

我自從涉足莊子研究領域以後，就有對道家學派作深入研究的意願。但因諸多事務的纏繞，一直未能沈靜下來繼續做這項工作。現在完成這部書，算是重新對《老子》、《莊子》有所溫習，與當初的意願雖然有些距離。但換一個角度、換一個寫法重新審視老莊之學，也是很有意義的事情。

老莊教人淡泊自然，人到中年，該是淡泊自然的時候，社會步伐的快捷，使人彷佛是在流水線上，目不暇接，心難懈怠，也使現實的人生很難成爲他們理論的印證。

不斷地勞作是人生的使命，無論做什麼事情，我都希望能夠做得好一點，對這部書也懷有同樣的心情。讓本書有它的系統，有老莊精神的本色，有自己對老莊精神的理解，並把它

們融滙成濃厚的文化韻味，是我動筆伊始的追求。

是否達到了這一目標，還是讓讀者去評判吧。

阮忠

一九九七年十二月二十六日

道家智謀

中國智謀叢書 1

作　　者／阮　忠
出 版 者／千華企業社出版部
地　　址／嘉義市自由路 328 號
電　　話／(05)2335081
傳　　真／(05)2311002
郵撥帳號／31460656
戶　　名／千華企業社
印　　刷／鼎易印刷事業股份有限公司
ISBN／957-30294-0-5
初版一刷／2001 年 8 月
定　　價／300 元

總 經 銷／揚智文化事業股份有限公司
地　　址／台北市新生南路三段 88 號 5 樓之 6
電　　話／(02)2366-0309　2366-0313
傳　　真／(02)2366-0310

國家圖書館出版品預行編目資料

道家智謀／阮忠著. -- 初版. -- 嘉義市：千
聿企業, 2001[民 90]
面；　公分. --（中國智謀叢書；1）

ISBN　957-30294-0-5（精裝）

1.道家－通俗作品　2. 謀略學

121.3　　　　　　　　　　90010621